# Gespräche mit Amma 2

# Gespräche mit Amma 2

## Die Lehren der Heiligen Mutter

## *Mata Amritanandamayi*

Ansata-Verlag
Rosenstraße 24
CH-3800 Interlaken
Schweiz
1995

Aus dem Englischen übertragen von Reinhold Schein
Lektorat: Erich Wilzbach

Titel der Originalausgabe:
AWAKEN CHILDREN!
Conversations with Mata Amritanandamayi



Gesamtherstellung: Kösel, Kempten
ISBN 3-7157-0183-8

# Inhalt

# Einführung

AUM vang me manasi pratisthita
Mano me vachi pratisthitam
Aviravirma edhi

OM! Möge meine Rede in meinem Gemüt verwurzelt sein,
möge mein Gemüt in meiner Rede verwurzelt sein –
*Brahman,* offenbare Dich mir!

So betet der Rishi der *Upanishaden,* bevor er beginnt, über die höchste Wahrheit zu sprechen. Dies ist vielleicht das Gebet aller großen Seelen. Weil sie allezeit im Zustand der höchsten Fülle fest gegründet sind, wollen sie nicht sprechen. Da sie wissen, daß Sprechen die Wahrheit verzerrt, verharren die Großen lieber im Schweigen.

Und doch spricht der Weise, einfach aus Mitgefühl für diejenigen, die Gott suchen und die im Dunkeln umherirren. Er weiß, daß er das Unmögliche versuchen wird. Darum betet er: «O selbstleuchtendes *Brahman,* ich werde versuchen, meine Erfahrung der unendlichen Wahrheit in Worte zu fassen. Sie ist so umfassend, daß Worte sie nicht ausdrücken können. Und doch werde ich es versuchen. Laß mich, wenn ich spreche, fähig sein, die wesentliche Botschaft durch meine Worte auszudrücken und zu vermitteln. Laß mich die Wahrheit nicht verzerren!»

Amma – Mata Amritanandamayi Devi –, unser geliebter Guru und Gott, hat wohl auch so ähnlich gedacht, bevor sie zu sprechen begann. Amma sagt: «Wenn man in seinem eigenen Selbst ruht, kann man nicht sprechen. Deshalb wird Dakshinamurti, der erste Guru, immer als in Schweigen verharrend dargestellt.» Aber Ammas Mitgefühl für ihre Kinder ist ohne Vergleich. Vom Zustand der Vollkommenheit, aus dem es keine Rückkehr gibt, den Verstand und Sprache nicht einmal annäherungsweise fassen können, kam Amma auf unsere Verständnisebene herab, um ihre Erfahrung der Wahrheit mit ihren Kindern zu teilen.

Ebenso wie der himmlische Ganges von den Gipfeln des Himalaya herabströmt und alle Menschen rein macht, die in seinem Wasser baden, wartet auch Amma mit ausgebreiteten Armen darauf, daß ihre Kinder ihr in die Arme fallen und einen Blick auf die höchste Erfahrung werfen. Diese warme, herzbesänftigende Umarmung wird uns allmählich helfen, zu den unvorstellbaren Höhen spiritueller Glückseligkeit aufzusteigen.

Wenn wir uns unter die schützenden Flügel von Ammas universaler Liebe begeben, können wir ihren nektargleichen, das Denken herausfordernden Weisheitsworten zuhören. Jedes Wort, jeder Blick und jeder Gedanke ist eine tiefe Erfahrung, und es bedarf der Meditation, um ihre Bedeutung tief innerlich zu erfassen. Wenn es uns gelingt, dieses Buch und jedes Wort darin in dieser meditativen Haltung zu lesen, wird es uns als immer frische, kostbare Erfahrung im Herzen bleiben.

In Kerala hatte der Monsun seinen Höhepunkt erreicht. Die schweren Regengüsse füllten das weitverzweigte Netz von alten Flußarmen und Kanälen und ließen sie manchmal über die Ufer treten. Die mächtigen Wellen des Arabischen Meeres brandeten gegen den schmalen Landstreifen unmittelbar vor der indischen Südwestküste. Diese Insel ist Ammas Geburtsort. Als Schüler und Verehrer den Weg zu diesem spirituellen Hafen fanden, wurde 1981 auf dem Land ihrer Familie ihr *ashram* erbaut. Mit einem Mahatma wie Amma zu leben heißt, im Bewußtsein, in der Liebe zu leben. Jeder Augenblick mit ihr hinterläßt köstliche Erinnerungen. Sie bilden eine Kette unvergeßlicher Erlebnisse und hochgeschätzter innerer Andenken, die in der geheimen, stillen Kammer des Herzens gehütet und aufbewahrt werden. Zweifellos wird diese Kette göttlicher Erinnerungen ihrerseits schließlich unaufhörliche und endlose Wellen der Liebe hervorrufen. Mit ihrer Hilfe kann die nach unten gerichtete Anziehungskraft der Welt überwunden werden. Einfach bei ihr zu sein heißt, das Buch göttlichen Wissens und göttlicher Weisheit zu öffnen. Dieses Buch darf jedoch nicht mit dem Verstand oder dem Intellekt studiert werden. Man muß es in der Stille seines Herzens lesen.

Swami Amritaswarupananda

# 1

# Arbeit mit Liebe

Am frühen Nachmittag erfuhr Amma, daß die Kühe nicht gefüttert worden waren. Die an ihren Stall gebundenen Tiere taten ihr sehr leid, und sie rief den *brahmacharin* zu sich, dessen Aufgabe es war, sie zu betreuen. Als er zu Mutter kam, ließ er seinen Kopf hängen und gestand, daß er einfach vergessen hatte, die Kühe zu füttern. Erstaunt rief Mutter: «Was?! Du hast diese armen Geschöpfe vergessen, die nicht reden können, um ihren Hunger und Durst auszudrücken? Vergißt du selbst jemals, zu essen oder zu trinken? Wir Menschen können um Essen bitten, wenn wir hungrig sind, aber sie können das nicht, oder? Dies ist eine große Sünde. Ein spirituell Suchender sollte die Gefühle anderer kennen, nicht nur die Gefühle der Menschen, sondern aller Geschöpfe. Glaube nicht, daß andere Geschöpfe, nur weil sie sich nicht in Worten ausdrücken können, nicht ebensolche Gefühle hätten.

Sich in die Lage eines anderen versetzen zu können, wie ein anderer sehen und fühlen zu können, das ist eines der Merkmale des ernsthaften spirituell Suchenden. Du mußt wissen, daß auch diese Geschöpfe fühlen und empfinden. Füttere die Tiere nicht mechanisch, und tue es nicht nur, weil man dir diese Aufgabe übertragen hat! Es darf nicht zu einer bloßen Routine werden! Das in dir und mir pulsierende Leben ist auch in den Kühen. Versuche, das zu sehen! Versuche, ihren Hunger und Durst zu fühlen, dann wird diese Arbeit zu einem *sadhana!*»

Dann nahm Amma selbst das Trockenfutter aus einem Sack im Vorratsraum und begann, es mit Wasser zu verrühren. Zögernd und ängstlich kam der *brahmacharin* zu Mutter und bat sie, ihn die Kühe füttern zu lassen. Amma entgegnete: «Sag jetzt gar nichts. Mutter will das mit Liebe tun. Diese Tiere sollen Liebe in ihrem Futter fühlen.»

Der *brahmacharin* stand neben Amma. Er entschuldigte sich vielmals und bat fortwährend, die Kühe füttern zu dürfen, aber Amma arbeitete weiter, ohne ihn zu beachten. Während sie die Kühe fütterte, streichelte sie jedes Tier voll Liebe und Mitgefühl über den Kopf. Die Tiere zeigten ihre Dankbarkeit, indem sie ihre Köpfe an Mutters Schulter rieben. Amma lächelte zufrieden. Als die Kühe das Gemisch aus Trockenfutter und Wasser gefressen hatten, ging Mutter zu einem Heuhaufen in der Nähe und zog daraus Heu, das sie den Kühen gab. Noch einmal tätschelte sie die Tiere und ging dann zum *ashram* zurück. An diesem Tag aß sie erst, nachdem sie die Kühe gefüttert hatte. Es war schon 16.30 Uhr.

In allem, was Amma tut, liegt Schönheit und ein besonderer Charme, weil sie in jede Handlung ein Übermaß an Liebe einfließen läßt. Wir wissen nicht, wie man liebt. In unserem Handeln liegt keine Liebe und deshalb auch keine Schönheit. Wir denken immer schon an die Früchte unseres Handelns, und das führt zu Ruhelosigkeit des Gemüts und zu Mangel an Konzentration. Eine selbstlose Haltung und zielgerichtete Aufmerksamkeit sind nötig, damit man seine Arbeit mit Liebe erfüllen kann. Wenn sie fehlen, ist Liebe unmöglich.

# 2

# Herz und Intellekt

Am Spätnachmittag hatte sich eine kleine Menschenmenge auf der Veranda vor der Meditationshalle versammelt. Das Zentrum dieser Versammlung war Mutter, umgeben von den Bewohnern des *ashram*. Sie alle befanden sich in dem glückseligen Zustand, den man erlebt, wenn man den göttlichen Namen singt. Amma sang vor, und die Gruppe wiederholte das *Kamesha vamakshi* ...

Wir neigen uns vor Shakti, der Großen Göttin,
zu der man durch Hingabe gelangt.
Wir neigen uns vor der Quelle,
vor der einen Wahrheit,
vor der unendlichen, vollkommenen Bewußtheit.

Beschütze uns,
die Du das linke Auge Shivas bist.
Alle Wünsche erfüllst Du und leuchtest
in allen belebten und leblosen Dingen,
o meine Kamala, Herrscherin der Welt.

Du, die Göttin der Götter,
beschützt sie vor allen Sorgen.
Du, die Reine, beschützt sogar
den Herrn des Milchmeers (Vishnu).

Der Schöpfer tut sein Werk durch Deinen Blick.
Wir grüßen Dich, die Du von Brahma kamst,
als Saraswati, der Schoß des ganzen Weltalls.

Nach dem Lied blieb noch eine Zeitlang eine meditative Stimmung bestehen. Als Mutter ihre Kinder mit einladendem Lächeln anschaute, fragte einer der *brahmacharins:* «Amma, heute nachmittag habe ich dich zu dem *brahmacharin* sagen hören, er solle schweigen, du wolltest die Arbeit mit Liebe tun, so daß die Tiere es fühlen könnten. Ich habe nicht genau verstanden, was du meintest, aber es klang für mich so, als müsse es eine Verbindung zwischen Liebe und Sprechen geben. Würdest du das bitte erklären?»

Amma antwortete: «Du hast nicht unrecht, mein Sohn, aber die wirkliche Verbindung ist nicht die zwischen Liebe und Sprechen, sondern die zwischen Liebe und Schweigen. Wo echte Liebe ist, da ist Schweigen, da kann es keine Worte geben, da ist nur Stille. Wie auf einem ganz stillen See kann es keine Wellen, nicht die kleinste Dünung auf dem Wasser geben, wenn man wirkliche Liebe erfährt. Wellen sind eine Verzerrung, eine Ablenkung, eine Störung im See des Gemüts. Liebe entsteht aus dessen Ungestörtheit. In dieser Ruhe kann man die Stille erfahren und die wahre Liebe. Stille, nur Stille ist die Sprache reiner Liebe.

Wahre Liebe findet sich im Herzen. Sie kann nicht ausgesprochen, nicht in Worte gefaßt werden. Das Herz ist nicht der Ort für Worte, Worte gehören zum Intellekt. Der Intellekt kann sprechen, aber wie ein Tonbandgerät zeichnet er Worte auf und spuckt Worte um Worte aus – Worte, die kein Gefühl in sich haben. Der Intellekt kann nicht mitfühlen, er kann keine Liebe oder Güte empfinden, er kann nur logisch denken. Er versucht sogar, Liebe und Mitgefühl hinwegzuvernünfteln. Wo zuviel geredet wird, gibt es keine Liebe. Wer wirklich liebt, ist immer in einer meditativen Stimmung. Wo solche Liebe ist, hört das Denken einfach auf. Der wahre Liebende meditiert nur; auch sein Denken ähnelt der Meditation. Es kreist um den Geliebten – es gibt also nicht viele Gedankenwellen in seinem Gemüt. Ein einziger Gedanke herrscht vor: der ausschließliche Gedanke an seinen Geliebten. Wenn nur ein Gedanke da ist, gibt es kein Gemüt mehr. Die ständige unbeirrbare Sammlung des Liebenden auf den Geliebten dringt in die innersten Winkel seines Herzens, die von Worten und Sprache nicht erreicht werden können. Alle Erklärungen hören auf; weitere Erläuterungen sind nicht mehr möglich. Der Liebende wird in einen anhaltenden Zustand der Meditation gezogen. An diesem Punkt werden die zwei eins.

In echter Liebe herrscht Meditation vor: Ihr werdet still und ruht im eigenen, wahren Selbst. Deshalb verharrte Dakshinamurti, der erste Guru, immer im Schweigen. Es heißt, daß Dakshinamurti seine Schüler durch Schweigen lehrte. Er sprach nicht, und auch seine Schüler blieben stumm. Aber er lehrte, und die Schüler verstanden ihn.

Aber heute versteht niemand mehr das Schweigen eines wahren Liebenden oder Meditierenden. Man wird ihn absonderlich finden und als verrückt bezeichnen, denn die Stille der Meditation ist den Menschen unbekannt. Sie sind nur mit Worten vertraut, und die sogenannte Liebe, die sie erlebt haben, kann ohne Worte nicht bestehen. Sie empfinden es als unmöglich, Liebe wortlos auszudrücken. Aber in diesem Erleben der Einheit mit dem Geliebten gibt es kein Sprechen. Ihr werdet ruhig und still. Dieser Zustand ist als *samadhi* bekannt, ein Zustand, in dem ihr euch in fortwährender Meditation befindet.»

Amma machte eine Pause und fuhr dann fort: «Es gibt eine Geschichte über Shiva und seine heilige Gemahlin Parvati, die sehr gut veranschaulicht, was unter der Stille der Einheit mit dem Geliebten zu verstehen ist:

Shiva, der sich immer im Zustand von *samadhi* befand, wanderte oft umher und ließ Parvati auf dem Berg Kailash zurück. Als Parvati nach einiger Zeit den Schmerz der Trennung nicht mehr ertragen konnte, bat sie Shiva, ihr zu zeigen, wie sie in den Zustand von *samadhi* eintreten und dadurch immer in Einheit mit ihm verbleiben könne. Shiva war einverstanden, lehrte seine heilige Gemahlin, in der Lotosposition zu sitzen, und wies sie an, die Augen zu schließen und mit fest nach innen gerichtetem Blick zu meditieren. Als Parvati meditierte, fragte Shiva: ‹Was siehst du jetzt?›

‹Ich sehe deine Gestalt vor meinem geistigen Auge›, antwortete Parvati.

Shiva unterwies sie weiter: ‹Transzendiere diese Form. Was siehst du jetzt?›

‹Ich sehe ein strahlendes Licht.›

‹Gehe jetzt über das Licht hinaus. Was nun?›

‹Der Klang OM. Das ist es, was ich jetzt höre.›

‹Gehe über den Klang hinaus. Was empfindest du jetzt?›

Auf diese letzte Frage kam keine Antwort. Ihre Individualität verging und löste sich auf. Sie wurde eins mit ihrem Herrn. In diesem Zustand gab es niemanden, der hätte sprechen oder hören können. Sie erreichte den endgültigen Zustand der Liebe, die ewige und unauflösbare Vereinigung mit ihrem Herrn, wohin der Verstand mit seinen Worten und seinem intellektuellen Denken nicht folgen kann.»

Amma machte eine Pause, dann fuhr sie fort: «Ob dies wirklich geschehen ist oder nicht, spielt keine Rolle. Versucht, die wesentliche Botschaft aufzunehmen, die von der Geschichte vermittelt wird! Wer immer nur seinen Intellekt gebraucht, kann die Gefühle des Herzens nicht verstehen. Er kann die Bedeutung von Meditation und Liebe nicht erfassen. Er kennt nichts als Denken und Reden. Wozu ist ein solcher Intellekt gut?»

Mutter unterbrach sich, und sofort sagte der *brahmacharin* seine Meinung: «Die ganze Existenz des Lebens selbst ist dem menschlichen Intellekt zu Dank verpflichtet. Ich nenne nur die wissenschaftlichen Entdeckungen und Entwicklungen der modernen Zeit! Der menschliche Intellekt hat sie erst möglich gemacht. Amma, willst du sagen, daß der Intellekt unnütz ist?»

«Mein Sohn, bemühe dich um klares Verständnis», erklärte Mutter. «Versuche, sehr aufmerksam zu sein, wenn du Mutter zuhörst! Denke daran, das Herz anstatt des Intellekts zu benutzen!

Mutter will nicht sagen, daß der Intellekt ganz nutzlos wäre. Man braucht ihn; er ist absolut notwendig. Aber er hat seinen eigenen, ihm zukommenden Platz. Laß ihn dort, wo er hingehört, und benutze ihn nicht unangemessen! Es ist gefährlich, den Intellekt übermäßig zu betonen, denn das würde die Schönheit des Lebens verderben. Zuviel Intellekt und zuwenig Herz führt zu Konflikten, Enttäuschung und Frustration. Es sollte ein Gleichgewicht geben, ein Gleichgewicht von Herz und Intellekt. Wenn wir in alle Aspekte und Bereiche des Lebens tief eindringen, stellen wir fest, daß sich hinter allem Liebe verbirgt. Wir entdecken, daß Liebe die Kraft, Macht und Inspiration hinter jedem Wort und jeder Handlung ist. Das trifft für alle Menschen zu, gleichgültig zu welcher Rasse, Kaste, Gemeinde, Sekte oder Religion sie gehören oder welche Arbeit sie tun.

Für einen Außenstehenden mag es so scheinen, als arbeitete ein Wissenschaftler, der in seinem Labor experimentiert, ausschließlich intellektuell. Die meisten würden sagen, daß er für seine Arbeit Gehirn braucht, daß es demzufolge intellektuelle Arbeit ist und nichts, woran das Herz sich beteiligt. Aber betrachte genau, was geschieht! Es wird sich zeigen, daß Liebe in seiner Arbeit ist, daß sein Herz an seiner Arbeit teilnimmt. Wenn du genau hinschauen kannst, wirst du sogar verstehen, daß man diese Art von Arbeit ohne Liebe nicht ausführen kann. Je genauer du beobachtest, desto klarer wirst du erkennen, daß Liebe die Kraft hinter allem wissenschaftlichen Experimentieren und Erfinden wie überhaupt hinter aller Arbeit ist.

Liebe schärft den Intellekt. Je mehr du liebst, desto präziser und klarer wirst du denken. Du kannst es einen feinen oder scharfen Intellekt nennen, aber hinter dieser Schärfe oder Klarheit ist Liebe am Werk. Manche erkennen es, manche nicht.»

Der *brahmacharin* hörte nachdenklich zu, aber er wollte eine weitere Klärung: «Ich verstehe, Mutter, aber nicht ganz. Sei so gut und erläutere es noch ein wenig genauer.»

Amma: «Ohne gesammeltes Gemüt kann keine Arbeit ausgeführt werden. Ganz gleich, was für eine Arbeit es ist, geistige oder körperliche, schwere oder leichte, fesselnde oder banale – Sammlung ist notwendig. Was ist aber Sammlung? Sammlung ist nichts anderes als Stille des Gemüts. Sie bringt den Gedankenfluß zum Stillstand. Wenn das Denken aufhört, stellt der ruhelose Verstand seine Tätigkeit ein, und Stille breitet sich aus. Diese innere Stille tritt nur als Auswirkung von Liebe ein. Für einen Wissenschaftler ist es die Liebe zum Erfinden und Experimentieren, die ihm hilft, sich innig mit seiner Arbeit zu befassen. Er liebt es, hart zu arbeiten. Die Begriffe, die man in diesem Zusammenhang normalerweise verwendet, sind ‹Interesse›, ‹Ernst› oder ‹intensiver Wunsch›. Diese Begriffe sind Synonyme für Liebe. Ohne Liebe gibt es kein Interesse, keine Ernsthaftigkeit, kein intensives Wünschen, nicht wahr?»

«Amma, wenn das so ist, warum dann diese Unterscheidung zwischen Herz und Intellekt? Sie sind doch fast dasselbe, nicht wahr?»

«Letzten Endes gibt es überhaupt keinen Unterschied. Aber in deinem gegenwärtigen geistigen Zustand gibt es einen, den du selbst durch deine Unwissenheit herbeiführst. Du hast den höchsten Zustand der Einheit noch nicht erreicht und befindest dich noch im Bereich der Dualität. Du lebst noch in der Welt der Worte und Phrasen, der Welt der Unterscheidung – daher diese Erklärung. Wenn die Begrenzungen einmal überschritten sind, dann ist nur noch Liebe da, nichts als göttliche Liebe. Alle diese Erklärungen und verschiedenen Begriffe dienen lediglich dazu, dir verständlich zu machen, daß allein die Erfahrung die Wahrheit offenbaren kann und daß Worte und Erklärungen wenig Wert haben.

Wenn bei einem Menschen Denken und Logik vorherrschen, nennen wir ihn einen Intellektuellen. Und wenn mehr Liebe und Mitgefühl da sind, sagen wir: Er hat Herz. Herz und Intellekt – beide sind notwendig. Was den Intellekt betrifft, so brauchen wir in Wirklichkeit nicht einfach das Denken, sondern unterscheidendes Denken oder einen unterscheidenden Intellekt. Wir müssen richtig denken und zwischen Gut und Böse unterscheiden können, und wir brauchen auch ein gutes Herz, um Liebe zu empfinden und auszudrücken. Herz und Intellekt sind gleicherweise für einen *sadhaka* wie für jemanden, der ein gewöhnliches Leben führt, unerläßlich. Diese Ausgewogenheit von Herz und Intellekt ist normalerweise schwer zu finden.

Liebe ist unser wahres Wesen. Unsere Natur ist göttliche Liebe; sie leuchtet in einem jeden von uns. Weil Liebe unsere angeborene Natur ist, kann sich nichts manifestieren, ohne daß diese Macht der Liebe dahinterstünde.

Ganz gewiß hat der erfinderische experimentierende Wissenschaftler Liebe in sich. Aber diese Liebe ist auf einen schmalen Sektor begrenzt. Sie richtet sich nur auf das wissenschaftliche Gebiet, auf dem er arbeitet. Sie umfaßt nicht die ganze Schöpfung. Er ist mehr oder weniger an das Laboratorium gebunden, in dem er sitzt, oder an die wissenschaftliche Ausrüstung, die er benutzt. An das wirkliche Leben denkt er nicht. Ihn interessiert etwa herauszufinden, ob es Leben auf dem Mond oder dem Mars gibt, oder er ist vielleicht daran interessiert, Atomwaffen zu entwickeln.

Ein Wissenschaftler kann den Anspruch erheben, daß er versucht, durch analytische Methoden die Wahrheit der empirischen Welt aufzuspüren. Er seziert die Dinge, um ihre Funktionsweise kennenzulernen. Wenn man ihm ein Kätzchen gibt, ist er mehr daran interessiert, das Tier für Forschungszwecke zu verwenden, als liebevoll und zärtlich mit ihm zu spielen. Er mißt seine Atemfrequenz, seinen Puls und seinen Blutdruck. Im Namen der Wissenschaft und der Suche nach der Wahrheit seziert er das Tier und untersucht seine Organe. Das Kätzchen, einmal aufgeschnitten, ist tot. Das Leben entweicht, und jede Möglichkeit zur Liebe ist vergangen. Nur wo Leben ist, ist Liebe. Auf seiner Suche nach der Wahrheit des Lebens zerstört der Wissenschaftler unbewußt das Leben selbst. Seltsam!

Leben ist Liebe. Das Leben in allem zu sehen und zu fühlen, ist Liebe. Das Leben ist nicht auf dem Mond oder in der Sonne. Im Gegenteil: der Mond ist Leben; die Sonne ist Leben. Leben ist hier, Leben ist dort, Leben ist überall. Es gibt nichts als Leben. Ebenso ist es mit der Liebe. Wo immer Leben ist, ist auch Liebe, und umgekehrt. Liebe und Leben sind nicht zwei getrennte Dinge, sie sind eins. Aber solange die Verwirklichung nicht erlangt ist, wird der Unterschied zwischen Herz und Intellekt fortbestehen.»

In tiefem Schweigen blickten alle gebannt auf Mutters Gesicht. Sie hatte auf einfachste Weise eine tiefe Wahrheit dargelegt. Amma brach das Schweigen und fuhr fort:

«Ein Wissenschaftler befaßt sich mehr mit dem Äußeren als mit dem Inneren; er interessiert sich mehr für die Teile als für das Ganze. Die Welt, die er wahrnimmt, zieht ihn so in ihren Bann, daß ihm das innere Universum überhaupt nicht zu Bewußtsein kommt. Er hat viele großartige Ideen; er ist mit einem scharfen Intellekt ausgestattet, aber seine Liebe beschränkt sich allein auf die wissenschaftliche Sphäre. Sie ist nicht allumfassend. Mutter würde sagen, daß ein wahrhafter Wissenschaftler ein wahrhaft Liebender sein sollte – ein Liebhaber der Menschheit und ein Liebhaber des Lebens.

Ein Rishi ist ein wahrer Liebender, weil er in sein eigenes Selbst versunken ist, in den innersten Kern des Lebens und der Liebe. Er nimmt überall Leben und Liebe wahr – oben, unten, vorn und hinten –, in allen Richtungen. Sogar in der Hölle, sogar in der Unterwelt sieht er nichts anderes. Für ihn gibt es nur Leben und Liebe, die aus allen Richtungen in Glanz und Herrlichkeit aufleuchten. Darum würde Mutter sagen: Er ist der wahre Wissenschaftler. Er experimentiert im inneren Laboratorium seines eigenen Wesens; er bringt niemals Trennung im Leben hervor. Für ihn ist das Leben ein Ganzes; er verweilt immer im ungeteilten Zustand von Liebe und Leben.

Der wahre Wissenschaftler, der Weise, umarmt liebevoll das Leben und wird eins mit ihm. Er versucht nie, mit dem Leben zu kämpfen. Während der Wissenschaftler versucht, sich das Leben zu unterwerfen, gibt sich der Weise einfach dem Leben hin und läßt sich von ihm tragen, wohin es mag.»

Als sie den letzten Satz beendete, trat Amma in einen *samadhi*-Zustand ein. Ihre Augen waren weit geöffnet, aber bewegten sich nicht. Ihr Körper war völlig regungslos, so daß man nicht einmal ihren Atemfluß bemerken konnte. Eine Zeitlang blieb sie in dem herausgehobenen Zustand. Während Amma in *samadhi* versunken war, sang einer der *brahmacharins* das Lied *Anupama gunanilaye …*

O Mutter, O Göttin,
Heimstatt erlesener Eigenschaften,
Beistand aller, die bei Dir Zuflucht suchen!
Deine Weisheit macht Dich bescheiden,
Deine Liebe macht Dich sanftmütig.
Gib mir ein wenig von Deinem Mitgefühl.

Auch wenn ich es nicht sage –
weißt Du nicht, daß ich ganz unwissend bin?
Laß mich zu Deinen Füßen liegen und segne mich,
der ich ins Meer des Elends falle.

3

# Stille des Gemüts

Ein *brahmacharin* stellte eine Frage: «Amma, du sagtest, daß Konzentration das Gemüt still mache. Ich habe gehört, wissenschaftliches Forschen und Experimentieren erfordere enorme Konzentration. Wenn das so ist, müssen Wissenschaftler, die viele Stunden, manchmal Tage im Laboratorium verbringen, diese Stille des Gemüts erfahren. Stimmt das? Sind diese Art von Stille und die Stille, von der du sprichst, ein und dasselbe? Wenn nicht, worin liegt der Unterschied?»

Amma: «Das ist eine intelligente Frage. Obwohl beide in eine innere Stille kommen, gibt es einen gewaltigen Unterschied in ihrer Erfahrung. Ein Wissenschaftler kann wohl eine bestimmte Art von Stille erleben, wenn er sich auf ein besonderes Experiment konzentriert oder wenn er gerade an einer Erfindung arbeitet. Aber wenn er das Laboratorium verläßt, ist er wieder derselbe Mensch wie vorher. Da seine alten Gewohnheiten und *vasanas* ihn beherrschen, ist er gezwungen, seinem Gemüt und seinen Wünschen gemäß zu handeln. Er kann nicht lange in diesem Zustand des ‹Nicht-Denkens› bleiben und kann die Erfahrung innerer Stille nicht für längere Zeit festhalten. Sie beginnt einfach, wenn er das Laboratorium betritt, und endet, wenn er herauskommt. Es stimmt, daß man eine gewisse Stille des Gemüts erlangt, wenn man konzentriert ist. Das kann manchmal sogar einem Nicht-Wissenschaftler geschehen. Mutter stimmt deiner Feststellung zu, daß die Konzentration beim Wissenschaftler intensiver ist als beim Laien. Die Stille des Gemüts, die er aus der Konzentration gewinnt, ist beachtlich, aber sie dauert nicht lange an. Sie kommt und geht. Sie tritt ein, wenn er von Reagenzgläsern und Geräten umgeben ist, doch herrscht sie nicht in seinem wirklichen Leben vor. Dort ist er vielleicht ein absoluter Versager.

Die Stille im Gemüt eines Rishi rührt daher, daß er sein Gemüt ganz nach innen wendet. Ganz gleich, in welchen Umständen der Rishi sich befindet: sein Gemüt ist immer ruhig. Er läßt die Gedankenwelt hinter sich und gelangt in einen Zustand der Stille. Das Ego stirbt in ihm, und daher ist er egolos, befreit vom Zugriff der Wünsche. Indem der Rishi sein Gemüt vollkommen leer macht, hat er die schwere Bürde des Ego ganz abgelegt. Er ist vollkommen frei, weil nichts ihn niederdrückt. Er ist wie ein Spiegel: klar und rein wie Kristall, ohne eigene Bilder.

Die Art von Stille, von der du gesprochen hast, tritt manchmal bei einem Dichter ein, wenn er Gedichte verfaßt oder wenn er sich in Gedanken über ein Thema verliert, während er die Natur betrachtet und an seinen eigenen Phantasien webt. Die Stille kann einen Bauern überkommen, während er sich die Feldfrüchte vorstellt und die ungeheure Ernte, die er einfahren wird. Auch ein normaler Liebender, der an seine Geliebte denkt, kann diese Erfahrung machen. Aber diese Menschen sind alle noch egozentrisch; sie befinden sich noch auf der mentalen Ebene. Ihre Köpfe stecken voller Gedanken, Ideen und Zukunftspläne. Wenn sie einmal aus ihrer sogenannten Stille herauskommen, die nie lange dauert, sind sie wieder dasselbe alte kleine Ego.

Ein Wissenschaftler trägt immer weiter zu seinem bestehenden Ego bei. Er sammelt noch mehr Wissen an, noch mehr Information. Das bedeutet ein Anschwellen des Ego. Ein Rishi dagegen ist völlig leer. Er wird wie ein lebloser Körper im Fluß. Er erlaubt dem Strom des Lebens, ihn zu tragen, wohin er will. Der Wissenschaftler lebt im Äußerlichen, erfüllt von Wissen über die Welt. Der Rishi ist innerlich erfüllt, erfüllt von der Erfahrung der Einheit mit dem höchsten Absoluten. Der Wissenschaftler sieht das Viele, der Rishi sieht das Eine. Der Wissenschaftler ist nur ein Teil des Seins, während der Rishi das Ganze des Seins ist. Während der Wissenschaftler sich mit Fakten und Zahlen belädt, wird der Rishi leer, so daß alles Wissen durch ihn fließen kann, ohne seine Erfahrung der Einheit zu beeinträchtigen. Während der Wissenschaftler sein Sichtfeld begrenzt und einengt, weitet der Rishi es aus, bis es schließlich das ganze Universum umfaßt.»

4

# Schlichtes Beten genügt

Einer der Devotees fragte: «Mutter, ich weiß nur wenig über Spiritualität. Doch ich habe Vertrauen zu Mutter und möchte ein Leben der Verehrung und Hingabe führen. Würdest du mir bitte etwas darüber sagen, wie ich spiritueller werden kann?»

Mutter: «Mein Sohn, zuallererst solltest du diesen Gedanken aufgeben, spiritueller zu werden. Versuche einfach, aufrichtig zu Gott zu beten und über ihn zu meditieren! Denke nicht daran, spiritueller zu werden! Dieser Gedanke selbst kann manchmal zu einem Hindernis werden.

Rufe und bete zu Gott! Besinge seine Herrlichkeit! Überanstrenge dich nicht mit dem Versuch, in der Lotosposition zu sitzen oder deinen Atem anzuhalten, um über die Form Gottes zu meditieren. Meditation bedeutet, an Gott zu denken, beständig und mit Liebe an ihn zu denken. Betrachte ihn als deinen Geliebten, oder betrachte dich einfach als sein Kind! Oder sieh ihn als Vater oder Mutter an! Versuche einfach, genauso an ihn zu denken, wie wir an unseren Vater, unsere Mutter, unseren Geliebten denken! Wie denkt ein Liebender an seine Geliebte? Bestimmt nicht, indem er im Lotossitz sitzt. Dieser Gedanke überkommt ihn einfach, während er sich hinlegt, während er an einem Flußufer sitzt oder dort entlanggeht; oder es geschieht, wenn er arbeitet. Es spielt keine Rolle, wo er sich aufhält oder was er tut. Denke daher, wann immer es möglich ist, an deinen geliebten Gott, ganz gleich, wo du dich befindest oder was du tust!

Betrachte ihn als deinen Schöpfer, Beschützer und als endgültige Heimstätte, zu der du zurückkehren wirst! Versuche, ihn in deinem Herzen zu fühlen; versuche, seine Gegenwart, seine Gnade, sein Mitgefühl und seine Liebe zu empfinden! Öffne dein Herz und bete zu ihm: ‹O Herr, mein Schöpfer, Beschützer, Du meine Zuflucht, führe mich zu Deinem Licht und Deiner Liebe. Fülle mein Herz mit Deiner Gegenwart. Man hat mir gesagt, ich sei Dein Kind, aber ich weiß nichts von meiner Existenz in Dir. Mein geliebtester Herr, ich weiß nicht, wie ich Dich verehren, Gefallen vor Dir finden oder über Deine Form meditieren soll. Ich habe die heiligen Schriften nicht studiert; ich weiß nicht, wie man Dich preist. O Mitfühlender, zeige mir den rechten Weg, damit ich zu meiner wahren Heimat zurückkehren kann, die nichts anderes ist als Du selbst.›

Kinder, betet und vergießt Tränen, wenn ihr an ihn denkt! Das ist der größte *sadhana*. Kein anderer *sadhana* wird euch so wirkungsvoll die Glückseligkeit göttlicher Liebe geben wie aufrichtiges Beten. Ihr braucht keine akademische Ausbildung, um Gott zu lieben. Ihr braucht nicht Gelehrte oder Philosophen zu sein, um ihn zu verehren und zu ihm zu rufen. Ruft einfach, aber laßt den Ruf aus euren Herzen kommen! Ruft zu ihm mit der gleichen Kraft und Unschuld, wie ein Kind schreit, wenn es essen oder von seiner Mutter liebkost werden und sich an sie kuscheln will! Ruft und betet zu ihm! Er muß sich offenbaren. Er kann nicht still und unbewegt bleiben, wenn jemand so zu ihm ruft.

Unschuldiges Beten und zu Gott Rufen, das sind sehr starke Mittel, um vor Gott Gefallen zu finden. Dafür braucht ihr keine Gelehrten zu sein. Auch ein ungebildeter Laie oder ein analphabetischer Urwaldbewohner kann Gottes Gnade erlangen, wenn er wirklich entschlossen ist, das Ziel zu erreichen.

Es gibt eine Geschichte, die dies illustriert: Einer der Schüler des ersten Shankaracharya war sehr stolz auf seine Hingabe an den Herrn. Als Lieblingsgottheit verehrte er Narasimha, den Löwenmenschen, die vierte Inkarnation Vishnus. Um bei der geliebten Gottheit Gefallen zu finden und eine Vision von ihr zu erlangen, ging der Devotee in den Wald und praktizierte intensives *tapas*. Viele Tage lang saß er meditierend auf einem Felsen nahe der Einsiedelei und widmete sich ernsthaft sehr strengem *sadhana*. Der *sadhaka* bemerkte nicht, daß eines Tages ein Waldbewohner kam, um ihn zu beobachten. Der Waldbewohner betrachtete ihn mit großer Neugier, konnte aber nicht verstehen, warum der Mann in einer so merkwürdigen Stellung saß: aufrecht mit gekreuzten Beinen. Der Devotee hatte die Augen geschlossen, deshalb hielt der naive Mann dessen Meditationsstellung für Schlaf. Der Waldbewohner war so neugierig und versessen darauf, mit dem Schlafenden zu sprechen, daß er jeden Tag kam und lange Stunden in der Hoffnung wartete, der Devotee würde seine Augen öffnen.

Eines Tages tauchte der *sadhaka* schließlich aus seiner Meditation auf. Der einfache Mann aus dem Wald näherte sich ihm respektvoll und fragte: ‹*Tambra* (verehrter Meister), warum sitzt und schlaft Ihr immer? Warum legt Ihr Euch nicht hin?› Als der Devotee die Naivität des Waldbewohners erkannte, lachte er und sagte: ‹O du Narr, ich schlafe nicht, ich meditiere über die Form meiner Lieblingsgottheit.›

Der Mann aus dem Wald verstand natürlich nichts. Da er sein ganzes Leben im Wald verbracht hatte, hatte er nie eine Schule besucht und war völlig ungebildet. ‹Meditieren? Lieblingsgottheit? Was heißt das?› rief er aus. Der Devotee sagte: ‹Davon verstehst du nichts. Ich versuche, zu meinem Gott zu rufen und zu beten.› Der Waldbewohner wunderte sich wieder: ‹Was! Jemanden rufen, ohne sich von der Stelle zu bewegen? Warum geht Ihr nicht und sucht ihn?› Der Devotee antwortete nicht. Er lächelte nur und setzte seine Meditation fort.

Tage vergingen; den Mann aus dem Wald ließ seine Neugier nicht ruhen. Er konnte seinen Drang nicht bezähmen, mehr über die Person zu erfahren, die der Devotee suchte, und näherte sich dem *sadhaka* noch einmal. Mit großer Erwartung fragte er: ‹*Tambra,* wer ist der Mann, den Ihr ruft? Kann ich Euch helfen, ihn zu finden?› Der Devotee freute sich über die Lauterkeit dieses Mannes. Er wußte, daß der Waldbewohner nichts von Meditation und anderen Methoden des *sadhana* verstehen würde, und sagte daher: ‹Weißt du, die Person, die ich rufe, ist kein Mensch, sondern eine bestimmte Art von einem Löwen, ein äußerst mächtiger Löwenmensch.› Mit dieser Antwort war der Mann aus dem Wald zufrieden.

Die Zeit ging dahin, und allmählich wurden die beiden gute Freunde. Dem Waldbewohner tat sein *tambra,* der immer meditierte und sich Essen und Schlaf versagte, sehr leid. Er dachte:

‹Was für ein widerspenstiges Geschöpf ist doch dieser Löwenmensch! Sieh *tambra* an, wie mager und schwach er aus Mangel an Essen und Schlaf geworden ist. Ich muß jetzt etwas tun, um ihm zu helfen. Ich muß diesem überheblichen Geschöpf, das nicht auf den Ruf meines *tambra* hört, eine Lehre erteilen.› Der treuherzige Waldbewohner wartete, bis der Devotee wieder die Augen öffnete, erzählte ihm dann von seiner Absicht und bat ihn um die Erlaubnis, die Suche aufzunehmen. Der Devotee lachte herzlich: ‹Was für ein verrückter und ahnungsloser Mann! Er denkt, daß mein Herr irgendwo im Wald lebt.› Der Devotee war vollkommen überzeugt, daß der Mann aus dem Wald keinen Erfolg haben würde, aber er dachte auch, daß der Versuch, ihm das verständlich zu machen, keinen Sinn hätte; deshalb gab er ihm die Erlaubnis. Erheitert über die Torheit des Waldbewohners schloß der Devotee die Augen und meditierte weiter.

Der Mann aus dem Wald begann mit seiner Suche. Er ging von Höhle zu Höhle, von Busch zu Busch, über Hügel und in die Täler. Überall schaute er sich um. Er ließ auf der Suche nach dem Löwen seines *tambra* keinen Fleck in dem weiten, dichten Wald aus. Auch nachdem er alle Höhlen, alle Büsche, alle Hügel und Täler durchsucht hatte, gab er nicht auf. Er begann nun zu rufen: ‹*Tambrante simham, va, va!* (O Löwe meines Herrn, komm, komm!)› Er verlor jedes Gefühl für Zeit und Raum. Weder Hunger noch Durst empfindend, magerte er zum Skelett ab. Der Widerhall seines ständigen Rufens ‹*Tambrante simham, va, va!*› war überall im Wald zu hören. Er erfüllte die Atmosphäre und erzeugte eine ununterbrochene, sehr starke Schwingung ringsherum.

Die Bäume, Berge, Täler, Büsche, Vögel und Tiere horchten auf, wenn er ‹*Tambrante simham, va, va!*› rief. Ganz ohne sein Wissen hatte die Suche sich in ein intensives Forschen verwandelt, das sein primitives Wesen und mit ihm alle seine *vasanas* langsam verbrannte. Das ‹Gerümpel in seinem Gemüt› löste sich allmählich auf, und alle Gedanken verschwanden; schließlich endete sogar das Rufen in Worten. Er wurde vollkommen still. Nur das alles verzehrende Feuer der Liebe brannte in ihm; es stieg geradewegs in die Höhe, durchquerte die himmlischen Regionen und drang schließlich sogar in die Sphäre Vishnus ein. Die Meditation dieses vermeintlich unwissenden Waldbewohners war so machtvoll, daß Vishnu antworten mußte. Er nahm die Form Narasimhas, des Löwenmenschen, an und erschien vor dem einfachen Mann aus dem Wald.

Der Waldbewohner riß eine Kletterpflanze ab, band sie dem Herrn um den Hals und führte ihn zurück zu *tambra,* der noch immer mit geschlossenen Augen auf einem Felsen saß und sich bemühte, die Gestalt seiner Lieblingsgottheit zu sehen. Der Mann aus dem Wald rief: ‹O *Tambra,* öffne deine Augen! Hier ist dein Löwenmensch. Ich habe ihn für dich hierhergebracht.› Der Devotee wachte nach wiederholten Rufen auf und konnte seinen Augen nicht trauen. Immer wieder rieb er sich die Augen und schaute dann wieder hin. Sein Herr, die gewaltige Inkarnation Vishnus, stand vor ihm. Mit einer Hand hielt der Waldbewohner eine um den Hals des Herrn geschlungene Kletterpflanze, und mit der anderen Hand fütterte er ihn mit grünem Gras.

Als der Mann sah, wie verblüfft der *tambra* war, sagte er: ‹Komm herab, *Tambra.* Nimm deinen Löwen! Es geht ihm gut. Er ist nicht gefährlich. Komm herab!› Der Devotee kletterte wie ein Verrückter vom Felsen herab, warf sich vor dem Herrn und dem Mann aus dem Wald zu Boden und bat, laut weinend wie ein Kind, um Vergebung. Der Waldbewohner war darüber sehr erstaunt. Dann sprach der Herr: ‹Steh auf, mein Lieber! Sei nicht enttäuscht. Erinnere dich, daß mir lieb ist, wer liebevoll an mich denkt und ständig meine Gegenwart im Inneren wie im Äußeren fühlt. Wo wahre Liebe ist, kann das Ego nicht existieren; dort kann ich leicht eintreten und Wohnung nehmen.› Nachdem er so gesprochen hatte, legte der Herr dem Waldbewohner seine Hand auf den Kopf und schenkte ihm *moksha,* die endgültige Befreiung. Der Herr tröstete den Devotee und sagte ihm, daß auch er den höchsten Zustand in diesem Leben erreichen werde. Der Devotee änderte sein Verhalten und war fortan voller Demut.

Dieser Mann aus dem Wald hatte keine heiligen Schriften studiert, aber er besaß ein Herz, das Liebe empfinden und ausdrücken konnte. Er suchte nicht einmal für sich selbst, sondern für einen anderen. Ein Mensch mit einem so liebevollen und mitfühlenden Herzen ist dem Herrn lieber als jemand, der im Lotossitz meditiert und den Stolz erfüllt wegen seines Bücherwissens und seiner Kenntnis spiritueller Techniken.

Nehmt diese Geschichte als Inspiration, und versucht zu beten, bis euch das Herz in Tränen schmilzt! Es heißt, daß das Wasser des Ganges jeden reinigt, der darin eintaucht. Die Tränen, die die Augen füllen, während man an Gott denkt, haben ebenfalls die Kraft, das Gemüt zu reinigen. Diese Tränen sind mächtiger als Meditation; sie sind wahrhaft der Ganges.»

Mutter unterweist die Menschen unterschiedlich. Sie sieht jeden ganz klar und leitet ihn entsprechend seiner geistigen Fassungskraft und seiner ererbten spirituellen Veranlagung. Mutter rät einigen, auf dem Weg zu bleiben, auf dem sie sind; anderen empfiehlt sie, eine ganz andere Art von *sadhana* auszuüben. Es gibt Fälle, in denen Mutter einen *sadhaka* anweist, den *sadhana,* den er ausübt, weiter zu betreiben, aber mit leichten Veränderungen. Die meisten Leute, die zu ihr kommen, lehrt sie, dem Pfad der Hingabe, der Liebe und des Gebets zu folgen. Wenigen empfiehlt sie, den Pfad des *Vedanta,* der Nicht-Dualität, zu beschreiten. Mutter hält die meisten Leute nicht für kompetent genug, den *Vedanta-sadhana* auszuüben. Sie ist fest davon überzeugt, daß der *Vedanta-sadhana* die spirituelle Entwicklung behindert, wenn unreife und inkompetente Menschen ihn praktizieren. Mutter glaubt, daß nur wenige Leute *Vedanta* und seine Tragweite im Leben wirklich verstehen.

Amma sagt: «*Vedanta* ist nichts, über das man sprechen sollte. Man muß es leben. Heute beschäftigt man sich im Namen des *Vedanta* zu sehr mit Gedankenspielen und zerstört alle Schönheit und allen Zauber der Spiritualität und der göttlichen Liebe, indem man ichhaftem Schwätzen und Handeln nachhängt.»

Dem Leser erscheint es vielleicht seltsam, daß Mutter einen Devotee anweist, sich nicht darum zu bemühen, in der Lotosstellung zu sitzen oder seinen Atem anzuhalten, um über die Gestalt einer Gottheit zu meditieren. Statt dessen leitet sie ihn an, zum Herrn zu rufen und kindlich zu beten. Mutter sagt, daß viele Leute zu ihr kommen und darüber klagen, sie hätten niemals eine «echte Erfahrung» gemacht, obwohl sie seit Jahren intensiven *sadhana* betrieben. Mutter glaubt, daß dies vor allem am Mangel an Liebe und Reinheit in ihrem *sadhana* liegt. Um wahrhaft zu leben und wirkliche spirituelle Erfahrung zu gewinnen, muß man Eigenschaften wie Liebe und Reinheit entwickeln. Amma sagt, welchen spirituellen Weg man auch verfolge – er sollte auf einer festen Grundlage von *prema* aufgebaut sein. Für den Devotee, der die Frage gestellt hatte, muß der Weg der Hingabe der richtige sein, da Amma ihm diesen Rat gab. Ein wirklicher Meister weiß, was für seine Schüler das Beste ist.

Am Abend fragte einer der *brahmacharins:* «Amma, heute nachmittag hast du einem jungen Mann gesagt, er solle einfach beten und zu Gott rufen. Genügt das, um Gott zu erfahren?»

«Ja», sagte Mutter, «wenn man es mit ganzem Herzen tut. Denke nicht, daß spirituelle Praxis nur bedeutet, im Lotossitz zu meditieren oder ein *mantra* zu wiederholen. Auch das sind natürlich Möglichkeiten, an Gott zu denken und das Selbst zu erfahren. Sie sind gewiß hilfreich, den naturgemäß ruhelosen Körper und das unruhige Gemüt zu beruhigen. Aber es ist falsch zu meinen, diese Praktiken seien die alleinigen Wege.

Nimm zum Beispiel die Gopis von Brindavan oder Mirabai[1]. Worin bestand ihr *sadhana?* Wie wurden sie zu *Krishnamayis* (von Krishna Erfüllten)? Etwa dadurch, daß sie stundenlang im Lotossitz gesessen und strikt meditiert hätten? Nein! Dennoch meditierten sie natürlich. Sie meditierten andauernd und intensiv, aber nicht mit untergeschlagenen Beinen sitzend. Devotees wie die Gopis und Mirabai dachten permanent an Gottes Herrlichkeit – unabhängig von Ort und Zeit –, und sie verehrten seine göttliche Gestalt in sich selbst. Sie weinten und weinten, bis ihnen die Tränen alle Gedanken aus dem Gemüt wuschen, bis alles Denken aufhörte.

---

[1] Große Verehrerin Krishnas, die im 15. Jh. in Rajasthan lebte. Sie war eine Prinzessin, die ihre königliche Stellung und ihren Reichtum aufgab, um ihren geliebten Herrn zu suchen.

Wenn wir weinen, können wir mühelos alles vergessen. Weinen hilft uns, damit aufzuhören, über der Vergangenheit zu brüten und von der Zukunft zu träumen. Es hilft uns, in der Gegenwart zu sein – mit dem Herrn und seinem göttlichen *lila*. Angenommen, es stirbt jemand, der uns sehr lieb ist, sagen wir Vater oder Mutter, Mann oder Frau, Sohn oder Tochter. Dann weinen wir und denken an ihn oder sie, nicht wahr? Wir vergessen alles andere. In diesem Moment kommt uns nichts in den Sinn als liebe Erinnerungen an den Verstorbenen. Nichts anderes interessiert uns, als an diese Person zu denken; unser Gemüt konzentriert sich ganz auf diese.

Weinen hat die Kraft, das Gemüt ganz auf einen Punkt auszurichten. Warum meditieren wir? Um Sammlung zu erlangen, nicht wahr? Doch zum Herrn zu weinen und an ihn zu denken ist die beste Methode, gesammelt zu werden. Das ist wirklich Meditation. Das taten große Devotees wie die Gopis und Mirabai. Seht, wie selbstlos Mirabai betete: ‹O Miras Giridhari[2], es macht nichts, wenn Du mich nicht liebst. Aber bitte, o Herr, nimm mir nicht das Recht, Dich zu lieben.› Sie beteten und weinten, bis sich ihr ganzes Wesen in einen Zustand ununterbrochenen Betens verwandelt hatte. Sie fuhren fort, den Herrn zu verehren, bis sie von den Flammen göttlicher Liebe völlig verzehrt wurden. Sie selbst waren die Opfergabe.

Wenn du erst einmal zur Opfergabe wirst, wenn dein ganzes Wesen sich im Zustand eines ständigen Gebets befindet, dann ist das, was bleibt, nicht mehr du, sondern Er. Was bleibt, ist Liebe. Das Beten kann dieses Wunder vollbringen; Weinen kann dieses Meisterwerk bewerkstelligen. Was soll Meditation bewirken? Daß man zu Liebe wird, daß man die Einheit erreicht. Deshalb gibt es kein besseres Mittel, als zu Gott zu beten und zu weinen.

Fleht zu ihm! Schüttet ihm euer Herz aus! Beten ist nichts anderes, als sein Gemüt auszuleeren, sich von den *vasanas* zu befreien. Beten ist nichts anderes, als Gottes erhabene Größe anzuerkennen und sich der eigenen Nichtigkeit bewußt zu bleiben.

---

[2] Ein Beiname Krishnas, wörtlich: «der den Berg hochhebt».

‹Ich bin nichts, ich bin niemand. Du bist alles.› Beten lehrt uns Demut. Ihr sucht bei Gott Zuflucht, Liebe, Gnade, Mitgefühl, Hilfe, um zu ihm zu kommen. Ihr ruft zu ihm und versucht, nach ihm auszugreifen. Beten bedeutet, sein Ego aufzugeben. Tief aus dem Inneren heraus versucht ihr, ihn zu erreichen. Ihr sagt zum Herrn: ‹O Herr, ich bin machtlos. Ich dachte, ich sei stark, aber jetzt sehe ich ein, daß ich hilflos bin. Ich tappe im Dunkeln. Ich kann nicht sehen. Ich bin nichts … Leite mich, führe mich, hilf mir. Es war mein Ego, das mich denken ließ, ich sei etwas Großes. Jetzt erkenne ich meine Hilflosigkeit. Ohne Deine Gnade bin ich nichts … › Was bedeutet das? Es bedeutet, daß ihr euch ihm und seiner Gnade als absolut hilflose Geschöpfe zeigt. Es bedeutet, daß ihr demütig werdet. Dies ist der wahre Weg, die *vasanas* aufzulösen. Man sollte sich seiner Hilflosigkeit bewußt sein, man sollte sie fühlen; dann wird man demütig. Die Demut wird wiederum helfen, Gnade von Gott und Liebe von den Menschen zu empfangen.»

Nach einer langen Pause fragte einer der *brahmacharins:* «Amma, wie unterscheidet sich das Gebet eines gewöhnlichen Gläubigen von dem eines wirklichen Devotees?»

Amma: «Auch gewöhnliche Gläubige pflegen zu beten. Sie können dieselben Begriffe verwenden und in derselben Weise flehen. Sie benutzen vielleicht sogar dieselben Worte, aber es sind Worte ohne Bedeutung. Sie beten nicht wirklich aus dem Herzen, sie plappern. Aus Angst oder damit ihre Wünsche erfüllt werden, sprechen sie etwas, was sie für ein Gebet halten. Aber in Wirklichkeit legen sie Gott nahe und schreiben ihm sogar vor, was sie wollen und was nicht. Sie sagen: ‹Gib mir, was ich wünsche und gern habe. Gib mir nicht, was ich nicht mag.› Wie kann das ein Gebet sein? Es ist ein Infragestellen der Allwissenheit Gottes. Der sogenannte Gläubige sagt indirekt, daß er besser weiß als Gott, was für ihn gut ist und was nicht. Können wir das Beten nennen? Nein, das können wir nicht! Er hat noch seine eigenen Vorlieben und Abneigungen. Sein Ziel ist, seine Wünsche zu erfüllen. Das Wünschen ist der zentrale Punkt, um den sein Beten sich dreht.

Ein wahrer Devotee bringt sich selbst dem Herrn dar, wenn er betet. Wirkliches Beten ist eine Opfergabe, eine Hingabe des eigenen Lebens. Im wahren Gebet gibt es nichts zu erbitten, nichts zu fordern, nichts vorzuschlagen. Ein echter Devotee erkennt, daß sein Herr alles weiß und alles kann – daß er allgegenwärtig, allwissend und allmächtig ist. Daher versucht der Devotee nur, dem Herrn gegenüber seine Hilflosigkeit auszudrücken, und er nimmt ihn als alleinigen Beschützer und Führer an. In seinem aus offenem Herzen kommenden Gebet bekennt der Devotee die Nutzlosigkeit seines Ego. Warum sollte man etwas Nutzloses behalten? Darum bittet er Gott, es von ihm zu nehmen. Diese Art von Gebet ist wirkliche Meditation; es wird den Betenden sicherlich zum Ziel bringen. Der Devotee hat keine Vorlieben und Abneigungen, er will nur sein Ego aufgeben. Er bemüht sich, alles als Offenbarung des Herrn zu sehen. Er hat keine anderen Wünsche, als in seinem Herrn aufzugehen und sich so zur ewigen Einheit mit ihm zu verbinden.»

# 5
# Spiritualität

Es wurde die Frage gestellt: «Amma, wie können wir am besten erklären, was Spiritualität ist?»

Mutter: «Spiritualität ist nichts, was erklärt werden müßte. Es ist eine Erfahrung. Um Spiritualität wirklich zu erfahren, müssen alle Interpretationen und Erklärungen aufhören. Man sollte ganz offen sein und keinerlei Vorurteile hegen. Alle Interpretationen sind Sache des Kopfes; es sind geborgte Ideen oder aus anderen Ideen zusammengewebte Ideen. Nur in Stille und Schweigen kann man Spiritualität erleben. Das setzt das Fallenlassen alles aus der Außenwelt gesammelten Wissens voraus.

Mutter hat eine Geschichte gehört. Es gab einmal einen Mahatma, der stets einen großen Sack voll Spielzeug und Süßigkeiten für Kinder mit sich trug. Immer wenn er Kinder sah, verteilte er Spielsachen und Süßigkeiten an sie. Er zeigte anderen seine Größe nie. Eines Tages hielt ihn eine Gruppe von Gelehrten an und sagte: ‹O Verehrtester, wir wissen, daß Ihr ein Heiliger seid und daß Ihr ein Spiel aufführt. Indem Ihr diese Spielsachen und Karamellen tragt, versucht Ihr, uns zu täuschen. Doch wir wissen, wer Ihr seid, und bitten Euch, etwas über Spiritualität zu sagen.›

Als der Mahatma das hörte, ließ er den Sack fallen und ging ein paar Meter weiter. ‹Was macht Ihr da? Wir verstehen nicht, was das bedeutet.› Der Mahatma erwiderte: ‹Das ist Spiritualität, entledigt euch der Bürde eures Ego!› Die Gelehrten sagten: ‹Gut, was weiter?› Der Mahatma kam nun zurück, nahm den Sack, hob ihn wieder auf seine Schulter und antwortete: ‹Das ist Spiritualität: alles fallenzulassen oder allem zu entsagen. Dieser schwere Sack ist euer Ego mit allen seinen negativen Neigungen wie Wut, Gier, Neid und Selbstsucht. Es ist eine Bürde. Sein Gewicht hält euch unten. Legt die schwere Bürde des Ego ab, dann kommt zurück und tragt es wieder. Aber jetzt ist es ohne Gewicht. Mit anderen Worten: tragt es nicht wieder, bevor ihr nicht fühlt, daß es keine Bürde mehr ist. Dann ist das Ego nur noch ein scheinbares Ego. Es ist interessant, die Wirkungsweise des scheinbaren Ego zu beobachten. Jetzt dient es dazu, euch und allen, die zu euch kommen, Freude zu bereiten. Es enthält nun Spielzeug und Süßigkeiten, um Kinder zu beglücken.›

Spiritualität ist nichts als Aufgeben und wieder Zurücknehmen. Das bedeutet, sich aller Bürden zu entledigen und die Bürde dann wieder aufzunehmen. Aber diesmal ist die Bürde keine Bürde mehr. Um es anders auszudrücken: nehmt die Bürde nicht auf, bevor ihr fühlt, daß sie gewichtslos ist. Ja, wenn ihr euch der inneren Bürde vollkommen entledigt habt, nehmt sie zurück und tragt damit die Bürde der Welt. Aber jetzt fühlt ihr keine Schwere mehr. Ihr werdet im Gegenteil eine ungeheure, tief aus dem Inneren strömende Freude empfinden. Vorher war es wirkliches Leiden, aber jetzt gibt es kein Leiden mehr, weil euer Gemüt ganz ruhig ist; und deshalb empfindet ihr es nicht mehr als eine Bürde. Obwohl ihr weiterhin handelt, handelt ihr doch nicht mehr aus Eigeninteresse. Ihr fangt an, die Dinge aus einem ganz anderen Blickwinkel zu sehen. Ihr spielt eine Rolle, aber ihr identifiziert euch niemals mit ihr. Ihr könnt nicht anders, als euch glückselig zu fühlen, ganz gleich, was ihr tut.»

Jemand gab einen Kommentar ab, der eine gewisse Verwirrung erkennen ließ: «Das Ego fallenlassen und es dann zurücknehmen, und doch ohne Ego bleiben, ohne seine Bürde zu fühlen. Wie schwer das zu verstehen ist!»

Mutter fuhr fort: «Mutter hat gesagt, daß dies erfahren werden muß, daß es vom Intellekt weder erfaßt noch erklärt werden kann. Der Intellekt hat für alles und jedes eine Erklärung, denn die Menschen sind nicht bereit, irgend etwas ohne Erklärung zu akzeptieren. Sie meinen, es müsse für alles eine logische Deutung geben. Die Armen! Sie meinen, sie könnten das Wesen dieses Universums mit allen seinen Geheimnissen erklären. Die moderne Wissenschaft ist dafür verantwortlich, daß das menschliche Gemüt auf diese Art denkt. Die moderne Wissenschaft befaßt sich nur mit Dingen und Gegenständen, die wahrgenommen werden können, also mit der empirischen Welt, die mit Instrumenten gemessen werden kann. Die daraus gezogenen Schlußfolgerungen müssen intellektuell verständlich sein.

Dieses Konzept der modernen Wissenschaft hat den Glauben des Menschen geschädigt. Man kann Liebe ebensowenig wahrnehmen wie Glauben. Sie sind ungreifbar. Diese Qualitäten können nicht in Worte gefaßt werden, und doch sind sie die eigentlichen Grundlagen des Lebens. Ohne sie ist das Leben nichts als Tod. Schönheit und Herrlichkeit des Lebens hängen ganz von Liebe und Glaube ab. Unsere Erfahrung zeigt, daß das Leben ohne Liebe und Glaube wie eine Maschine oder eine Leiche wird. Wie ein Leichnam sich zersetzt, fängt dann auch das Leben an, sich zu zersetzen. Das erleben wir täglich. In jedem Augenblick kann man diese große Wahrheit erfahren. Es ist erstaunlich, daß die Menschen noch immer nach Beweisen und Erklärungen dafür suchen, und es ist schade, daß sie so an der Wahrheit zweifeln.»

# 6

# Leben ohne Ego

Die Person, die nach der Erklärung der Spiritualität gefragt hatte, verfolgte denselben Gedankengang weiter: «Amma, du hast nicht erklärt, wieso der Heilige die Bürde nicht spürt, obwohl er sie trägt.»

Mutter lächelte. Vielleicht staunte sie, daß wir immer noch dieselbe Frage stellten, obwohl sie uns wiederholt gesagt hatte, daß spirituelle Erfahrungen unbeschreiblich seien und nicht erklärt werden könnten. Aber voller Mitgefühl gab sie ein paar weitere Fingerzeige: «Laß Mutter, bevor sie deine Frage beantwortet, erläutern, wie der Intellekt fortwährend Einwände und Zweifel aufwirft. Er erlaubt uns nie, ohne Vorbehalt zu glauben. Sieh dich selbst an! Auch nachdem dir gesagt wurde, wie unerklärlich Spiritualität ist, erlaubt dir dein Intellekt nicht, das zu akzeptieren. Er gestattet dir nicht, einfach zu glauben, und fordert immer wieder Beweise in Form weiterer Erklärungen. Das Verlangen nach Mehr wird nie aufhören, wenn du nicht erkennst, wie bedeutungslos dieses fortgesetzte Fragen ist. Je mehr Beweise und Erklärungen du bekommst, desto mehr will der Intellekt haben. Das ist so, weil Beweise und Erklärungen die Nahrung des Intellekts sind. Ohne Worte, Zweifel und Erklärungen können Verstand und Intellekt nicht überleben. Die eigentliche Existenzgrundlage des Verstands ist Wissen aus der äußeren Welt; daher bemüht er sich ständig um Tatsachen und Zahlen. Wenn du das weißt, versuche, den Verstand nicht damit zu füttern.

Der Heilige hört auf, den Verstand mit Wissen über die Welt aufzupäppeln. Sobald die Nahrung für das Ego ausbleibt, beendet der Verstand seine gewohnte mechanische Tätigkeit. Während der Kopf der Sitz des Ego ist, ist das Herz die egolose Stätte. Der Heilige hört auf, im Kopf zu leben; er verläßt das Ego und zieht in das Herz ein. Er zweifelt nicht; er zergliedert nicht; er geht in der Einheit auf; er wird das Universum.

Wenn das Ego erst einmal beseitigt ist, bist du keine Person mehr – du wirst Bewußtsein, du wirst formlos. Das Ego ist das Material, das Namen und Form gibt. Sobald es zerstört ist, sind Name und Form verschwunden. Du kannst dem Heiligen einen Namen geben und ihm eine Form zuschreiben, aber er ist keines von beiden. Er wird wie der Wind; er wird Raum. Alles kann durch ihn hindurchgehen – das ganze Weltall mit all seinen Gegenständen: allen Sonnen, Monden, Sternen; allen Tälern, Bergen, Wäldern; allen Ozeanen, Flüssen und Bächen; allen Menschen, Tieren und anderen Lebewesen kann ihn durchdringen. Und er bleibt davon unberührt und ungestört. Er lebt jetzt still, friedlich und glückselig.

Es gibt noch eine andere Möglichkeit, dies zu betrachten: solange wir unter Wasser sind, spüren wir das Gewicht der Dinge nicht, die wir tragen, ganz gleich, wie groß es ist. Aber komm aus dem Wasser und versuche, dir dieselben Dinge aufzuladen! Du kannst sie vielleicht keinen Zentimeter weit bewegen. Ebenso taucht ein Mahatma tief in das Ganze des Seins. Er wird das Sein selbst, und in diesem Raum des Seins schwimmend, ist die ‹Bürde›, die er trägt, ohne Gewicht. Deshalb ist es für ihn keine wirkliche Bürde, die er tragen muß. Er verspürt keine Last, denn in Wahrheit ist er völlig unbelastet, weil er egolos ist.

Ein Heiliger lebt in Liebe, in Mitgefühl, ja er ist die Verkörperung von Liebe und Mitgefühl. In reiner Liebe gibt es keine Bürde; nichts kann für reine, wunschlose Liebe zur Last werden. Wahre Liebe vermag das ganze Universum zu tragen, ohne irgendein Gewicht zu spüren. Mitgefühl kann das Leiden der ganzen Welt auf die Schultern nehmen, ohne den geringsten Schmerz zu empfinden. Was wir als die schwere Bürde der Welt bezeichnen, ist für einen Mahatma gewichtslos. Er übernimmt diese ‹Bürde› aus reiner Freude und Glückseligkeit. In Wirklichkeit trägt er sie freilich überhaupt nicht. Er kann nichts tragen, weil er keine Person ist und keine Gestalt hat. Er ist der Raum selbst, und der Raum kann alles enthalten. Alles und jedes paßt in den Raum, und doch gibt es immer noch viel Raum im ‹Raum› – unendlichen Raum, unerschöpflichen Raum.

In diesem Zustand gibt es keine Teilung; es gibt nur noch Raum. Als Ergebnis unseres eigenen *karma* bringt das Ego Teilung hervor. Es ist wie bei einem durch Wände in viele Zimmer unterteiltem Haus. Bevor man das Haus baute, war dort nur Raum. Nachdem die Wände aufgerichtet wurden, war der Raum in getrennte Zimmer unterteilt. Aber in Wirklichkeit ist dort, auch nachdem das Haus fertiggebaut und durch Wände unterteilt ist, immer noch nur Raum. Das Haus existiert im Raum. Wenn du die Wände niederreißt, verschwindet das Haus, und wieder hast du nur Raum. Man kann das Ego mit den Wänden vergleichen, die die Teilung darstellen. Beseitige das Ego, und du wirst wieder zu reinem Raum!

Aber was nutzt es dir, wenn du alle diese Worte und Ideen nur hörst? Du solltest versuchen, den Zustand der Bürdelosigkeit zu erreichen. Nur das lohnt sich!»

Ein anderer *brahmacharin* fühlte sich gedrängt zu sprechen: «Es ist schön, Amma, wenn du sprichst. Wir werden davon inspiriert. Manchmal überströmt uns die Sehnsucht wie eine Flutwelle; dann fühlen wir uns angespornt, diesen höchsten Zustand kennenzulernen. Aber dieses Gefühl dauert nicht lange; es stirbt schnell ab.»

Mutter nahm die Frage auf und erklärte: «Nun, die Flut kommt und geht. Sie kommt herein, wenn ihr in einer Situation wie dieser seid, vom *satsang* inspiriert. Diese inspirierenden Umstände werden ihren Höhepunkt in einer andauernd empfundenen Sehnsucht erreichen. Das ist der Punkt des Absprungs. An diesem Punkt habt ihr keine andere Wahl, als den endgültigen Sprung zu tun. Ein wahrer Meister wird euch zu diesem Punkt bringen, indem er noch inspirierendere und intensivere Situationen herbeiführt. In dem Maße, wie ihr immer empfänglicher werdet, nimmt die Intensität dieser Situationen zu. So führt ein wahrer Guru selbst den unwürdigsten Schüler langsam und allmählich zum Ziel.»

Die *brahmacharins* waren hoch erfreut über diese Feststellung. Einer von ihnen sagte: «Jetzt bin ich glücklich, daß es auch für mich Hoffnung gibt. Ich warte auf den Tag, an dem mein Gemüt von dem intensiven Verlangen erfüllt ist, mit Mutter zu verschmelzen.»

Mutter erwiderte: «Warte nicht einfach, ohne etwas zu tun! Verschwende deine Zeit nicht mit bloßem Warten! Nutze die Zeit, um das Gemüt vorzubereiten, indem du es offenhältst, damit der Guru eintreten kann. Er ist sogar bereit, sich hineinzudrängen, aber zumindest ein kleiner Spalt muß da sein. Sobald der Guru eingedrungen ist, kommt alles in Ordnung. Er wird alles übrige tun. Aber im Moment ist nicht einmal dieser kleine Spalt da. Bemühe dich, dein Gemüt zu öffnen, und lasse den Guru einen bescheidenen Platz in dir einnehmen. Zur rechten Zeit wird er dann dafür sorgen, daß das Ego hinausgedrängt wird, so daß dein ganzes Herz von ihm allein besetzt ist.»

7

# Das Mitgefühl der Erleuchteten

Amma sagte: «Der Gedanke, daß ihre Kinder keines Mitgefühls fähig sind, daß sie sich selbst nicht an der Stelle eines anderen sehen können, schmerzt Mutter außerordentlich.

Ohne Liebe und Mitgefühl kann die Welt nicht bestehen. Alles Sein steht um der Liebe und des Mitgefühls willen, das die Mahatmas der ganzen Schöpfung zuteil werden ließen, in deren Schuld. Diese Schöpfung und alle Geschöpfe in ihr sind ein Ausdruck des Mitgefühls. Für diejenigen, die den Zustand der Selbstverwirklichung erreicht haben, gibt es kein Zurück mehr. Sie sind im Jenseits, ja sie sind das Jenseits.

‹Jenseits› bedeutet den Zustand der Stille, den Zustand der Einheit. In diesem Zustand gibt es keine Bewegung und kein Denken, weil dort kein Gemüt mehr existiert. Um Mitgefühl und Liebe zu empfinden, bedarf es jedoch eines Gemüts. Daher treten Mahatmas aufgrund ihrer Sorge für die Hilflosen und im Dunkeln Irrenden aus dem gedankenlosen Zustand des ‹Nicht-Gemüts›, aus dem bewegungslosen Zustand der Stille hervor, einem Zustand, in dem es keine Sorgen gibt, ja überhaupt keine Gefühle. Sie müssen ein Gemüt annehmen, um Liebe und Mitgefühl empfinden und ausdrücken zu können. Warum tun sie das? Wozu? Habt ihr darüber je nachgedacht? Sie tun es, um in euch den Geist der Liebe und des Mitgefühls zu wecken.»

Mutter schwieg für eine Weile. Einer der *brahmacharins* fragte sie: «Amma, es klingt, als ob auch du nicht hättest auf unsere Ebene herunterkommen wollen, als ob du lieber in diesem Zustand der Einheit geblieben wärest. Wie kommt es dann zu diesem Herabkommen? Wie steigt dieses Mitgefühl auf?»

Amma, die Mitfühlende, sagte: «Mutter hat eine Geschichte

über Buddha gehört, über das, was geschah, als er erleuchtet wurde. Hört aufmerksam zu:

Durch langjähriges *tapas* wurde Buddha erleuchtet; danach verharrte er viele Tage lang in Schweigen. Er wollte sich einfach in der Einheit mit dem Bewußtsein verlieren. Die Himmlischen machten sich nun große Sorgen. Angstvoll fragten sie sich, ob Buddha überhaupt sprechen würde. Sie wußten, daß seine Erleuchtung eine sehr, sehr seltene Gabe war. Deshalb wollten sie, daß er sprach, damit die ganze Welt und alle Geschöpfe darin aus dem, was er gewonnen hatte, Nutzen zögen. Wenn er nicht spräche, wäre das ein ungeheurer Verlust für die Welt.

Also kamen die Götter herunter und erschienen vor Buddha. Sie verbeugten sich vor der großen Seele und baten ihn vielmals zu sprechen. Sie sagten: ‹O Heiliger, sprich bitte! Deine Erfahrung ist selten und unvergleichlich, habe daher Mitgefühl! Es gibt viele Menschen in der Welt, die in Schmerz und Kummer leben. Ein einziges Wort von dir wird ihnen Hoffnung geben. Deine bloße Gegenwart wird ihnen Frieden und Ruhe verschaffen. Es gibt auch Wahrheitssucher, die deine Hilfe brauchen. Führe sie zum Zustand der Selbstverwirklichung. Ein Wort, ein Blick, eine Berührung von dir wird für sie eine große Gnade sein. Sprich bitte, Erhabener!›

Zuerst schenkte Buddha, der Erleuchtete, ihren Gebeten keine Beachtung. Als sie aber hartnäckig blieben, versuchte er, ihnen zu erklären, daß nichts, was er sagen könnte, seine Erfahrung der Wahrheit vollkommen ausdrücken würde. Die Götter fuhren fort, ihn zu bitten: ‹Denke an die leidende Menschheit! Habe Mitleid mit denen, die in Sorge und Verzweiflung sind, die sich nach jemandem sehnen, der ihnen Trost und Seelenfrieden gibt. Denke an die Wahrheitssucher, die dringend eines Führers bedürfen, der sie zum Ziel leitet! Sie brauchen Führung. Wenn niemand ihnen hilft, schauen sie vielleicht zurück und denken: ‚Ich habe so lange darauf gewartet, den Zustand der Vollkommenheit zu erreichen. Was ist, wenn er nicht existiert? Vielleicht gibt es so etwas wie Selbstverwirklichung gar nicht, warum sollte ich also meine Zeit weiter verschwenden?‘ Und in dieser Verfassung von Frustration und Enttäuschung fallen sie vielleicht zurück in die Welt der Vielheit. Denke, Heiliger, denke an solche Menschen! Habe Erbarmen mit ihnen! Habe Mitgefühl mit ihnen und sprich! Ein Blick, ein Wort oder eine Berührung von einem Heiligen wie dir genügt, damit sie das Ziel erreichen können. Diese Verwirklichung einer einzigen Seele reicht aus, um dem Rest der Welt zu nutzen.›

Allmählich wurde Buddhas Herz von Mitgefühl erfüllt. Und so kam er herab, nachdem er die höchste Wahrheit erfahren durfte, nachdem er innere und äußere Erfüllung gefunden hatte und nachdem ihm die Einheit mit dem höchsten Wesen zuteil geworden war.

Die Gebete und Bitten der Götter in dieser Geschichte symbolisieren das innere Rufen und die Sehnsucht von aufrichtigen *sadhakas* und Menschen, die an die Existenz einer höchsten Macht glauben und die Gottes Gnade und seiner Führung dringend bedürfen. Solche Menschen, die intensiv nach einer greifbaren Gotteserfahrung verlangen, gibt es immer. Sie sehen, wie die zerstörerischen Kräfte versuchen, die höheren Werte des Lebens herabzusetzen, und empfinden den inneren Drang nach einer positiven spirituellen Veränderung. Ihr intensives Rufen und Beten wird Wellen von Mitgefühl im Gemüt einer großen Seele hervorrufen. Dieser Ruf bringt sie dazu hinunterzusteigen.»

# 8

# Selbstloser Dienst an der Menschheit

Ein *brahmacharin* sagte: «Mutter, ich bin etwas verwirrt. Manchmal sagst du, man werde von Liebe und Mitgefühl erfüllt, wenn die Verwirklichung erlangt sei; in einem solchen Menschen sei nichts als Liebe. Aber ich habe dich auch sagen hören, es gebe im Zustand der Einheit weder Liebe noch Lieblosigkeit, weder Mitgefühl noch Mangel an Mitgefühl. Das klingt widersprüchlich. Amma, bitte erkläre das!»

Amma: «Wer Verwirklichung erlangt hat, geht in der Ewigkeit auf, und nur wenige kommen zurück. Wer möchte gern zurückkehren, nachdem er in das Meer der Glückseligkeit eingetaucht ist? Um diesen höchsten Zustand, den Zustand ohne Wiederkehr, wieder zu verlassen, braucht man etwas, woran man sich halten kann – einen entschiedenen Gedanken, einen *sankalpa.* Dieser *sankalpa* oder innere Entschluß bewirkt Mitgefühl, Liebe und den Wunsch zu selbstlosem Dienen für die leidende Menschheit. Wenn du das Schreien derer, die in der Welt leiden, nicht hören willst, wenn du in dem unpersönlichen Zustand bleiben und nicht mitfühlend werden willst, ist es auch gut – du kannst darin bleiben.

Wenn du diesen Zustand verläßt, ziehst du selbst, um sanft und ununterbrochen in der Welt wirken zu können, willentlich einen Vorhang zu, der aber jederzeit zurückgezogen werden kann. Du schenkst dem, was auf der anderen Seite des Vorhangs ist, keine bewußte Aufmerksamkeit. Zwar gehst du ab und zu auf die andere Seite, aber es gelingt dir zurückzukommen. Der bloße Gedanke oder eine Erinnerung an die andere Seite kann dich wieder dort hineinziehen.

Wenn du einmal auf die menschliche Bewußtseinsebene heruntergestiegen bist, mußt du deine Rolle gut spielen. Du arbeitest hart dafür, die ganze Menschheit anzuheben. Du wirst mit

Problemen, Hindernissen und schwierigen Situationen konfrontiert und mußt auch Schmähungen, Skandale und Verleumdungen hinnehmen. Aber es macht dir nichts aus, denn wenn du auch äußerlich wie jeder andere aussiehst, bist du innerlich doch anders – ganz anders. Innerlich bist du eins mit der höchsten Wahrheit; daher bleibst du unberührt, unbetroffen. Weil du mit der eigentlichen Quelle der Energie selbst eins geworden bist, arbeitest du unermüdlich; du heilst die tiefen Wunden derer, die zu dir kommen, und gibst allen Frieden und Glück. Deine Art zu leben, deine Entsagung und Liebe, dein Mitgefühl und deine Selbstlosigkeit wirken anspornend auf andere, die das erfahren wollen, was du erfährst.

Wenn sie sich aber nicht um die Welt sorgen wollen, können diese Mitfühlenden und Liebenden auch im nicht-dualen Zustand bleiben – mit dem höchsten Bewußtsein verschmolzen. In diesem Zustand gibt es weder Liebe noch Lieblosigkeit, weder Mitgefühl noch Mangel an Mitgefühl.

Damit man Mitgefühl und Liebe ausdrücken, selbstlosen Dienst ausüben und andere inspirieren kann, muß man einen Körper haben. Wenn man einmal einen Körper angenommen hat, muß dieser seinem natürlichen Werdegang folgen. Der Körper eines Mahatma ist verschieden vom Körper eines gewöhnlichen Menschen. Wenn er will, kann er seinen Körper am Leben erhalten, ohne daß er von Krankheit und Leiden heimgesucht wird. Aber er läßt den Körper bewußt durch alle diese Erfahrungen gehen, die ein Mensch normalerweise macht. Darin liegt seine Größe.

Vielleicht erlangt ihr die höchste Wahrheit, und doch mag es euch noch an Mitgefühl fehlen. Ihr könnt dann ohne fühlende Liebe oder Sorge um die leidenden Menschen im Zustand der Einheit bleiben. Dann seid ihr wie eine Lotosblume, die auf irgendeinem abgelegenen Gipfel des Himalaya wächst; oder ihr seid wie ein See von kristallklarem Wasser, der in einem tiefen Wald verborgen ist; oder ihr seid wie ein Obstbaum voller reifer Früchte mitten in einem undurchdringlichen Dickicht. Niemand kann sich an der Schönheit und dem Duft dieser Lotosblume erfreuen; keine Biene wird ihren Blütenstaub sammeln, um

Honig daraus zu machen. Niemand wird kommen, um in dem See zu baden oder daraus zu trinken. Niemand kann die süßen, delikaten Früchte des Baumes genießen. Und doch wird eure Existenz erfüllt, klar und rein sein: denn ihr habt das Ziel erreicht.

Die Mitfühlenden dagegen, jene, deren Herzen von Liebe und Fürsorge erfüllt sind, gleichen einem Fluß, der vom höchsten Berg herunterfließt – sie sind wie der Ganges. Zum höchsten Gipfel der Glückseligkeit aufgestiegen, kommen sie aus Mitgefühl von den Höhen herunter, um anderen zu helfen. Sie sind wie ein Obstbaum, der am Straßenrand wächst und seine Früchte jedem darbietet; müde Wanderer können die Früchte genießen; sie können ihren Durst löschen und ihren Hunger stillen. Sie sind wie eine schöne Lotosblume, die im Tempelteich wächst. Menschen können sich dort an ihrer Schönheit und ihrem Duft erfreuen, und indem sie das tun, fühlen sie sich zufrieden. Wie Bienen, die kommen, um Blütenstaub für Honig zu sammeln, werden Menschen sich um die Mitfühlenden versammeln und auf die Perlen der Weisheit warten, die von ihren Lippen fallen. Sie selbst werden zu einer Opfergabe an die Menschen. Solche Seelen haben sich völlig dem Ganzen des Seins hingegeben, doch aus Mitgefühl schenken sie sich der Welt zurück. Dennoch bleiben sie in der Stille.»

9

# Vergiß, damit Du Dich an Gott erinnerst!

Ein *brahmacharin* stellte eine Frage: «Amma, ich habe dich mehrmals sagen hören, man solle ‹vergessen, um sich an Gott zu erinnern›. Was bedeutet das?»

Amma erklärte das scheinbare Paradox: «Vergessen ist nicht nur notwendig, um sich an Gott zu erinnern. Um jede beliebige Arbeit mit Konzentration auszuführen, muß man alles andere vergessen. Wenn ihr anfangt, ans Fußballspielen zu denken oder an Szenen aus einem Film, den ihr gesehen habt, während ihr eure Lektionen lernt, werdet ihr nicht erfolgreich sein. Vielleicht lest ihr mechanisch, aber weil eure Aufmerksamkeit woanders ist, gehen euch die Lektionen nicht in den Kopf.

Wenn ein Wissenschaftler in seinem Laboratorium Forschung betreibt, vergißt er die ganze Welt um sich herum. Manches andere mag in demselben Laboratorium geschehen, aber der Wissenschaftler sieht und hört nichts davon, weil er sich seiner eigenen besonderen Arbeit widmet. Vielleicht schaut er durch ein Mikroskop, um die feinen Zellen des menschlichen Körpers zu untersuchen, aber er ist sich nicht einmal des Mikroskops bewußt. Er sieht nichts als die winzige Zelle, die er gerade vor Augen hat.

Dieses Vergessen und Erinnern geschieht also im täglichen Leben fortwährend. In jedem Moment vergißt man etwas und erinnert sich an etwas anderes. Man vergißt die Familie und denkt an das Büro; man vergißt die Frau und erinnert sich an die Kinder. Die Kinder verschwinden, und die Frau taucht auf. Dies geschieht fortwährend, in jedem Augenblick, aber wir sind uns dessen nicht bewußt. Es ist nun klar, daß Vergeßlichkeit im täglichen Leben notwendig ist, damit man sich an etwas erinnern kann. Dasselbe trifft für das Denken an Gott zu. Um sich an Gott zu erinnern, sollte man die Welt vergessen, denn wenn wir an die

Welt denken, ist Gott vergessen – falls wir nicht fähig sind, die Welt als Gott zu sehen.

Dauerndes Sich-Erinnern an Gott bedeutet dauerndes Vergessen der Welt. Das auf einen Punkt gerichtete Erinnern vergrößert die Lücke zwischen zwei Gedanken. Wir tagträumen viel und denken über die verschiedensten Dinge, Menschen, Orte und so weiter nach. Die Welt existiert in uns als Gedanken und Ideen, denn die Welt ist letztlich Gedanke. Das größte Hindernis, das auftritt, wenn wir uns auf Gott besinnen, ist das Denken – unser ständiges Denken und Tagträumen, unser zur ständigen Gewohnheit gewordener Versuch, alles zu begreifen. Unsere Gedanken sind immer regellos; ein Gedanke führt zum nächsten. Jetzt denken wir an unseren im Ausland lebenden Sohn; wir träumen davon, dort hinzugehen und für den Rest unseres Lebens bei ihm zu wohnen. Dann träumen wir von dem Land und von der großen Freude und dem Vergnügen, das wir dort haben werden. Im nächsten Augenblick wandern unsere Gedanken zu dem Zoo, den wir neulich besucht haben, und den Schimpansen, die wir beobachteten, wie sie von einer Seite zur anderen gesprungen sind, wie sie die Erdnüsse aßen, die wir ihnen gegeben hatten, und wie sie sich kratzten. In der nächsten Minute denken wir an unseren Hochzeitstag… In dieser Weise denken die meisten Menschen. Sie leben in Gedanken.

Wenn ihr sorgfältig hinschauen könnt, wenn ihr mit scharfen Augen seht, stellt ihr fest, daß es zwischen den Gedanken eine Lücke gibt. Diese Lücke ist fein, feiner als ein Haar, aber sie existiert. Wenn ihr die Gedanken daran hindern könnt, unkontrolliert zu fließen, wie sie es jetzt tun, dann wird diese Lücke wachsen. Aber das ist nur in einem Gemüt möglich, das sich auf einen einzigen Gedanken sammelt. Es darf nicht auf vielen Gedanken verweilen, sondern nur auf einem einzigen! Und diesen Gedanken nennen wir die Besinnung auf Gott. Dieser Gedanke kann der Name Rama, Krishna, Christus oder Buddha sein – wie immer ihr eure geliebte Gottheit auch nennt. Durch diese Art des Sich-Erinnerns vergißt man die Tagträume; alle anderen Gedanken hören auf, und im Lauf der Zeit wird das Sich-Erinnern konstant. Durch ständiges Denken an

Gott vergißt man die Welt und was geschieht. Anstelle aller anderen Gedanken gibt es nur einen Gedanken – den Gedanken an Gott. Ganz gleich, welchen Namen ihr ihm gebt – dieses auf ein Ziel gerichtete Denken mündet in ein ständiges Sich-Erinnern an Gott.»

Der *brahmacharin* hatte Zweifel: «Was gewinnt man daraus? Was ist der Nutzen dieses Vergessens und Erinnerns?»
Amma: «Nimm an, du baust ein schönes Haus. Es war dein lebenslanger Traum, dieses Haus zu haben. Du hast immer an dieses Traumhaus gedacht und darüber oft alles andere vergessen. Was gewinnst du, wenn du den Bau des Hauses schließlich zu Ende bringst und einziehst? Du fühlst dich glücklich und zufrieden, nicht wahr? Genauso wirst du, wenn du dich fortwährend an Gott erinnerst und die ganze Welt vergißt, Frieden und Zufriedenheit in dir selbst finden. Die Zufriedenheit, die du erfährst, wenn du in dein Haus einziehst, stirbt bald ab, denn sie wird von einem anderen Wunsch abgelöst, aber der Frieden und die Seligkeit, die du gewinnst, wenn du dich ständig an Gott erinnerst und alles andere vergißt, werden für immer andauern.

Wonach sehnt sich der Mensch? Was fehlt am meisten in der Welt? Doch der Frieden, nicht wahr? Es gibt nirgendwo Frieden, weder außen noch im Inneren. Um das Leben wirklich zu leben, braucht man aber Frieden, braucht man Liebe. Frieden ist nichts, das man erlangt, wenn alle Wünsche erfüllt oder alle Probleme gelöst sind. Solange es ein Gemüt gibt, werden Wünsche aufsteigen und wird es Probleme geben. Frieden ist etwas, das uns geschenkt wird, wenn alle Gedanken zur Ruhe kommen und wenn du das Gemüt transzendierst. Frieden tritt ein, wenn du dich an Gott erinnerst und dabei die Welt vergißt.

Ein Mensch, der in sich Frieden gefunden hat, ist entspannt, und sein Leben verläuft harmonisch. Er ist weder übertrieben aufgeregt noch überängstlich. Er trauert nie um Vergangenes. Er bleibt in allen Lebenslagen ruhig und meistert sie intelligent, weil er einen klaren Blick hat. Sein Gemüt und sein Blick werden nicht von unnötigen Gedanken getrübt. Denkt daran, daß er dieselben Probleme hat wie andere Menschen; aber wer im

Frieden lebt, tritt ihnen in veränderter Haltung gegenüber. In allem, was er tut, liegt Schönheit und ein besonderer Charme.

Lernt, euch ständig daran zu erinnern, daß ihr das Selbst seid, daß ihr Gott gehört! Versucht zu vergessen, daß ihr der Körper seid, daß ihr vermeintlich fern von Gott seid oder daß es niemanden gibt, der sich um euch kümmert!»

10

# Liebe und Vernunft

Als Amma zu sprechen aufhörte, sang *brahmacharin* Pai spontan ein Lied. Alle, auch Amma, stimmten freudig ein. Es erklang *Hariyute kalil* ...

Ohne Gott (Hari) zu Füßen zu fallen,
kann niemand das Feuer
von Leid und Wiedergeburt löschen.
Ohne sich für immer vor dem Meister zu beugen,
wird niemand das Glück der Befreiung gewinnen.

Niemand kann zum Herrn gelangen,
ohne sich im Singen Seines Namens zu verlieren.
Ohne zu verschmelzen in köstlicher Hingabe,
kann niemand Befreiung gewinnen.

Wer nicht meditiert, Gottes Namen wiederholt
oder auf andere Weise sich übt,
wird nicht vom Nektar der Seligkeit kosten.
Ohne Redlichkeit und Mitgefühl
kann man seinem *dharma* nicht gerecht werden.

Ohne alle Bindungen aufzugeben,
kann man das Feuer der Wiedergeburt nicht löschen.
Solange der Neid noch Wurzeln in uns hat,
wird Gott nicht vor uns treten.

Ein *brahmacharin* kam auf Ammas Ausführungen über Intellekt, Glaube und Liebe zurück und bemerkte: «Um Gott oder das Selbst kennenzulernen, sind absoluter Glaube, Selbsthingabe und reine Liebe erforderlich, nicht wahr? Intellektuelle jedoch sehen diese drei Dinge als irrational und unlogisch an.»

Amma hatte eine Antwort bereit: «Die sogenannten Intellektuellen können sich niemals des wirklichen Lebens erfreuen, denn im wirklichen Leben ist Liebe unverzichtbar. Glaube bedarf der Liebe, und Liebe bedarf des Glaubens. Auch zur Selbsthingabe bedarf es des Glaubens und der Liebe. Alle diese Eigenschaften befinden sich im Herzen, nicht im Intellekt.

Liebe, Hingabe und Glaube sind einem rationalistischen Denker, einem, der immer kalkuliert und alles analysiert, nahezu verschlossen. Wie kann ein solcher Mensch lieben? In der Liebe gibt es keine Logik. Ihr könnt Liebe nicht analysieren. Sie ist ein Gefühl, ein tiefes Gefühl. Ihr könnt Liebe weder sehen noch anfassen, aber ihr könnt sie fühlen, und das Gefühl ist im Herzen. Um zu lieben, bedarf es eines Herzens, das fühlen und dieses Gefühl ausdrücken kann.

Was würde geschehen, wenn eine Frau sich in einen Rationalisten verlieben und ihn bitten würde, sie zu heiraten? Er würde vielleicht sagen: ‹Warte, ich muß mir das Ganze noch überlegen. Ich muß darüber nachdenken und berechnen, ob die Ehe ein Erfolg oder ein Fehlschlag wird. Ich muß rational sein und das zuerst herausfinden.› Vielleicht würde er sogar einen Essay über das Gelingen und Mißlingen von Liebe und Eheleben schreiben. Höchstwahrscheinlich käme er zu der Schlußfolgerung: ‹Liebe ist irrational. So etwas wie Liebe gibt es nicht; sie ist nur eine Einbildung. So etwas kann es nicht geben, weil man es nicht sehen, berühren oder riechen kann; deshalb ist Liebe eine Illusion, ein Ding der Unmöglichkeit.›

Liebe ereignet sich einfach. Niemand denkt darüber nach, wie oder wo oder wann man lieben soll. Niemand ist rational in bezug auf die Liebe. Rationales Denken behindert die Liebe. Sie erhebt sich plötzlich im Herzen. Liebe ist ein unausweichliches, unaufhaltbares Verlangen nach Einheit. Sie ist jenseits aller Logik. Versucht also nicht, in bezug auf Liebe rational zu sein! Es ist, als ob man dem Fluß Gründe liefern wollte zu fließen, der Brise, kühl und sanft zu wehen, dem Mond zu scheinen, dem Himmel, sich grenzenlos auszudehnen, dem Ozean, weit und tief zu sein oder der Blume zu duften. Rationalisierung tötet die Schönheit und den Reiz dieser Dinge. Man muß sich an ihnen erfreuen, sie erleben, lieben und fühlen. Wenn ihr an ihnen herumvernünftelt, werden euch ihre Schönheit, ihr Reiz und die Gefühle, die sie hervorrufen, entgehen. Setzt euch ans Ufer des Meeres, schaut es an, fühlt seine Grenzenlosigkeit, erlebt das Aufsteigen und Verebben der Wellen! Fühlt und staunt über die Schöpfung und den Schöpfer solcher Pracht! Was kommt Gutes dabei heraus, wenn ihr über den Ozean nur rational nachdenkt?

Rationale Betrachtung zerstört die Schönheit. Immer nur auf die Logik zu vertrauen tötet die Poesie, die Musik, das Malen und Singen. Es zerstört alles, was in der Natur schön ist. Dichtung, Musik, Malerei, Bildhauerei und Gesang beruhen auf Liebe. Diese Künste sind Ausdruck des Menschen, der sie ausübt. Es ist das Herz, das sich in dieser Kunst ausdrückt. Der Künstler läßt sich in seine Kunst einströmen. Er selbst vergeht – nur die Dichtung existiert, nur die Musik existiert, nur Liebe existiert.

Glaube und Selbsthingabe gehören mit der Liebe in eine Klasse. Liebe, Glaube, Selbsthingabe – sie alle sind miteinander verbunden und voneinander abhängig. Sie alle sind Ausdrucksweisen des Herzens. Glaube bedeutet, von etwas, was ihr fühlt, überzeugt zu sein. Dieses Etwas ist nicht sichtbar oder berührbar; es kann nur erfahren werden. Die Erfahrung des Glaubens ist persönlich und subjektiv. Wenn man Glauben hat, weiß man das durch eigene Erfahrung, und nichts muß bewiesen werden. Wenn es einen klar umrissenen äußeren Beweis gibt, dann ist es kein Glaube, sondern Tatsache. Wenn man auf Tatsachen zurückgreifen kann, ist kein Glaube notwendig. Zum Beispiel existiert die Sonne, auch Erde, Pflanzen, Bäume, Flüsse und Berge existieren. Dies alles sind Tatsachen, die man beweisen kann. Der Glaube wirkt da, wo der Verstand versagt. Glaube und Liebe liegen jenseits des Verstands. Nur das Herz fühlt und erfährt Glaube und Liebe.

Die Wissenschaft hat ihre Forschungsgebiete ungeheuer ausgeweitet, aber immer noch gibt es vieles, was der menschliche Intellekt nicht versteht; viele Dinge können nicht durch wissenschaftliche Tatsachen erklärt werden. Die Wissenschaft hat unvorstellbare Höhen des Erfolgs erreicht, aber bleibt das Universum nicht doch ein Geheimnis? Trotz ihrer erstaunlichen Entwicklung hat die Wissenschaft nicht einmal einen verschwindenden Bruchteil dessen erfaßt, was das Universum ausmacht. Stimmt es nicht, daß es der Wissenschaft vollkommen mißlungen ist, die Menschen glücklich und friedvoll zu machen? Hat die Wissenschaft mit allen ihren großen Errungenschaften die Menschheit menschlicher machen können? Aller wissenschaftliche Fortschritt und alle technische Entwicklung, die wir zuwege gebracht haben, entstammen unserem rationalen Denken; sie sind Produkte des Intellekts. Aber das Vorherrschen des Intellekts hat die Qualität des Lebens gemindert; es hat Liebe, Glauben und Hingabe an ein höheres Ziel im Leben zerstört; es hat die Schönheit beeinträchtigt. Es hat nur das Anschwellen des Ego unterstützt, und seine Eitelkeit ist für uns zum Stolperstein geworden.»

Nicht ganz überzeugt, bemerkte derselbe *brahmacharin* wieder: «Es klingt, als sei Amma total gegen Wissenschaft und intellektuelles Denken. Sollten wir nicht auch die nützlichen Beiträge berücksichtigen, die Wissenschaft und intellektuelles Denken für die Gesellschaft geleistet haben?»

Mutters Antwort war wohlwollend: «Mutter hat nichts gegen Wissenschaft und intellektuelles Denken. Mutter will nicht sagen, daß uns die Wissenschaft völlig ruiniert hat. Sie will auch nicht sagen, daß intellektuelles Denken nutzlos sei. Wissenschaft und intellektuelles Forschen haben für die Menschheit Großes geleistet, darüber gibt es keinen Zweifel. Aber Amma will anregen, daß wir Menschen der Wissenschaft und dem rationalen Denken keinen so hohen Stellenwert geben dürfen. Sie haben auch ihren Platz. Laß sie dort, schätze sie weder höher noch geringer ein! Denke daran, daß das Leben keine Maschine ist! Leben ist Bewußtsein selbst, versuche nicht, es zu mechanisieren. Versuche nicht, ein Wissenschaftler oder leitender Angestellter zu sein oder wie ein Verwaltungsbeamter zu handeln, wenn du zu Hause bist. Deine Frau ist keine Maschine, ebensowenig wie deine Eltern oder deine Kinder. Auch du bist keine Maschine. Deshalb braucht man Liebe in seinem Heim, damit es dort menschenwürdig zugeht. Sonst wird das Zuhause zur Hölle.

Wenn du Wissenschaftler bist, dann gebrauche deine rationalen Fähigkeiten, solange du im Labor und unter anderen Wissenschaftlern bist. Das ist in Ordnung; du kannst dann von dieser Seite deines Wesens Gebrauch machen. Aber wenn du nach Hause gehst, solltest du diese Rolle fallenlassen können. Zu Hause kommst du ins wirkliche Leben zurück, und du solltest von deinem Kopf in dein Herz überwechseln. Du solltest stark genug sein, nicht weiter an deine Wissenschaft und deine Experimente zu denken.

Zu Hause bist du kein Wissenschaftler oder Ingenieur; dort sind wissenschaftliche Forschung und berufliches Geschick nicht das Wichtigste. Dein Stirnrunzeln und deine ernste Miene sind zu Hause fehl am Platz. Wie langweilig und fad wäre das Leben, wenn du gleich in dein Arbeitszimmer verschwinden würdest, sobald du nach Hause kommst, ohne deine Frau und deine Kinder anzusehen und anzulächeln. Denke an die Belastung und Spannung, die dadurch in deinem Familienleben entstünden! In einer solchen Familie gäbe es keine lächelnden Gesichter. Das Familienoberhaupt, das immer mit auf die Hand gestütztem Kinn dasitzt und ständig an seine Arbeit denkt, erfüllt keineswegs seine Pflichten als Ehemann und Vater. Wenn er sich nicht mit seiner Frau und seinen Kindern beschäftigt, entstehen Spannung, Streß und Belastung, und alle finden das Zuhause langweilig und traurig.

Wie viele Familienbeziehungen brechen aus Mangel an Liebe und Zuwendung zusammen? Wie viele Ehefrauen kommen zu Amma und sagen: ‹Amma, mein Mann lächelt mich nicht einmal an. Nie spricht er liebevoll mit mir. Er hat überhaupt kein Interesse an mir. Ich finde es sehr schwer, mit ihm zusammenzuleben. Was soll ich tun?› Manchmal laufen solche Frauen anderen Männern nach, oder sie werden drogensüchtig, und manche begehen sogar Selbstmord. Manchmal ist auch der Ehemann das Opfer. Und in vielen Fällen werden die Kinder vernachlässigt und ignoriert.

Was Mutter meint, ist, daß ihr werden könnt, was ihr wollt, aber euer berufliches Leben muß vom Familienleben getrennt sein. Euer Leben als Wissenschaftler oder Geschäftsmann ist verschieden von eurem Leben als Vater, Mutter, Ehemann, Ehefrau, Sohn, Tochter, Bruder oder Schwester. Ihr könnt denken, ihr könnt euch intellektuell betätigen, aber zugleich solltet ihr den Intellekt ruhen und Liebe und Glauben einströmen lassen können! Ihr solltet jederzeit fähig sein, das Stirnrunzeln in ein schönes Lächeln zu verwandeln!

Liebe schafft freundliche, lachende Gesichter und mitfühlende Herzen und drückt sich in liebevollen, angenehmen Worten aus. Ihr könnt euch für Kopf und Herz gleichzeitig entscheiden. Dabei sollte es ein Gleichgewicht geben, denn wenn ihr nur Logik und rationales Denken wählt, kommt ihr in Schwierigkeiten. Liebe dagegen bringt keine Schwierigkeiten hervor. Sie beseitigt alle Probleme. In der Liebe gibt es keine Furcht, keine Aufgeregtheit, weder Spannung noch Wut. Aber wenn ihr euch ausschließlich auf rationales Denken verlaßt, werdet ihr feststellen, daß viele Probleme auf euch zukommen, und ihr werdet ständig in Schwierigkeiten sein. Erinnert euch daran, daß ihr die Wahl habt! Benutzt eure Unterscheidungskraft und wählt! Denkt daran, daß Mutter Wissenschaft oder Logik nicht vollkommen abtun will. Mutter will nur auf die gefährliche Tendenz der heutigen Zeit aufmerksam machen, Vernunft und Logik zuviel Gewicht beizumessen und dabei Liebe und Glaube, die Werte, die die Menschheit vereinigen, zu vernachlässigen.»

# 11

# Sadhana und Schicksal

Einer der Devotees trug einen Verband um seine Stirn, und Mutter erkundigte sich besorgt, warum. Mit verschmitztem Lächeln antwortete er: «Du weißt warum, Amma. Ohne dich hätte ich heute nicht hierherkommen können.» Der Devotee erzählte, wie er auf dem Heimweg von der Arbeit einen Motorradunfall hatte. In dem Bestreben, rasch nach Hause zu kommen, um seinen Sohn zu sehen, der schwer krank im Bett lag, war er trotz Regen sehr schnell gefahren. Als er sich durch den Verkehr schlängelte, stieß er plötzlich mit einem Lastwagen zusammen. Die Wucht des Aufpralls warf den Devotee vom Sitz.

«Ich dachte, ich würde jetzt in dem hektischen Verkehr zermalmt werden», sagte er zu Amma. «Ich nahm alle Kraft zusammen und rief aus: ‹Amma, rette mich! Schütze mich!› Plötzlich dachte ich an meinen Sohn und rief wieder: ‹Amma, mein Sohn!› Ich schloß meine Augen und wartete darauf, unter den Rädern eines schweren Lastwagens zu Tode gequetscht zu werden. Aber statt dessen fühlte ich Hände, die mich trugen. Es war, als würde ich schweben oder in der Luft fliegen, und doch empfand ich ganz klar, daß jemand mich mit den Händen an sich drückte. Ich öffnete die Augen und fühlte noch immer die Hände, aber ich sah niemanden. Dann erschien allmählich ein Gesicht vor meinen Augen: Das warst du, Amma, das warst du …» Der Mann schluchzte und sagte unter Tränen: «Ich hätte sonst nie dein mitfühlendes Gesicht wiedergesehen. Ich hätte meinen Sohn nie wiedergesehen. Wenn ich bei diesem Unfall gestorben wäre, wäre er untröstlich gewesen und auch gestorben.» Der Devotee weinte hemmungslos.

Amma beruhigte und tröstete ihn. Es sei nichts Schlimmes passiert, und er solle sich keine Sorgen machen. Der Mann beruhigte sich und erzählte die Geschichte zu Ende. Er war bewußtlos geworden, nachdem er Ammas lächelndes Gesicht gesehen hatte. Als er die Augen öffnete, fand er sich auf der Wiese am Straßenrand wieder, umgeben von einer Menschenmenge. Zu seiner Überraschung erfuhr er, daß sich alles in wenigen Sekunden abgespielt hatte. Er war bei dem Unfall seltsamerweise auf der Wiese gelandet. Die Leute wollten ihn ins Krankenhaus bringen, aber er konnte mit nur leichten Verletzungen aufstehen. Gestern abend wurde ihm das auch von den Ärzten bestätigt. Er war überzeugt, daß Amma sein Leben gerettet hatte.

Mutter erkundigte sich nach dem Sohn, und der Mann sagte, er habe kein Fieber mehr, und jetzt gehe es ihm viel besser.

Diese Geschichte veranlaßte einen anderen Devotee zu fragen: «Kann man diese knappe Rettung vor dem Tod nur als Frucht seines Handelns ansehen? Ist sie Ergebnis des *karma?* War es seine Vorbestimmung, von dir gerettet zu werden, oder war es seine Bestimmung zu sterben?»

Mutter erklärte, daß der Unfall geschehen mußte und der Mann eigentlich nicht hätte überleben sollen. Sie hatte ihn schon vor Monaten gewarnt, daß etwas Gefährliches geschehen werde und daß er soviel wie möglich beten und meditieren solle. Er habe das befolgt, und wegen seines Gehorsams, seiner ernsthaften Bemühungen und seiner Hingabe habe er die Gnade Gottes empfangen können, die ihn vor dem Tode rettete. Die Erfahrung des Unfalls habe er machen müssen, aber seine ernsthaften und hingebungsvollen Bemühungen hätten den Gnadenfluß bewirkt und damit sein Leben gerettet. Auch die Vorsehung könne durch ernsthafte Bemühungen überwunden werden. Gott selbst ändere in solch einem Fall das Schicksal.

Der Devotee, der den Unfall erlitten hatte, fuhr fort: «Als ich vor fünf Monaten zum erstenmal kam, um Ammas *darshan* zu erlangen, sagte sie mir, ich solle sehr vorsichtig sein. In ein paar Monaten würde ich in eine sehr ernste und gefährliche Lage kommen. Als Amma erfuhr, daß ich ein Motorrad habe, warnte sie mich wieder. Sie sagte mir ausdrücklich, ich solle nie schnell fahren. Amma verbot mir sogar, längere Strecken mit dem Motorrad zu fahren.»

Der Mann, der nach der Vorbestimmung gefragt hatte, bat um die Klärung einer weiteren Frage. Er hatte von ähnlichen Wundern gehört, in denen Amma geholfen hatte, obwohl die betreffenden Leute sie noch gar nicht kannten. Sie waren weder Ammas Schüler, noch übten sie irgendwelchen *sadhana* aus.

Amma antwortete: «Es ist wahr, daß manche Leute ähnliche Erfahrungen machen, sogar bevor sie Amma begegnen. Denke daran, daß alle, die in diesem Leben mit Amma verbunden sind, auch in ihren früheren Leben mit ihr verbunden waren. Du kannst nur dieses Leben sehen und meinst deshalb, sie hätten Mutter vorher nicht gekannt. Aber sie sind alle schon früher mit Amma zusammengewesen. Du kannst also nicht wirklich sagen, diese Erlebnisse seien eingetreten, bevor sie Mutter begegnet wären. Niemand erinnert sich an seine Verbindung mit Mutter in früheren Leben. Es gibt für jeden einen vorbestimmten Zeitpunkt, an dem er zu Mutter kommt. Manche finden sich früher ein, andere später. Aber jedes Kind Ammas ist immer mit ihr verbunden gewesen. Sie kommen zu verschiedenen Zeiten zu Mutter, manche, wenn sie von Amma hören oder ihr Foto sehen, andere, wenn sie eine Aufnahme von Ammas *bhajans* hören. Manche kommen zu Amma, nachdem sie eines ihrer Kinder kennengelernt haben; wieder andere erkennen ihre Beziehung zu ihr erst, wenn sie in Kontakt mit ihr treten.

Du sagst ‹bevor sie Mutter begegnet sind›, aber so etwas gibt es nicht. Alle Kinder Ammas sind ihr schon vor langer Zeit begegnet. Obwohl niemand sich dessen bewußt ist, war Ammas Schutz immer da. Wenn Menschen Anweisungen befolgen, die sie in einem früheren Leben bekommen haben, wird ihnen Gottes Gnade zuteil. Auch wenn sie in diesem Leben nicht den Anweisungen eines Guru folgen oder keinen *sadhana* mehr ausüben, können sie aufgrund der Verdienste aus früheren Leben Gnade empfangen.

Du wirst Mutter diesen Devotees keine Anweisungen geben sehen, weil sie diese schon früher bekommen haben. Du wirst vielleicht nicht sehen, daß sie die Anweisungen befolgen, weil sie sie schon befolgt haben. Sie sammelten in einem früheren Leben soviel Verdienste an, daß ihnen die Gnade des Guru in diesem

Leben zufließen kann. In einem solchen Fall muß der Devotee getan haben, was von ihm erwartet wurde. Nun ist er bereit, die Frucht zu empfangen, denn sie kann nicht ausbleiben. Wenn der Mahatma entscheidet, daß dem Devotee die Frucht seines Handelns in diesem Leben bei einer bestimmten Gelegenheit zuteil werden soll, dann wird es geschehen. Der Guru ist derjenige, der den Menschen die Frucht ihres Handelns schenkt. Er weiß, wann er sie geben soll. Du siehst nur einen sehr kleinen Ausschnitt des Lebens. Denke daran, daß dein gegenwärtiges Leben nur ein winziger Bruchteil deines gesamten Lebens ist! Bewerte die Dinge nicht, indem du nur auf dieses kleine Stück schaust. Schließlich siehst du das Handeln des Mahatma nur von außen – wie kannst du es also beurteilen? Der Mahatma ist der einzige, der alles über die Vergangenheit, Gegenwart und Zukunft weiß. Fälle deshalb keine Urteile über den Mahatma oder darüber, ob andere die Gnade des Gurus verdienen oder nicht. Wenn seine Anweisungen einmal befolgt wurden, müssen sich die Ergebnisse zeigen, denn das ist sozusagen eine Schuld, die Amma zu bezahlen hat.

Versuche nicht, die Dinge zu beurteilen, bevor du tief in sie eingedrungen bist! Du weißt nicht, wie tief du eindringen kannst, weil du immer an der Oberfläche geblieben bist. Um in die Tiefe zu dringen, brauchst du einen feinen Verstand, ein scharfes Auge und ein stilles Gemüt. Ein schwankendes Gemüt vermag nicht in die Tiefe zu dringen; nur ein ruhiges Gemüt kann das.

Du solltest mit allen Devotees sprechen, die hierherkommen. Deshalb geh zu allen Bewohnern des *ashram* und frage sie nach ihrer Beziehung zu Amma! Versuche herauszufinden, wann sie Mutter getroffen haben und wie lange sie schon bei ihr sind. Ausnahmslos alle werden sagen: ‹Ich bin dann und dann gekommen. Ich bin seit acht, neun oder zehn Jahren hier bei Mutter.› Und sie werden hinzufügen: ‹Und doch fühle ich deutlich, daß meine Beziehung zu Amma schon über mehrere Leben hin besteht. Ich empfand das in demselben Moment, als ich sie traf. Auch Amma behandelte mich mit solcher Vertrautheit, daß auch sie mich schon vorher zu kennen schien.›

Auch du empfindest es so, nicht wahr? Warum? Gibt es in jeder zwischenmenschlichen Beziehung ein solches Gefühl der Vertrautheit? Nein, das gibt es nicht. Normalerweise dauert es eine Weile, bis wir mit jemandem, den wir kennenlernen, vertraut sind. Normalerweise hat man das Gefühl, daß der andere ein Fremder ist und daß er auch so empfindet. Aber keines von Mutters Kindern hat ihr gegenüber dieses Gefühl. Keines von ihnen sagt, daß Amma eine Fremde für es ist oder daß Amma sich wie eine Fremde verhalten habe. Warum? Weil sie immer bei euch war. Amma hat euch nie verlassen.

Ihr alle seid in früheren Leben mit Amma zusammengewesen. Diese Erfahrung wird wieder lebendig, wenn der richtige Zeitpunkt gekommen ist.

Der Mahatma oder Guru hat es völlig in seiner Hand, einen Segen zu schenken oder jemanden mit seiner Gnade zu überschütten. Er kann es tun, wann immer er will, oder er kann es unterlassen, wenn er es nicht will. Gnade ist ein seltsames Phänomen. Man kann nicht sagen, wo oder wie Gnade sich auswirken wird. Menschliche Berechnungen versagen völlig, wenn es um Gnade geht. Wenn der Guru es wünscht, kann er einem Fremden, der niemals *sadhana* ausgeübt hat, im Bruchteil einer Sekunde den Segen der Selbstverwirklichung schenken. Er kann es auch unterlassen, diesen Segen jemandem zu schenken, der lange Zeit intensiven *sadhana* ausgeübt hat. Mutter sagt nicht, daß ein Mahatma einem *sadhaka* die verdiente Gnade verweigern wird. Sie will nur hervorheben, daß es in seiner Macht liegt, sie zu gewähren oder nicht zu gewähren. Ein Mahatma kann mit Leichtigkeit jemanden segnen, indem er dessen lebenslangen Wunsch erfüllt. Wir können versuchen herauszufinden, warum jemand so gesegnet wird, obwohl wir keinerlei Verdienst in ihm erkennen, aber solch eine Suche nach dem Grund oder der Ursache sollte für uns sterbliche Menschen, die nicht über den Intellekt hinausgehen können, besser unterbleiben. Es wird für uns immer ein Geheimnis sein. Manchmal wird es keinerlei Grund dafür geben. Der Guru tut es einfach. Deshalb meditiert und betet, wenn ihr diese Gnade erlangen wollt; haltet fest an den Füßen des Guru, ganz gleich, was geschieht!»

Der *darshan* ging noch weiter, und die Devotees kamen nach vorne, um sich von Mutter umarmen zu lassen und ihr ihre Herzen auszuschütten. Andere sangen währenddessen ein Lied für die Mutter der Welt, deren Gnade aus Täuschung und Dunkelheit herausführt. Danach herrschte für eine kurze Weile Schweigen. Dann fuhr Amma fort zu sprechen: «Das Schicksal eines Menschen kann durch die Macht eines Mahatma, durch das Wirken eines Heiligen, geändert werden. Hier ist eine Geschichte, die das veranschaulichen soll:

Es lebte einmal ein glühender Verehrer Vishnus. Nach mehreren Ehejahren waren er und seine Frau noch nicht mit Kindern gesegnet worden. Der Devotee übte intensives *tapas,* aber trotzdem blieb das Paar kinderlos. Eines Tages traf er den Weisen Narada, der durch das Dorf des Mannes kam. Als der Devotee hörte, daß der Weise nach Vaikuntha gehen würde, um den *darshan* Vishnus zu bekommen, bat er Narada, den Herrn zu fragen, warum er und seine Frau noch nicht mit einem Kind gesegnet worden seien. Er wollte auch wissen, wann er eine solche Segnung erwarten dürfe.

Als Narada in Vaikuntha ankam, richtete er dem Herrn getreulich das Anliegen des Devotees aus. Vishnu sagte, daß es dem Devotee nicht vorherbestimmt sei, in diesem Leben Kinder zu haben. Das war eine so enttäuschende Antwort, daß Narada sie dem Devotee nicht mitteilen wollte. Deshalb überbrachte er dem Mann die unangenehme Nachricht nie. Jahre vergingen, und Narada kam zufällig wieder einmal durch dasselbe Dorf. Er stattete dem Haus des Devotees einen Besuch ab und war sehr überrascht, im Hof drei spielende Kinder zu finden. Narada fragte den Mann, wie es gekommen sei, daß er diese Kinder bekommen habe.

Darauf erzählte ihm der Devotee, daß er nicht lange, nachdem dieser durch das Dorf gekommen sei, das Glück gehabt habe, einem Heiligen zu begegnen und ihm zu dienen. ‹Zufrieden mit meinem Dienst›, so erklärte der Devotee, ‹forderte mich der Heilige auf, um eine Gunst zu bitten. Natürlich bat ich um ein Kind, und der Heilige sagte, ich würde drei Kinder bekommen. So kamen diese drei Kinder in mein Leben.›

Sogleich begab sich Narada nach Vaikuntha und beschuldigte den Herrn, nicht die Wahrheit gesagt zu haben: ‹Als ich vor ein paar Jahren im Namen eines bestimmten Devotees um ein Kind bat, sagtest Du mir, daß es ihm nicht vorherbestimmt sei, Kinder zu haben. Und doch hat er jetzt drei!›

Noch bevor Narada irgend etwas über den Heiligen sagen konnte, lachte Vishnu und sagte: ‹Das muß das Werk eines Heiligen sein, denn nur Heilige können die Vorbestimmung eines Menschen ändern.›

Mahatmas können einen Segen schenken, den nicht einmal Gott gewähren kann. Gott ist ohne Namen und Form; man kann ihn nicht sehen. Mahatmas aber sind diejenigen, die der Existenz Gottes Wirklichkeit verleihen. In ihrer Gegenwart können die Menschen Gott sehen, fühlen und erfahren. Sie segnen die Menschen, so daß sie Gott erfahren. Sie leisten den großen Verzicht, indem sie die höchste Heimstatt der Glückseligkeit verlassen, um mitten unter gewöhnlichen Leuten zu leben wie einer von ihnen, und doch verbleiben sie in ewiger Einheit.»

## 12

# Durchdringe die Oberfläche!

Während Amma am Morgen die Devotees empfing, stellte einer der *brahmacharins* die Frage: «Amma, ich habe dich neulich sagen hören, wir könnten nicht in die Tiefe dringen, wir blieben immer an der Oberfläche. Du sagtest auch, daß es eines feinen Verstandes und scharfer Augen bedürfe, um in die Tiefe zu dringen. Was meinst du damit? Würdest du das bitte erklären?»

Amma antwortete ausführlich: «Es ist die Natur des menschlichen Gemüts zu schwanken. Genau wie das Pendel einer Uhr bewegt sich das Gemüt immer von einem Gegenstand zum anderen, von einer Stimmung zur anderen, von einem Gefühl zum anderen. Mit einem Wort: Das Gemüt ist immer in Bewegung. In diesem Moment liebt das Gemüt etwas, und im nächsten Moment mißfällt es ihm. Das Pendel des Gemüts schlägt manchmal zur Wut aus, dann bewegt es sich zum Verlangen. Es kann nicht anhalten; es kann nicht still stehen. Wegen dieser ständigen Unruhe kann die feste und unbewegliche Basis des Seins, die allem zugrunde liegt, die wahre Natur der Dinge, nicht gesehen werden. Die Bewegung des Gemüts bringt unendlich viele kleine Gedankenwellen hervor, und diese umwölken alles. Nichts kann klar erkannt werden. Diese Unruhe wirkt wie ein Nebel, der unsere Sicht trübt. Ihr seht etwas, aber nur unklar. Ihr könnt wegen der Wolke aus Gedanken nicht deutlich schauen; eure Wahrnehmung bleibt also unvollständig. Ihr macht Aussagen über das, was ihr seht, ohne zu wissen, daß eure Sicht getrübt ist. Daher fällt ihr fehlerhafte Urteile und gebt falsche Informationen.

Alle Gedanken, Gefühlsausbrüche und Wünsche sind wie Kiesel, die in den See des Gemüts geworfen werden und die Wellen auf der Oberfläche des Sees verursachen. Der aufgewühlte Wasserspiegel macht es euch unmöglich, klar durch das Wasser zu blicken. Was sich auf dem Boden des Sees befindet, ist nicht genau zu sehen, denn es wird von den Wellen an der Oberfläche verzerrt. Ihr erlaubt dem Gemüt nie, still zu sein. Entweder ist da das Verlangen, irgendeinen Wunsch zu erfüllen, oder das Gemüt steckt voller Wut, Neid, Liebe oder Haß; und wenn in der Gegenwart nichts geschieht, schleichen sich Erinnerungen an die Vergangenheit ein: süße Erinnerungen, bittere Erinnerungen, freudige Augenblicke, Bedauern, Rache – irgend etwas taucht auf. Wenn sich dann die Vergangenheit zurückzieht, kommt die Zukunft mit schönen Versprechungen und Träumen. Das Gemüt ist also immer in Tätigkeit und niemals still.

Ihr seht nur die Oberfläche. Ihr nehmt nur die Wellen an der Oberfläche wahr; und wegen dieser Bewegung meint ihr fälschlicherweise, daß auch der Grund sich bewegt. Aber der Grund ist ruhig; er kann sich nicht bewegen. Ihr überlagert den stillen Grund, die allem zugrundeliegende Basis, mit der Bewegtheit der Oberfläche – mit den Wellen der Gedanken und Gefühle. Die Bewegung gehört nur zur Oberfläche, sie gehört zum Gemüt. Die Gedankenwellen verursachen sie. Sie hat nichts mit dem Grund zu tun. Damit man diesen stillen und unbeweglichen Grund sehen kann, muß die Oberfläche ruhig und still werden; die Wellen müssen aufhören; das ausschlagende Pendel des Gemüts muß zur Ruhe kommen. Dieses Zum-Schweigen-Bringen des Gemüts wird Eindringen in die Tiefe genannt.

Wenn die Stille einmal erlangt ist, könnt ihr klar durch die Oberfläche hindurchblicken. Ihr seht keine verzerrten Formen mehr. Ihr erblickt den wahren Grund des Seins – die Wahrheit, und alle eure Zweifel enden. An diesem Punkt erkennt ihr, daß ihr verzerrte Formen gesehen habt, nur Schatten und Wolken. Bevor ihr diesen Zustand erreicht, kann man sagen, daß ihr unwissend seid. Aber ihr werdet euch dessen niemals bewußt. In die Tiefe zu dringen bedeutet, das wahre Wesen von allem zu erblicken, während ihr allezeit in eurem eigenen Selbst verweilt.

Seht euch die Augen der echten *Yogis,* der echten Heiligen an! Sie können in die Tiefe dringen; sie können durch euch bis auf den Grund sehen. Wenn sie euch anschauen, blicken sie nicht auf eure illusorische, verzerrte Form; sie betrachten euer unendliches

Wesen, sie betrachten euer Selbst. Sie sehen nicht euch, das Ego: sie sehen durch das Ego hindurch. Sie sehen nicht das Spiel; sie sehen die unbewegliche Bühne, auf der das Spiel aufgeführt wird. Das bedeutet, daß sie das Spiel als Spiel erkennen. Sie messen ihm keine Wirklichkeit bei. Das Spiel kann jederzeit aufhören, aber die Bühne bleibt. Sie betrachten das Spiel und erfreuen sich daran, aber identifizieren sich niemals damit.»

# 13

# Erkenne Dein Nicht-Wissen!

Mutter wurde gefragt: «Amma, du hast gesagt, wir würden irgendwann erkennen, daß wir bis jetzt nur illusorische Erscheinungen sehen und daß wir das wahre Wesen der Dinge erst dann erfassen, wenn wir den Zustand der Stille erreichen. Dann würden wir unser Nicht-Wissen erkennen. Was meinst du mit dem Erkennen des Nicht-Wissens?»

Amma: «Wir alle leben zur Zeit in Unwissenheit. Selbst große Gelehrte geben zu, daß sie unwissend sind. Wenn die Menschen beten oder wenn sie mit einem Mahatma zusammen sind, sagen sie: ‹Herr, ich bin unwissend, bitte führt mich! Ich weiß nichts. Laßt mir Eure Gnade zukommen ... › So drücken sich die Leute gewöhnlich aus, wenn sie sagen, sie seien unwissend – aber wie viele wissen wirklich, daß sie unwissend sind? Wie viele sind sich ihres Nicht-Wissens bewußt? Bewußtheit verhilft dazu, das Ego auszumerzen. Aber weil die Menschen sich ihres Nicht-Wissens keineswegs bewußt sind, vermögen sie es nicht zu beseitigen. Selbst wenn sie es intellektuell einsehen könnten, würden sie weiterhin meinen, sie seien bedeutend; also empfinden sie ihre Unwissenheit nicht.

Nicht-Wissen bedeutet Unkenntnis der Wirklichkeit. Die meisten Leute stellen sich unter Nicht-Wissen etwas anderes vor. Allgemein meint man, ein unwissender Mensch sei jemand ohne Bildung, ohne Schulwissen. Gelehrte würden sagen, ein unwissender Mensch sei jemand, der die *Veden* und *Upanishaden* nicht studiert hat und keine Kenntnis der modernen Wissenschaft besitzt. Das ist es, was Gelehrte als Nicht-Wissen betrachten. Deshalb studieren sie und lesen alle Bücher, die sie bekommen können. Sobald sie gelehrt sind, wollen sie andere belehren. Sie wollen Vorträge halten; sie wollen Zuhörer; sie wollen von anderen hören, daß sie große Gelehrte seien und tiefe Einsicht und

Weisheit besäßen. Sie wollen von den Leuten verehrt werden. Sie wollen Gurus werden. Dies alles verstärkt natürlich ihr Ego. Bevor sie so viel studiert hatten, war ihr Ego klein, war ihre Bürde geringer. Sich dieser geringen Bürde zu entledigen, wäre keine so große Mühe gewesen, aber nun ist die Last sehr schwer geworden. Es bedarf harter Arbeit, in einem großen, festen Ego auch nur einen kleinen Riß zuwege zu bringen.

Und doch beten diese ichbezogenen Menschen – nicht aus Demut oder Liebe, sondern aus Furcht. Bei ihren Gebeten bedienen sie sich gewöhnlich einer blumigen Sprechweise. Formvollendet präsentieren sie Gott in ihren Gebeten ihre Unwissenheit. Sie bitten um Gottes Gnade, daß er ihr Nicht-Wissen beseitigen und das Licht des Wissens in ihnen entzünden möge. Vor anderen stellen sie große Bescheidenheit zur Schau. Ein solcher Mensch wird einen langen Vortrag halten und dann wiederholt erklären, wie unwissend er sei. Er wird vorgeben, bescheiden zu sein, wenn die Leute ihm applaudieren oder ihn loben. Aber im Inneren ist er froh darüber, und sein Ego bläht sich immer weiter auf. Er ist überglücklich, weil andere ihn für einen großen Gelehrten halten.

Solche Leute erkennen ihre Unwissenheit nicht. Sie sagen nur, sie seien unwissend, aber sie fühlen es nicht. In Wirklichkeit halten sie sich für groß; sie meinen, ihre Kenntnis der heiligen Schriften sei wirkliches Wissen. Für sie ist Gelehrsamkeit ein Schmuck, etwas, das man erwirbt und zur Schau stellt. Das führt dazu, daß ein Mensch, der so denkt und handelt, ein aufgeblähtes Ego bekommt. Es plustert sich auf, aber er spürt sein Gewicht nicht. Das ist sehr wichtig, denn man sollte die Schwere seines Ego spüren. Je mehr man empfindet, daß das Ego eine Bürde ist, desto stärker wird man sich danach sehnen, die Last abzuladen, von ihr frei zu sein.

Aber die meisten Leute empfinden ihr Ego nicht als eine Bürde. Sie glauben, sie brauchten es. Sie denken, das Ego schmücke ihre Persönlichkeit, es gebe ihnen Schönheit und Charme. Ein Mensch mag vielmals wiederholen, er sei nichts und niemand, doch wenn ihr versucht, mit dem Finger auf sein Ego zu zeigen und aufzudecken, wie sehr er sich damit identifiziert, wird er explodieren wie ein Vulkan, und sofort beginnt die Lava seiner Proteste zu fließen. Er reagiert aus völliger Identifikation mit seinem Ego. Wie können solche Leute die Wahrheit über ihr Nicht-Wissen erkennen? Es ist schwer, sehr schwer. Um das Ego eines solchen Menschen zu zerbrechen, braucht ihr einen großen Vorschlaghammer.»

Alle brachen in Gelächter aus, und auch Amma lachte. Nach einer Pause fuhr sie fort: «Dies ist tatsächlich eins der wichtigsten Dinge: wissen, daß man egozentrisch ist. Der Mensch sollte erkennen, daß sein Ego eine Last ist; er sollte sich seines Nicht-Wissens bewußt sein. Er sollte wissen, daß Buchwissen kein wirkliches Wissen ist und daß solche Gelehrsamkeit nur die Stärke seines Ego vermehrt, es sei denn, er hat ein so feines Gespür, daß er die Worte hinter sich lassen und die wirkliche Wahrheit erkennen kann.

Auch egozentrische Menschen beten; sie verwenden dieselben oder ähnliche Worte wie echte Devotees. Aber ihre Gebete kommen nicht von Herzen – sie sprechen nur Worte aus. Äußerlich sehen sie wie große Devotees aus, und sie können vielleicht gewandt über Spiritualität sprechen, aber sie haben ein sehr starkes Ego, das schwer aufzubrechen ist. Sie beten und sitzen in meditativer Positur, aber innerlich lassen sie ihren Geist umherwandern. Eine solche Haltung ist Unwissenheit der schlimmsten Art. Ein solcher Mensch erkennt nicht, wie unwissend er ist.»

## 14

# Der Weise als unberührter Beobachter

Ein *brahmacharin* stellte im Anschluß an Ammas Erläuterungen über das Durchdringen der Oberfläche folgende Frage: «Amma, du hast gerade erwähnt, daß der Heilige, wenn er uns anschaut, in Wirklichkeit das unendliche Bewußtsein anschaut und nicht das Äußere. Aber wenn der Heilige mit uns spricht, enthüllt er manchmal Tatsachen über die Zukunft oder die Vergangenheit – Dinge, die auf unsere physische Gestalt bezogen sind. Auch du tust das, Amma. Wie kann der Heilige so sprechen, ohne die äußere Form zu sehen?»

Mutter: «Mutter sagt wieder, daß der Heilige nur das unendliche Selbst sieht, nicht die Person. Ja, er kann zu dir sprechen, aber was heißt das schon? Er spricht nur, weil das gut für dich ist. Seine Worte inspirieren dich. Sie vermitteln dir einen Einblick in die Wirklichkeit. Sonst zieht er es vor zu schweigen. Er *ist* Schweigen. Wenn ein Heiliger spricht, spricht er nicht wirklich – sein Körper spricht, und er ist Zeuge dessen. Wenn der Heilige schläft, schläft er nicht; er beobachtet den Schlaf seines Körpers. Wenn er arbeitet, arbeitet er nicht; vielmehr schaut er zu, wie der Körper arbeitet. Er ist einfach Gegenwart, eine ununterbrochene Gegenwart, ein Zeuge alles dessen, was mit seinem eigenen Körper und der ganzen Umgebung geschieht.

Wenn der Heilige krank ist, kann er beiseite stehen und den leidenden Körper als Unbeteiligter betrachten. Auch wenn er von anderen beleidigt oder beschimpft wird, vermag er gelassen zu bleiben; er ist Zeuge der Schwierigkeiten, denen der Körper ausgesetzt ist. Dann kann er über die Beleidigungen lachen, die ihm zugefügt werden. Er kann über die zornigen Blicke und Worte lachen, die ihn treffen sollen. Er ist ja nicht mehr der Körper; er ist Bewußtsein. Wie kann Bewußtsein zornig werden? Wie kann Bewußtsein beleidigt sein? Das ist nicht möglich! Der

Heilige ist Bewußtsein, deshalb bleibt er unberührt und unversehrt von Beleidigungen oder Zornausbrüchen.

Wenn der Heilige dich anschaut, sieht er deine Gestalt, deine körperliche Erscheinung. Nicht weil dein Körper vor ihm steht oder weil seine Augen weit offen sind, sondern weil er deine Gestalt sehen will. Wenn er dich nicht sehen will, sieht er dich nicht. Er ist der Herr seines Gemüts, nicht dessen Sklave, während wir zu Sklaven unseres Gemüts geworden sind.

Wenn der Heilige dich anschaut und deine Gestalt sieht, so tut er das nur, weil er deine Gestalt sehen will, aber er kann auch aufhören, dich zu sehen, selbst wenn du noch vor ihm sitzt und seine Augen weit geöffnet sind. Und was ist so erstaunlich daran, wenn er dir deine Vergangenheit, Gegenwart und Zukunft enthüllt? Wenn er will, kann er dir von der Vergangenheit, Gegenwart und Zukunft des ganzen Universums erzählen, denn er *ist* das Universum. Das Universum ist in ihm; es ist Teil seines Daseins. Das Universum anzuschauen und ein paar Voraussagen zu machen ist keine große Sache für ihn, denn er ist der Ozean des Seins. Wenn er dir etwas über dich erzählt, bleibt er dennoch unbeteiligter Beobachter. Aber normalerweise kümmert er sich nicht um Enthüllungen dieser Art; er befaßt sich nicht mit Gerede über das, was in der Welt geschieht. Er befindet sich in ständiger Meditation.

Das Wort Meditation könnte leicht mißverstanden werden. Vergleicht eure Meditation nicht mit der des Heiligen! Eure Meditation ist noch nicht Meditation; sie ist eine fortwährende Anstrengung, ein Kampf darum, den Zustand der wahren Meditation zu erreichen. Aber der Heilige ist immer in diesem Zustand. Ob er geht, sitzt, schläft, ißt oder spricht – er befindet sich immer in tiefer Meditation. Es gibt keine Zeit, in der er nicht meditiert, nicht in seinem Selbst ruht.

Weil der Heilige ständig in seinem eigenen unendlichen Selbst verweilt, sieht er dieses in allen anderen. Es steht damit nicht im Widerspruch zu sagen, daß er die Gestalt eines anderen sieht, denn er tut das nur, wenn er es will. Er kann in seinen Körper eintreten und bei dem Spiel mitspielen, und er kann sich willentlich zurückziehen. Er kann den Körper sehen, sprechen, essen, rennen, lachen oder schlafen lassen, aber er kann ihn auch jederzeit ruhigstellen, wenn er das will. Was der Mahatma auch tut, er bleibt immer im eigenen Selbst, sieht alles als sein eigenes Selbst. Niemals identifiziert er sich mit seinem Körper; er beobachtet ununterbrochen. Er sieht, was um ihn herum vorgeht, und er kann seinen Körper daran teilnehmen lassen oder ihn daraus zurückziehen – wie er es will. Aber auch wenn er teilnimmt, ist er tatsächlich nicht aktiv. Er weiß jederzeit, daß das unendliche Selbst die einzige Wirklichkeit ist.»

# 15

# Liebe gibt der Arbeit Schönheit

An einem regnerischen Julinachmittag machte Amma, begleitet von den Devotees, eine Runde durch den *ashram.* Sie schaute sich auch die Badezimmer und Toiletten an. Wegen des starken Regens hatte sich niemand um sie gekümmert, und deshalb waren sie nicht sehr sauber. Wortlos begann Amma, ein Badezimmer mit Besen und Wasser zu reinigen.

Alle beeilten sich, weitere Besen und Eimer zu holen, aber als der erste gerade mit der Arbeit anfangen wollte, sagte Mutter: «Nein, nein. Das ist nicht eure Aufgabe. Ihr seid hier, um zu meditieren, zu beten und zu lernen. Diese Schmutzarbeit solltet ihr nicht verrichten. Mutter macht das schon. Sie ist daran gewöhnt, schmutzige Arbeit zu tun. Kinder, ihr kommt alle aus guten Familien, ihr solltet das nicht tun. Das ist nicht wie meditieren und beten. Ihr solltet nichts tun, wovon ihr fühlt, daß es anders ist als Meditation; ihr habt alle gebadet und seid bereit für den abendlichen *bhajan.* Laßt eure Körper nicht schmutzig werden. Geht und meditiert!»

Ihre sarkastischen Worte ließen alle erbleichen. Mit gesenkten Köpfen, Eimer und Besen in der Hand, standen sie wie erstarrt da, während Amma sämtliche Badezimmer und Toiletten selbst reinigte. Nach getaner Arbeit stellte Amma Eimer und Besen an ihren Platz und ging wortlos hinaus. Sie legte sich in den feuchten Sand, obwohl es wieder heftig zu regnen begann. Niemand hatte den Mut, sie um Verzeihung zu bitten. Als die Devotees endlich zu ihr liefen, fanden sie Amma in tiefem *samadhi* versunken.

Amma trat meist beim Singen der *bhajans* oder beim *darshan* in *samadhi* ein, aber manchmal auch, wenn es irgendeinen Unfrieden gegeben hatte. Einmal war sie nach einem heftigen Streit zwischen ihren zwei jüngeren Brüdern einen ganzen Tag lang nicht aus dem *samadhi* herausgekommen. Alle fürchteten, dies könnte ein ähnlicher Fall sein. Immer noch goß es weiter in Strömen. Würde Amma aus dem *samadhi* zurückkommen? Würde der Regen ihr schaden? Endlich beschloß man, sie in ihr Zimmer zu tragen. Fast zwei Stunden blieb sie dort im *samadhi,* während ihre Schüler den Namen Gottes sangen.

Am nächsten Morgen rief Amma alle *brahmacharins* in ihr Zimmer. Sie schloß ihre Augen und sang ein Lied an die göttliche Mutter, in dem die Sehnsucht ausgedrückt ist, mit Ihr eins zu werden. Ammas ganze Liebe und Hingabe flossen in ihr Singen ein. Das Schweigen nach dem Lied mündete in eine spontane Meditation.

Danach fragte Amma: «Hat Mutter ihre Kinder traurig gemacht?» Sie meinte den Badezimmervorfall und den *samadhi*-Zustand des Vortages.

«Wir müssen solche harten Lektionen bekommen, sonst gibt es für uns keine Hoffnung», antwortete ein *brahmacharin.*

«Glaubt nicht, daß Amma euch erschrecken wollte. Es geschah einfach so. Manchmal wird es unkontrollierbar. Was soll man mit dieser Verrückten tun?»

«Wir hatten alle Angst um deinen Körper. Warum quälst du ihn wegen unserer Fehler?» fragte ein anderer *brahmacharin.*

Mutter entgegnete: «Das sind glückselige Augenblicke, ganz ohne Qual. Amma wollte im Regen sein. Trotzdem, wenn Amma sieht, daß ihre Kinder sehr nachlässig sind, wenn sie ihren Mangel an *sraddha* sieht, ist Amma traurig. Solch eine Traurigkeit bringt sie manchmal in einen Zustand der Versunkenheit. Sie möchte sich ganz aus der äußeren Welt zurückziehen. Wenn wir nach außen blicken, sehen wir alle diese Fehler, den Mangel an Aufmerksamkeit und andere Mängel. Dann denkt sie daran, ihr Gemüt aus dieser Welt, der Welt der Ereignisse, zurückzuziehen. Doch der bloße Gedanke an diesen Rückzug genügt, um sich sofort wieder zu erheben. Der Gedanke, daß die Welt und der Körper Ursache all dieser Schwierigkeiten sind, läßt Amma ihre Augen vor beiden verschließen.

Ammas Körper wird nur für ihre Kinder, für die Welt, am Leben gehalten. Ihr solltet euch dieser Wahrheit immer bewußt sein und solltet stets daran denken, daß es nicht leicht ist, diesen Körper in der Welt zu erhalten. Amma kann der weltlichen Existenz dieses Körpers jederzeit ein Ende bereiten. Es ist die Aufrichtigkeit ihrer Kinder und ihr beharrliches Streben nach dem Ziel, die diesen Körper hier halten. Es ist der Ruf Tausender aufrichtiger Suchender und Devotees aus der ganzen Welt, der es bewirkt, ihren Körper auf dieser Existenzebene festzuhalten. Es liegt kein anderer Zweck darin, hier zu sein. Essen und Schlafen sind für Amma durchaus kein Problem. Sie hat mit weltlichen Angelegenheiten oder mit Reichtum nichts zu tun. Amma ist genug geübt, um sich in allen Lagen, seien sie widrig oder vorteilhaft, zurechtzufinden.

Dies ist nicht Ammas *ashram*. Dieser Platz ist für die Welt da. Er gehört euch und allen Leuten, die hierherkommen. Mutter hat überhaupt kein Interesse daran, *ashrams* oder andere Institutionen zu gründen. Sie hätte nichts dergleichen getan, wenn es nicht zum Wohl der Welt gewesen wäre. Es sollte auf dieser Welt ein paar Orte geben, wo wenigstens eine Handvoll Menschen selbstlos arbeiten und dienen können. Schönheit und Reiz selbstloser Liebe und selbstlosen Dienens sollten nicht von der Erdoberfläche verschwinden. Die Welt sollte wissen, daß ein Leben der Hingabe, ein von Liebe und vom Dienst an der Menschheit inspiriertes Leben möglich ist.

Amma erwartet, daß ihr eure Pflichten selbstlos, sehr aufmerksam und mit Liebe erfüllt! Wenn euer Herz voller Liebe und Selbstlosigkeit ist, fließt es über und drückt sich in allen euren Handlungen, Worten und Gedanken aus. Amma weiß sehr wohl, daß ihr den Zustand der Vollkommenheit noch nicht erreicht habt. Aber ist er nicht euer Ziel? Ihr wollt in Liebe leben und dienen, nicht wahr? Also braucht ihr Übung; ihr müßt euch beharrlich darum bemühen. Amma ist glücklich, wenn ihr wenigstens versucht, euren guten Willen dazu zu zeigen. Aber Mutter ist sehr traurig, wenn sie sieht, daß ihre Kinder träge sind. Werdet nie nachlässig! Versinkt nie in Apathie! Apathie ist der schlechteste Gemütszustand für einen spirituell Suchenden. Wer apathisch ist, ist für nichts begeistert und an nichts ernsthaft interessiert; er hat alle Hoffnung verloren und findet das Leben langweilig. Ein solcher Mensch ist sogar zu faul für den Versuch, aus seiner Dumpfheit herauszukommen, und er wird zu einer Bürde für andere. Sein schwerfälliges Wesen läßt in ihm Wut und Haß aufsteigen. Der Zorn bringt ihn dazu, alles zu hassen – die Menschen, die ihm am nächsten stehen, die Gesellschaft, Gott und sogar seine eigene Existenz.

Wir sollten, auch wenn wir arbeiten, unseren Lebensgrundsätzen treu bleiben. Das Leben ist kostbar; verschwendet es deshalb nicht, indem ihr mechanisch, ohne Liebe handelt! Wir sollten versuchen, in alles, was wir tun, Liebe zu legen. Maschinen können vieles von dem übernehmen, was wir tun, manchmal sogar besser und effizienter, aber eine Maschine inspiriert niemanden. Auch wenn Maschinen größere Arbeitsleistungen erbringen können als Menschen, fehlt in ihren Produkten die Liebe. Wenn aber bei irgendeinem Tun die Liebe fehlt, wird es mechanisch. Menschen, die ohne Liebe mechanisch arbeiten, werden innerlich wie eine Maschine; sie verlieren ihre Menschlichkeit. Menschen können lieben, Liebe ausdrücken und in Liebe leben; sie können sogar zu Liebe werden. Eine Maschine kann das nicht, sie kann nur mechanisch sein.»

Amma unterbrach sich plötzlich, und einige Augenblicke herrschte Schweigen. Die Uhr schlug einmal. Die Zeit selbst warnte jede Seele: «Ich kann nicht auf dich warten; ich kann nicht zurückkommen. Was du auch tun willst, tue es jetzt; verschiebe es nicht! Ich trage dich dem Tod entgegen, auch wenn du das nicht weißt.» Amma war in sich versunken. Mit geschlossenen Augen wiegte sie sich vor und zurück.

Als sie in ihre normale Verfassung zurückgekehrt war, sprach Amma weiter: «Es gibt Maler, die Hunderte von Bildern malen. Aber in ihren Bildern ist keine Tiefe; niemand fühlt sich von ihnen angezogen. Sie dringen nicht ins Herz und rufen kein Gefühl von Liebe oder Schönheit im Gemüt des Betrachters hervor. Es gibt viele solcher Maler, und sie malen immer weiter, bis zu ihrem Tod, aber ihr Werk inspiriert niemanden.

Es gibt jedoch andere Maler, die vielleicht nur ganz wenige Bilder malen; aber diese wenigen Gemälde werden weltberühmt.

Viele Menschen sehnen sich danach, eines von diesen Bildern zu besitzen. Wenn sie es betrachten, staunen sie und fühlen sich erhoben. Wenn es ein Bild des Ozeans ist, kann man die Unermeßlichkeit und Tiefe der See empfinden, indem man einfach davor sitzt und es anschaut. Ihr seht die Wellen und spürt sogar die Brise. Warum? Wodurch ist das möglich? Durch die große Liebe, die der Maler in sein Werk strömen läßt. Selbst wenn das Gemälde in einem winzigen Zimmer hängt, scheint es unermeßlichen Raum zu schaffen; die Berge, Täler, Flüsse und Bäume werden lebendig. Ihr seht über die Leinwand und die Farben hinaus; ihr seht die Natur in all ihrer Pracht und Herrlichkeit.

Wenn man sein Herz und seine Seele in eine Handlung legt, verwandelt sie sich in eine enorme Inspirationsquelle. Im Ergebnis einer mit Liebe ausgeführten Arbeit sind Leben und Licht deutlich erkennbar gegenwärtig. Diese Wirklichkeit von Leben und Liebe übt eine außerordentliche Anziehungskraft auf die Gemüter der Menschen aus. Ein Mahatma zeigt unaufhörlich den Weg. Er belehrt euch geduldig, nicht ein- oder zweimal, sondern tausendmal. Doch wenn ihr nicht zuhört, wenn ihr immer ungehorsam seid, wenn ihr weiterhin denkt, ihr könntet Schönheit und Liebe von ihm umsonst erhalten, anstatt selbst dafür zu arbeiten, wird er sich zurückziehen. Mahatmas haben der Welt gegenüber keine andere Verpflichtung, als Schönheit und Liebe durch ihren eigenen Willen zum Wohl der Menschheit hervorzubringen.

Gott hat uns die notwendigen Fähigkeiten gegeben, mit denen wir wie er werden können. Liebe, Schönheit und alle göttlichen Qualitäten existieren in uns. Wir sollten von unseren Fähigkeiten Gebrauch machen, um diese göttlichen Eigenschaften in unserem täglichen Leben zu bekunden. Seid nicht faul! Verbummelt eure Zeit nicht! Das Leben ist ein kostbares Geschenk. Dieser menschliche Körper ist ein kostbares Geschenk. Arbeitet mit Liebe, solange ihr noch gesund seid! Seid keine Last für andere! Gott hat euch vielleicht nicht hinreichend mit Geld versorgt, aber wenn ihr mit einem gesunden Körper ausgestattet seid, dann arbeitet – und tut es mit ganzem Herzen!

Es gab einmal einen Bettler, der arm, aber noch sehr gesund war. Er flehte alle Passanten an: ‹Oh, gute Leute, seht mich an. Gott hat mich erschaffen, ohne mir irgend etwas mitzugeben. Ich habe nichts, keine Verwandten, und niemand kümmert sich um mich. Habt Mitleid mit mir!› Eines Tages kam ein weiser Mann vorbei, blieb stehen und sagte zu ihm: ‹In Ordnung, gib mir deine beiden Hände, und ich gebe dir eine Million Dollar.› Der Bettler rief daraufhin aus: ‹Wie kann ich ohne meine Hände leben? Sie sind mir sehr kostbar.› Da sagte der kluge Mann: ‹Gut, in Ordnung. Wie ist es mit deinen Beinen? Ich biete denselben Betrag für deine beiden Beine.› Schockiert erwiderte der Bettler: ‹Bist du verrückt? Wie kann ich meine Beine für eine Million Dollar hergeben? Meine Beine sind selbst für diese Summe zu kostbar.› Dann fragte der weise Mann nach den Augen des Bettlers, aber er erhielt dieselbe Antwort. Der Bettler sagte, jeder Teil seines Körpers sei zu wertvoll, um für eine Million Dollar weggegeben zu werden. Da rief der weise Mann aus: ‹Sieh, Bruder, Tag für Tag sagst du, Gott hätte dich erschaffen, ohne dir irgend etwas mitzugeben. Nun hast du selbst offen erklärt, daß deine Hände, Beine und Augen dir sehr wertvoll sind. Du sagst, jeder Körperteil sei unbezahlbar. Gott hat dir also unwiderlegbar diesen kostbaren und unbezahlbaren Körper gegeben. Warum arbeitest du nicht und nutzt ihn, um deinen Lebensunterhalt zu verdienen? Strecke nicht einfach die Arme aus, um Almosen zu erbetteln, wenn du noch gesund bist; das ist Faulheit. Gott liebt faule Menschen nicht, die alles von anderen haben wollen. Gott liebt auch die nicht, die wie Parasiten sind; deshalb arbeite, mein lieber Bruder, arbeite!›

Niemand will arbeiten, sich Mühe geben, um den Zustand der Vollkommenheit zu erlangen. Alle sind darauf versessen zu erfahren, ob sie Frieden, Schönheit und Liebe irgendwoher oder von irgend jemand anderem umsonst haben können. Wenn sie Schönheit und Liebe bei einem Mahatma sehen, sehnen sie sich danach. Sie wollen werden wie er. Sie sagen: ‹Wie schön und wunderbar du bist! Ich habe nie so viel Liebe und Frieden in meinem Leben erfahren. Wie kann ich werden wie du?› Also sagt der Mahatma es ihnen, aber sie arbeiten nicht hart, um dies zu erreichen. Weil sie es aber doch erreichen wollen, fragen sie, ob sie es geschenkt bekommen können.

Ein Mahatma ist die Verkörperung der reinen Liebe Gottes, der ewigen Schönheit. Wenn die Menschen ihm begegnen, fühlen sie sich zu ihm hingezogen. Manchmal wollen auch sie so liebevoll und schön werden wie er. Aber wenn der Mahatma ihnen die Wege erklärt, auf denen sie zu diesen Eigenschaften kommen können, und ihnen sagt, daß große Entsagung und Hingabe notwendig sind, dann runzeln sie die Stirn und ziehen sich zurück. Sie erwarten, es umsonst zu bekommen, ohne irgend etwas dafür zu tun. Dieser Körper ist selbst eine freie Gabe Gottes. Er hat ihn einfach aus Mitgefühl geschenkt. Aber die Menschen sind gierig; sie wollen immer mehr, mehr und mehr und mehr – aber kostenlos! Das ist ihr lebenslanges Motto.

Tut eure Arbeit und erfüllt eure Pflichten mit ganzem Herzen! Versucht, selbstlos und mit Liebe zu arbeiten! Laßt euch selbst in alles, was ihr tut, einfließen! Dann werdet ihr Schönheit und Liebe bei allem Handeln empfinden und erfahren. Liebe und Schönheit sind in euch. Versucht, sie durch euer Handeln auszudrücken, und ihr werdet ganz gewiß die eigentliche Quelle der Glückseligkeit erreichen!»

# 16

# Arbeite mit Interesse und Liebe!

Die Erzählung von dem gesunden Bettler und die daran anschließende Erklärung Ammas veranlaßten einen *brahmacharin* zu der Frage: «Amma, deine Feststellung, daß der Mahatma sich zurückziehen und weggehen wird, wenn die Schüler ihm nicht zuhören und folgen, klang wie eine Warnung an uns alle. Willst du sagen, daß auch du dasselbe tun wirst, wenn wir immer wieder falsch handeln?» Furcht und Sorge klangen aus seiner Stimme.

Amma tröstete ihn und klopfte ihm auf den Rücken, als sie zu sprechen begann: «Versuche nicht zu vergleichen! Amma hat nicht gesagt, daß auch sie weggehen wird, wenn du nicht auf sie hörst. Amma hat nur darauf hingewiesen, daß es für den Mahatma nichts zu verlieren oder zu gewinnen gibt. Ihr seid die Verlierer, wenn ihr seinen Worten nicht folgt. Ihr werdet die Schönheit, die Liebe und den Frieden verlieren, die ihr in ihm und seinem Handeln seht. Das ist in gewisser Weise sein Verschwinden aus eurem Leben, nicht wahr? Mutter wollte nur betonen, daß wir fähig sein sollten, unsere Handlungen mit Liebe und Hingabe auszuführen. Bemüht euch mit allen Kräften, dem Guru nachzufolgen! Gehorsam gegenüber den Worten des Guru ist der einzige Weg, alle Hindernisse zu überwinden, die auf dem spirituellen Weg aufkommen.

Amma wollte sagen, daß nur Liebe eurem Handeln Schönheit und Anmut verleiht. Keine Arbeit ist unwichtig oder bedeutungslos. Die Liebe und Herzlichkeit, die ihr in eure Arbeit einfließen laßt, macht sie bedeutungsvoll und schön.

Ihr meint vielleicht, es sei eine schmutzige Arbeit, das Badezimmer zu säubern. Versucht zu empfinden, daß das eine Gelegenheit ist, den Devotees zu dienen, die den *ashram* besuchen. Wenn ihr könnt, säubert irgendeinen schmutzigen Raum, ohne daß man euch dazu drängt. Tut es einfach aus Sorge für andere! Eure reine Haltung verschönert die Arbeit. Ein ungewohntes Gefühl von Freude steigt in euch auf, wenn ihr das tut.

Hinter allen großen und unvergeßlichen Ereignissen steht das Herz. Liebe und eine selbstlose Haltung liegen allen wahrhaft großen Taten zugrunde. Hinter jeder guten Sache werdet ihr jemanden finden, der allem entsagt hat und sein oder ihr Leben der Sache gewidmet hat.

Seht, wie eure Mutter kocht. Sie tut es mit Liebe. Seht euch einen Bauern bei der Feldarbeit an. Er kann in seiner Arbeit Schönheit sichtbar machen, wenn er sie mit Liebe und Entschiedenheit tut. Ihr könnt sein Herz in seiner Arbeit erkennen. Ihr könnt fühlen, wie seine Liebe in die Arbeit fließt. Er ist froh und glücklich, während er seine Pflichten erfüllt. Unermüdlich arbeitet er und singt oder summt dabei ein Volkslied. Er kümmert sich nicht um Essen oder Schlafen. Er ist geduldig und sorgt sich nicht darum, wieviel Zeit er zur Arbeit brauchen wird. Pflügen, Säen, Bewässern und Ernten machen ihm Freude.

Ob ihr eure Arbeit für wichtig oder unwichtig haltet, ob ihr sie mögt oder nicht, ihr solltet sie mit Interesse und Liebe tun. Wenn ihr auf diese Weise arbeitet, wenn in allem, was ihr tut, Liebe zu fließen beginnt, wird eure Arbeit zum *sadhana*. Sie fällt euch immer leichter, bis eines Tages alle körperliche und geistige Anstrengung verschwunden ist. Von da an werdet ihr mit ganzem Herzen arbeiten; Liebe blüht in euch auf und wird sich in allem, was ihr tut widerspiegeln.

Vielleicht wird sogar ein Heiliger, nachdem er Selbstverwirklichung erlangt hat, weiterhin dieselbe Arbeit tun wie zuvor, zum Beispiel die Straße fegen oder in den Feldern arbeiten. Aber nun ist seine Einstellung eine andere, denn nach der Verwirklichung hat er sich von allem losgelöst. Er ist der Beobachter dessen, was er tut. Er ist wie ein Kind, das nie müde wird, die Vögel singen zu hören, dem es nie langweilig wird, den Fluß anzuschauen, und das der aufsteigende Mond immer freudig erschauern läßt. Wie die Welt eines Kindes ist das Leben eines Heiligen von Staunen erfüllt. Für ihn ist alles neu und frisch, weil er die wesentliche Natur aller Dinge mit Liebe wahrnimmt.»

# 17

# Akzeptieren statt Reagieren

Ein Devotee fragte Amma: «Du unterscheidest zwischen reagieren und akzeptieren*. Reagieren, das tun wir ja immer; doch was verstehst du unter ‹akzeptieren›?»

Amma: «Wenn der Wunsch in dir auftaucht, auf irgend etwas zu reagieren, hast du zwei Möglichkeiten: Du kannst dem Wunsch nachgeben, oder du kannst das Aufsteigen der mit der Reaktion verbundenen Gefühle und Gedanken beobachten, ohne dich mit ihnen zu identifizieren. Die erste Verhaltensweise ist die allgemein übliche, die zweite – Amma nennt sie hier ‹Akzeptieren› – ist die, die der spirituelle Sucher kultivieren sollte. Du fungierst dabei als neutraler Zuschauer, der in keiner Weise in das Geschehen verwickelt ist. Du verhältst dich wie ein Spiegel: Er reflektiert alles, ohne selbst beteiligt zu sein; von den Spiegelbildern bleibt er völlig unberührt. Ein anderes Beispiel: Es ist, als ob du einen Film anschautest. Du siehst einfach zu und erfreust dich an der Handlung, ohne daran teilzunehmen. Du bist nur Beobachter und stehst über dem Geschehen. Im Alltag, außerhalb des Filmgeschehens, ist das nicht so einfach. Es gehört viel Gleichmut dazu, um sowohl bei allem inneren als auch bei allem äußeren Geschehen unbeteiligt zu bleiben und um alles gelassen hinzunehmen, ohne auf übliche Art zu reagieren.»

Der Devotee gab sich mit der Antwort Ammas nicht zufrieden; er wollte noch mehr über dieses Thema wissen.

Amma: «Du fragst, was Akzeptieren ist und wie man es macht. Amma kann dir vielleicht eine überzeugende Auskunft geben. Aber das wird nicht viel helfen. Die Menschen sind nur an intellektuell befriedigenden Erklärungen interessiert. Sobald sie solch

* Aus dem englischen «response». Weitere Bedeutungen sind: antworten, annehmen, darauf eingehen.

eine Erklärung bekommen, bleibt ihr Gemüt eine Zeitlang ruhig. Und dann zweifelt es wieder; es bringt einen anderen Einwand oder eine andere Frage vor. Erklärungen sind daher oft Nahrung für den Kopf. Jedesmal, wenn du den Hunger des zweifelnden Gemüts stillst, fütterst du es in Wirklichkeit mit neuen Ideen. Dies wird leicht zur Gewohnheit, und daher kultivierst du keinen Glauben in deinem Herzen. Du vertraust dem Herzen nie. Und wie kannst du ohne Glauben und Liebe je das Akzeptieren lernen?

Alle großen Meister, im Osten wie im Westen, lehren uns, wie wir akzeptieren sollen. Sie reagieren niemals auf die übliche Weise. Ihr ganzes Leben ist ein lebendiges Zeugnis dieses großen Lebensprinzips – des Akzeptierens. Jesus Christus hat ein unvergeßliches Beispiel dafür gesetzt. Er ließ seinen Leib martern und kreuzigen, und sogar als er am Kreuz starb, betete er für diejenigen, die ihn haßten: er betete für deren Wohl – daß ihnen vergeben werde.»

«Es klingt, als wäre Akzeptieren identisch mit Vergeben», bemerkte der Fragesteller.

«Vergeben ohne irgendein Gefühl von Haß oder Rache gehört zum Akzeptieren», sagte Amma. «Es gibt Leute, die vielleicht verzeihen, aber zutiefst doch noch hassen; sie verzeihen, aber mit einem Rachegefühl. Aus verschiedenen Gründen kann es manchmal so scheinen, als würden Leute verzeihen. Zum Beispiel schlägt ein Mann einen anderen. Der zweite Mann schlägt vielleicht nicht zurück, weil der erste stärker ist. Das können wir keinesfalls Vergeben nennen. Obwohl der zweite keine Vergeltung übt, kann das Feuer der Rachsucht in seinem Gemüt weiter wüten. Wenn ein Vater einen Sohn schlägt oder ein Lehrer einen Schüler bestraft, wird wohl weder der Sohn noch der Schüler die Schläge zurückgeben. Trotzdem werden sie Haß empfinden. Das kann nicht Vergebung genannt werden, denn Zorn und Haß werden nur unterdrückt. Es kann auch nicht Akzeptieren genannt werden. Solch unterdrückter Zorn und Haß bleiben tief im Inneren, und wenn sich die Gelegenheit bietet, werden sie wieder aufflammen. Das ist dann Reagieren, nicht Akzeptieren.

Akzeptieren ist eine Haltung. Man kann sie nur einnehmen, wenn man sich vollkommen losgelöst hat. Und dies ist nur möglich, wenn man vom Ego freikommt. Nur Menschen ohne Ego können wahrhaft akzeptieren. Das Akzeptieren geschieht, wenn man den Zustand des Nicht-Gemüts erreicht; Gemüt und Ego können nur reagieren. Tatsächlich sind es Gemüt und Ego, die uns in Versuchung führen zu reagieren. Sie sind geradezu Lagerhäuser der Vergangenheit, und diese ist der Sitz von Zorn, Haß, Rache, Verhaftetsein, Neid und allem anderen Negativen. Aus der Vergangenheit erwachsen die Probleme. Wenn für einen Menschen das Vergangene nicht existiert, dann kommen keine Probleme auf; dann gibt es nur Frieden und Glückseligkeit. Die Vergangenheit ist das Konto, auf das wir durch unsere Reaktionen immer mehr einzahlen. Ein Mahatma zerstört die Vergangenheit jedoch vollständig und hört auf, sein Konto weiter anzufüllen. Wenn die Vergangenheit einmal verschwunden ist, ist mit ihr das Ego, das Gerümpel im Gemüt verschwunden. Ein solcher Mensch kann nicht mehr auf die übliche Art reagieren, er kann nur noch akzeptieren. Die Vergangenheit ist wie ein Nachschlagewerk, doch wenn sie nichts mehr bedeutet, gibt es nichts mehr nachzuschlagen.»

Diese letzte Bemerkung führte zu einer weiteren Frage: «Die Vergangenheit ist das Nachschlagewerk. Was meinst du damit, Amma?»

Amma: «Die Vergangenheit ist wie ein Wörterbuch. Immer wenn wir etwas hören, erleben oder tun, schlagen wir automatisch in diesem alten Werk nach. Darin finden wir Bedeutungen, Interpretationen und früher verwendete Begriffe. Dann sprechen oder handeln wir gemäß solcher Bezüge. Das ist Reaktion.

Zum Beispiel, jemand beschimpft uns. Plötzlich tritt die Vergangenheit in den Vordergrund. Ganz ohne auf unsere Erlaubnis zu warten, sogar ohne unser Wissen, verweist sie auf frühere Erfahrungen. Sie sagt: ‹Du bist unzählige Male von verschiedenen Leuten beschimpft worden. Jedesmal hast du dich revanchiert. Tu das also wieder, beschimpfe auch ihn! Gebrauche noch stärkere Wörter und Ausdrücke!›

In dieser Weise offenbart sich die Kette des Vergangenen: Wenn jemand dich beleidigt, beleidigst du ihn wieder. Wenn jemand ärgerlich auf dich wird, gibst du den Ärger zurück. So läuft es ab: Die in der Vergangenheit gespeicherte gewohnte Reaktion kommt immer wieder hoch. Und jedesmal, wenn du reagierst, wird sie stärker. Du und dein Opfer, ihr beide habt eine Vergangenheit; beide reagiert ihr aufeinander. Auch der andere ist etliche Male beschimpft worden. Jeder reagiert entsprechend der Stärke und Häufigkeit seiner vergangenen Reaktionen. Beide habt ihr Bände über Bände, in denen ihr unbewußt nachschlagt. Ein Mahatma bleibt ein weißes Blatt Papier, während ein durchschnittlicher Mensch immer weitere Seiten vollschreibt und jedesmal, wenn er reagiert, etwas hinzufügt.

Das Akzeptieren kommt aus der großen Seele, die unbeschrieben bleibt. Der Mahatma will die Stille nicht mit unnötigen Geräuschen stören; er will das leere Blatt Papier nicht mit überflüssigen Worten besudeln. Das Akzeptieren steigt aus einem wahrhaft liebenden Herzen auf. Liebe kann nicht verletzen; ebensowenig kann Akzeptieren weh tun.

Wir sollten versuchen, die Dinge so zu sehen, wie sie ihrem Wesen nach sind. Die Natur aller Dinge oder Lebewesen kann nicht anders sein, als sie ist. Nur wenn man das versteht, vermag man auf sie zu antworten. Man kann nur für das Wohl der anderen beten; man kann nur Mitgefühl und Liebe für sie haben. Frösche quaken und Grillen zirpen in der Nacht. Das ist ihre Natur; sie können nicht anders. Ihr Wesen wird sich nicht ändern, auch wenn ihr wütend auf sie werdet. Man bleibt nicht in der Nacht wach und sagt: ‹Wegen dieses Lärms kann ich nicht schlafen.› Man ignoriert sie einfach und geht zu Bett, weil man weiß, daß Frösche quaken und Grillen zirpen.

Ebenso hat jeder Mensch seine Natur. Durch euren Zorn könnt ihr andere nicht ändern; nur Liebe kann sie umformen. Versteht das, und bemüht euch, für alle Verständnis und Liebe aufzubringen! Versucht, mitfühlend zu sein, sogar denen gegenüber, die euch ärgern! Versucht, für sie zu beten! Eine solche Haltung wird auch eurem Gemüt helfen, friedvoll und ruhig zu bleiben. Das ist echtes Akzeptieren.»

# 18

# Akzeptieren im Alltagsleben

Am Morgen nach diesem Gespräch tauschten die *brahmacharins* ihre Meinungen darüber aus. Man hatte Ammas Worte unterschiedlich verstanden. Viele meinten, daß es im normalen Geschäfts- und Berufsleben nicht immer ohne Reaktion abgehen könne. Eine angeregte Diskussion entstand, die von Amma mit dem Hinweis beendet wurde, sie sollten die gerade in der Meditation gewonnene feine Energie nicht gleich wieder in nutzlosen Diskussionen vergeuden. Zwei Stunden später rief Amma die Diskussionsteilnehmer zu sich, fragte sie, worüber sie am Morgen gesprochen hätten, und zerstreute ihre Bedenken, sie könnte wegen der Diskussion verärgert sein. Einer von ihnen berichtete. Ein herzliches Lächeln strahlte auf Ammas Gesicht, als sie ihre Kinder anschaute und sagte: «Es ist wahr, daß jemand, der in der Gesellschaft lebt, sein Ego nicht ganz beiseite legen kann. Er muß reagieren. Vielleicht muß er manchmal sogar grobe Worte sprechen oder einen harten Standpunkt einnehmen. Aber was heißt das schon! Wie könnte ihn das am Akzeptieren hindern? Was meint ihr, wenn ihr sagt, jemand könne unmöglich akzeptieren, nur weil er leitender Beamter oder Manager ist? Akzeptieren ist möglich, man muß es nur versuchen. Es ist eine positive innere Haltung, die ihr anderen gegenüber einnehmt, gleich ob Freund oder Feind.

Akzeptieren bedeutet, unberührt, unbeeinflußt und losgelöst beiseite zu stehen. Aber wenn ihr mit jemandem in eine Meinungsverschiedenheit oder Auseinandersetzung geratet oder wenn ihr jemanden zurechtweisen wollt, dann reagiert ihr normalerweise, weil ihr darin völlig verstrickt seid und euch damit identifiziert. Wenn ihr ärgerlich werdet, identifiziert ihr euch mit eurem Ärger und könnt nicht mehr gelöst bleiben, könnt nicht sehen, wie der Ärger in euch hochsteigt. Äußerlich handeln große Seelen manchmal genau wie gewöhnliche Menschen, aber innerlich bleiben sie immer distanziert von den Handlungen, die sie ausführen. Nicht gebunden zu sein ist das eigentliche Prinzip ihres Lebens. Sie können nicht reagieren, weil sie nicht gebunden sind. Reaktion findet statt, weil die Menschen an ihrem Handeln hängen. Das Haften an der Arbeit und deren Frucht erzeugt Ego, und dieses zerstört die Fähigkeit zu akzeptieren. Nicht an der Arbeit und ihrer Frucht zu haften zerstört das Ego, und dadurch wird Akzeptieren möglich. Das Gebundensein erfüllt das Gemüt mit immer mehr Gedanken und Wünschen, die wiederum nur Reaktionen hervorrufen. Losgelöstheit entleert das Gemüt von allen Gedanken und Wünschen, und dann erst kann man akzeptieren.

Versucht, eure Arbeit auszuführen, ohne daran gebunden zu sein! Auf diese Weise werdet ihr lernen zu akzeptieren. Ihr könnt jemanden ausschelten und trotzdem losgelöst sein. Ihr könnt jemanden zurechtweisen und doch losgelöst bleiben. Deshalb hat Amma gesagt, Akzeptieren sei ausschließlich eine innere Haltung. Jemand, der Rama oder Krishna beobachtete, hätte denken können, sie reagierten auf ihre jeweiligen Gegner. Tatsächlich tötete Rama Ravana dafür, daß er Sita, seine Gemahlin, entführt hatte. Er erschlug auch viele andere Dämonen. Man könnte auch meinen, daß Krishna reagierte, als er Kamsa tötete oder als er sich auf die Seite der Pandavas stellte, um ihnen zu helfen, die Kauravas zu vernichten. Aber es ist falsch, so zu urteilen. Rama war bereit, die Person Ravana zu akzeptieren, aber nicht dessen Ego. Krishna war bereit, die Kauravas zu akzeptieren, aber nicht deren Egos. Ravanas Ego war eine Gefahr für die Gesellschaft. Auch die Egos von Duryodhana und denen, die mit ihm paktierten, waren gefährlich für die Allgemeinheit. Deshalb mußte Krishna sie vernichten. Als König hatte Rama die Pflicht, Egos zu zerstören, die der ganzen Welt Schaden zufügen würden. Nicht nur weil Ravana Sita entführt hatte, mußte Rama ihn töten, sondern weil Ravana zu einer Bedrohung für die ganze Welt geworden war. Indem er ihn tötete, rettete Rama die Welt aus den Händen der Dämonen. Rama war nur der Schützer und Erhalter des *dharma*.

Das scheinbare Ego, das jeder von ihnen trug, war nur eine Maske – eine Maske, mit der sie sich nie identifizierten und die sie jederzeit ablegen konnten. Sie blieben sich immer bewußt, daß sie sich von der Maske unterschieden, daß sie nicht wirklich die Maske waren.

Man sollte vorsichtig sein und den Fehler vermeiden, die Masken für ihr wirkliches Wesen zu halten. Man braucht einen sehr feinen Blick, um hindurchzudringen und ihr wahres Wesen zu erkennen. Selbst Arjuna, Krishnas bester Schüler und Freund, hielt Krishnas Maske für Realität. Nur einmal, als der Herr ihn mit göttlicher Sicht segnete, erkannte Arjuna, wer Krishna wirklich war. Sogar Lakshmana, Ramas liebster Bruder, sah ihn nicht richtig. Um das Göttliche wahrnehmen zu können, bedarf es eines sehr, sehr feinen Blicks. Es bedarf einer subtilen Art des Sehens, um göttliche Wesen zu erkennen. Sie zu sehen bedeutet in Wirklichkeit nicht Sehen, sondern Erfahren. Um sie zu erfahren, muß man in sie, in ihr wahres Wesen eintreten. Wenn ihr fähig seid, sie zu sehen, oder wenn ihr ihr wahres Wesen erfahren habt, dann wißt ihr, daß sie niemals reagieren.

Erinnert euch daran, daß derselbe Rama, der Ravana tötete, derselbe Rama, der in ein paar Sekunden Tausende von schwerbewaffneten Dämonen erschlug, unbewegt und gelassen bleiben konnte wie ein Berg, als Kaikeyi ihm das Königreich wegnahm, das rechtmäßig ihm gehörte, und ihn ins Exil schickte. Rama wurde nicht ungeduldig, und er war auch kein Feigling. Er war so übermächtig wie das Feuer der Auflösung der Welt. Erinnert euch an seine grimmige Erscheinung, als der Ozean ihm nicht gehorchte. Er stand im Begriff, den ganzen Ozean auszutrocknen – so groß war seine Macht. Wenn er gewollt hätte, hätte er sein Königreich mit Leichtigkeit behalten oder zurückgewinnen können. Aber er tat das nicht. Statt dessen akzeptierte er. Seht, wie schön das ist!

Bei manchen Leuten gibt es ein scheinbares Akzeptieren, das nicht aus Liebe und Losgelöstheit stammt, sondern aus Feigheit und Ängstlichkeit. So verhält sich ein Schwächling. Er ist passiv, er wird von Furcht getrieben. Aber wenn Gott, Herrscher des ganzen Universums und mächtigstes Wesen, auf etwas reagiert, liegt darin unermeßliche Schönheit; es ist eine aufbauende Erfahrung.»

Weil er noch keine Antwort darauf bekommen hatte, wie ein Manager oder leitender Beamter «akzeptieren» soll, während er seine Pflichten erfüllt, brachte der Devotee, der diese Frage gestellt hatte, sie noch einmal vor.

Amma: «Auch Manager oder leitende Beamte können akzeptieren, wenn sie Nicht-Gebundensein entwickeln und kultivieren. Sie müssen ihre Pflichten erfüllen und nötigenfalls auch streng sein. Wenn Untergebene faul oder betrügerisch sind, muß der Vorgesetzte Herr der Lage bleiben und die nötigen Schritte unternehmen.

Ihr dürft euch über die Faulheit eines Arbeiters ärgern, aber nicht über den Arbeiter selbst. Das Menschliche in ihm, das Bewußtsein, verdient Respekt, denn es ist dasselbe wie eures. In diesem Sinne seid ihr gleich. Der Ärger über die Person trübt euren klaren Blick.

Amma sieht nicht ein, warum ihr reagieren und euer Gemüt in höllische Gedanken stürzen solltet. Reagieren erzeugt Haß, doch Haß, Wut, Neid, Geltungssucht machen das Leben zur Hölle. Ihr verliert den inneren Frieden, die Liebe und Schönheit in euch. Ob ihr Manager seid oder Herrscher eines Landes: auf solche Weise zu reagieren führt nur zu Chaos in euch. Schon der Gedanke an eine Reaktion dieser Art umwölkt den Blick. Ihr verliert die Unterscheidungsfähigkeit und könnt nicht mehr tun, was ihr sollt. Ihr könntet falsche Entscheidungen treffen, die den Ruf der Firma zerstören. Um intelligent zu entscheiden, braucht man ein ausgeglichenes Gemüt, das auch in problematischen Situationen ruhig bleibt. Wer gedankenlos reagiert, kann kein guter Manager oder leitender Beamter sein, auch kein guter Arzt, Ingenieur oder Fachmann auf irgendeinem anderen Gebiet. Er wird in jeder verantwortungsvollen Position versagen. Unkontrollierte Reaktionen zerstören seine Erfolgsaussichten und seine Chancen im Leben.

Auch durchschnittliche Menschen ‹akzeptieren› in ihrem Alltagsleben bewußt oder unbewußt, wenn auch nicht ganz ohne

Reaktion. Es ist ein kontrolliertes Reagieren, bei dem man sich nicht in Wut und Haß hineinsteigert. Man ärgert sich vielleicht innerlich, aber zeigt es nicht, weil das zu Konflikten führen könnte. Ein Beamter kann das für sein Land tun und ein Manager für seine Firma. Angenommen, ihr werdet als Leiter einer großen Firma mit einer Streikdrohung der Arbeiter konfrontiert. Ihr findet die Forderungen der Arbeiter unberechtigt und ihre Taktik unfair. Ärger steigt in euch hoch. Aber ihr zeigt es nicht, denn das würde die Lage verschlimmern. Ihr erinnert euch an ähnliche Situationen in der Vergangenheit, in denen ihr euren Ärger nicht beherrschen konntet. Ihr wart aufgebraust und hattet hart reagiert, doch eure Gegenspieler reagierten ebenso, sogar noch härter. Dieser Vorfall hatte die ganze Firma geschädigt. Monatelang mußte die Arbeit ruhen. Euer innerer Friede war verflogen, euer Familienleben gestört. Die Erinnerung daran bringt euch wieder zu Sinnen. Ihr wollt so etwas nicht wiederholen, daher beherrscht ihr euch, lächelt, trefft euch mit dem Wortführer der Protestierenden und seid freundlich zu ihm. Ihr stellt ihm die Situation der Firma dar und versichert ihm, daß ihr alles tun wollt, um mit den Protestierenden zu einer Einigung zu kommen. Diese Art, mit Problemen im Beruf wie im Privatleben umzugehen, kann in beschränktem Maß als Akzeptieren bezeichnet werden. Auch in diesem Fall reagiert ihr, aber es verletzt den anderen nicht. Ihr zeigt Interesse an ihm und seinen Sorgen und ruft dadurch ein positives Gefühl in seinem Herzen hervor.

Genau betrachtet ist auch das noch eine Reaktion, denn tief in euch ist noch der unterdrückte Ärger. Ihr habt noch nichts getan, um ihn aufzulösen. Es kann viele solche Situationen im Leben geben, eine immer länger werdende Kette. Äußerlich scheint es, als würdet ihr akzeptieren, aber innerlich tut ihr es nicht. Vielmehr reagiert ihr und zeigt nur nach außen ein dem Akzeptieren ähnliches Verhalten.

Ganz gleich, wer oder was ihr seid: Akzeptieren ist nur möglich, wenn ihr es wirklich wollt. Ein Manager tut es manchmal, wenn er diplomatisch sein muß. Er kann es daher auch bei anderer Gelegenheit tun, wenn es sich nicht um seine Arbeit handelt. Es ist ihm möglich, aber er muß sich bemühen. Er muß mit dem fertig werden, was von solchen Vorfällen in ihm zurückgeblieben ist. Wenn ihr einmal lernt, diese Rückstände von unterdrücktem Zorn, Haß und Rachegefühlen zu beseitigen, verwandelt ihr euch in Quellen gewaltiger Energie, mit der ihr sogar scheinbar Unmögliches vollbringen könnt. Auch der Manager oder Beamte hat das Potential dazu. Ob er es nutzt oder nicht, ist eine andere Frage. Aber Losgelöstheit und Liebe sind auf jeden Fall für die Haltung des Akzeptierens erforderlich.»

Eine weitere Frage wurde gestellt: «Worin liegt der Unterschied zwischen dem scheinbaren Akzeptieren eines Managers und dem echten Akzeptieren, das der *sadhaka* zu lernen hat?»

«Auch ein spiritueller Sucher, der beharrlich danach strebt, den Zustand der Vollkommenheit zu erreichen, hat in sich Zorn und Haß. Es gibt Situationen, in denen auch er die Kontrolle über sein Gemüt verliert. Wie der Manager im vorigen Beispiel, der aus seinen früheren Fehlern mit unbeherrschten Reaktionen gelernt hat, nutzt auch der *sadhaka* die Erinnerung an vergangene Erfahrungen, um zu differenzieren und sich zu beherrschen. Aber im Gegensatz zu dem Manager arbeitet der *sadhaka* unentwegt an seinem Gemüt und bemüht sich standhaft darum, von solchen Tendenzen frei zu werden. Durch fortwährendes Üben, indem er sein Gemüt fest auf das Ziel der Selbstverwirklichung richtet, sublimiert er seine negativen Gefühle, und im Lauf der Zeit lösen sie sich auf.

Der Unterschied liegt darin, daß der spirituelle Sucher es als absolut notwendig für sein Leben empfindet, den Zorn zu beseitigen, während jemand wie zum Beispiel der leitende Beamte oder der Manager es nur als einen Teil seines Berufslebens ansieht, seine Gefühle unter Kontrolle zu halten. Sein Ziel ist, die jeweilige Situation zu meistern – das ist alles. Vielleicht ist er fähig, sich zu beherrschen, wenn er in eine schwierige Situation gerät, aber der Zorn, der in ihm aufgestiegen ist, sinkt tief in sein Gemüt, lagert sich dort ab und wartet auf die Gelegenheit, wieder nach außen zu dringen.

Wie der Manager zeigt vielleicht auch der *sadhaka* den Zorn nicht in dem Moment, in dem man ihn provoziert. Oder unter

Umständen, wenn er unbeherrschbar wird, zeigt er ihn sogar; aber später meditiert er, betet oder wiederholt sein *mantra,* um den Ärger und dessen Ursache selbst zu beseitigen. Was den *sadhaka* angeht, ist es das Ziel seines Lebens, Zorn und andere negative Tendenzen auszuräumen. Diesem Ziel hat er sein ganzes Leben gewidmet. Darum arbeitet er hart daran, das Ego mit allen seinen verschiedenen Aspekten abzubauen. Schließlich führen ihn seine andauernden Bemühungen und die Gnade des Guru zum Zustand der Vollkommenheit, in dem es kein Ego, keine Gedanken und kein Gemüt mehr gibt. Erst wenn er diesen Zustand erreicht hat, kann er wahrhaft akzeptieren.»

Während Mutter ihre Erläuterung gab, kam eine andere Frage auf: «Amma, aus deinen Erklärungen gewinne ich den Eindruck, daß Akzeptieren ein Zustand ist, in dem es weder Aktion noch Reaktion gibt. Ist das richtig?»

«Ja, letzten Endes gibt es weder Aktion noch Reaktion, sondern nur die Haltung des Beobachter-Bewußtseins. Es mag aussehen, als würdest du agieren oder reagieren, aber es ist weder Aktion noch Reaktion. Du beobachtest einfach in Stille, während dein Körper handelt oder reagiert.

Echtes Akzeptieren findet nur statt, wenn du ganz vom Zugriff des Ego freikommst, wenn du nichts oder niemand wirst. Bis dahin steht das Ego hinter allen deinen Aktionen, Reaktionen und deinem scheinbaren Akzeptieren.

Das ist der höchste Zustand, den man erreichen kann. Jenseits dessen gibt es nichts mehr zu erlangen. Um ihn zu erringen, muß man sich intensiv bemühen.»

# 19

# Liebe und Mitgefühl

Es war fast Mittag. Amma saß, Tapiokawurzeln schälend, in der Hütte von *brahmacharin* Nealu. Dies war die erste im *ashram* erbaute Hütte, in der Amma zusammen mit Gayatri fast zwei Jahre lang gelebt hatte. In jenen Tagen wurde ein Teil der Hütte auch als Lagerraum und als Küche benutzt, in der für Amma und die erste Gruppe von *brahmacharins* gekocht wurde.

Spät am Vormittag war Amma mit ein paar Tapiokawurzeln in der Hand vom Haus eines Devotees in der Nachbarschaft zurückgekehrt. Sie hob sie vor allen Anwesenden hoch und sagte wie ein kleines Kind: «Die hat Amma selbst von drüben geholt. Jetzt wird sie sie kochen. Wenn sie gekocht sind, gibt Amma allen ihren Kindern davon.»

Amma bestand darauf, die Wurzeln selbst zu schälen und zu kochen. Während sie arbeitete, fragte einer der *brahmacharins:* «Amma, sind Liebe und Mitgefühl ein und dasselbe, oder sind es verschiedene Dinge?»

«Wenn Liebe zu göttlicher LIEBE wird, erfüllt auch Mitgefühl das Herz. LIEBE ist die innere Empfindung, und Mitgefühl ist ihr Ausdruck. Sie ist der Ausdruck deiner von Herzen empfundenen Fürsorge für jemanden, gewöhnlich für einen leidenden Menschen. Daher sind LIEBE und Mitgefühl zwei Seiten derselben Medaille – sie gehören zusammen.

Es gibt Liebe und LIEBE. Ihr liebt eure Familie – Vater, Mutter, Schwester, Bruder, Mann oder Frau und so weiter. Aber euren Nachbarn liebt ihr nicht. Ihr liebt euren Sohn, eure Tochter, aber ihr liebt nicht alle Kinder. Ihr liebt euren Vater und eure Mutter, aber ihr liebt nicht jeden so, wie ihr Vater und Mutter liebt. Ihr liebt eure Religion, aber ihr liebt nicht alle Religionen. Ebenso empfindet ihr Liebe für euer Land, aber ihr liebt nicht alle Länder. Daher ist dies nicht göttliche LIEBE, sondern nur

Liebe. Die Verwandlung dieser Liebe in göttliche LIEBE ist das Ziel der Spiritualität. In der Fülle der LIEBE blüht die schöne, duftende Blume des Mitgefühls.

Liebe ist begrenzt. Sie hat ihre eigene kleine Welt und kann nicht mehr als ein paar Dinge und Personen umschließen. Sie ist eng und ändert sich ständig. Sie hat keine Gipfel. Die scheinbaren Berge erheben sich nur wenig über die Ebene, nur ganz wenig. Bald werden auch diese kleinen Berge zu flachem, ebenem Grund werden. In der Liebe gibt es Auf und Ab, doch im Laufe der Zeit werden alle ‹Aufs› vergehen, und nur die ‹Abs› werden bleiben. Diese wechselhafte Liebe kann nur dann zu dauerhafter Liebe werden, wenn das Gefühl von ‹Ich› und ‹Mein› verschwindet.

Solange das Gefühl eines ‹Ich› da ist, gibt es auch das Gefühl eines ‹Du›. Liebe hat daher immer eine persönliche Note. Sie spielt sich zwischen zwei Menschen ab. Für die Liebe braucht es zwei. Erst wenn die Personen sich auflösen, wird die Liebe unpersönlich. In diesem Zustand der Einheit fließt LIEBE ununterbrochen aus ihrer ewigen Quelle. Dabei denkt sie nicht an das andere Ende. Der Fluß der LIEBE ist ungehindert, genau wie das Strömen eines Flusses. Der Fluß kann nicht anders als fließen. Er denkt nicht an das andere Ende, den Ozean. Aber das Einmünden findet einfach im Lauf dieses Fließens statt, wobei es keinerlei Berechnung gibt. Auch die Sonne scheint einfach, wenn sie scheint. Es kommt ihr nicht in den Sinn, das andere Ende, die Erde, zu treffen; das Treffen ereignet sich einfach.

In derselben Weise könnt ihr nicht anders als LIEBEN, wenn die Hindernisse – das Ego, das Gefühl des Andersseins – vergehen. Ihr erwartet nicht, etwas dafür zurückzubekommen; ihr liebt einfach. Wer immer in den Fluß der LIEBE gerät, wird darin geläutert – ob die Person gesund oder krank ist, Mann oder Frau, reich oder arm. Jeder kann so oft darin eintauchen, wie er will. Es ist dem Fluß der LIEBE gleich, ob jemand in ihm badet, ob jemand ihn kritisiert oder beschimpft – er fließt einfach. Wenn diese LIEBE in jedem Wort und jeder Tat zum Ausdruck kommt, nennen wir das Mitgefühl.

Mitgefühl ist die Kunst des Nicht-Verletzens. Es kann niemandem weh tun, weil es manifestiertes Bewußtsein ist. Wer Mitgefühl hat, kann sich nur liebevoll verhalten.

Mitgefühl sieht nicht die Fehler der anderen, nicht ihre Schwächen. Es unterscheidet nicht zwischen guten und schlechten Menschen. Mitgefühl kann keine Grenze zwischen zwei Ländern, zwei Glaubensbekenntnissen oder zwei Religionen ziehen. Mitgefühl hat kein Ego; deshalb kennt es keine Furcht, Lust oder Leidenschaft. Mitgefühl vergibt und vergißt einfach. Es ist wie ein Korridor: Alles geht durch ihn hindurch; nichts kann dort bleiben. Mitgefühl ist in ihrer ganzen Fülle ausgedrückte LIEBE.»

# 20

# Disziplinierung durch Liebe

Ammas Ausführungen über LIEBE und Mitgefühl führten zu der Frage: «Das ist es, was ein echter spiritueller Meister besitzt, nicht wahr?»

«Ja», erwiderte Amma, «ein echter spiritueller Meister ist LIEBE und Mitgefühl in ihrer ganzen Fülle. Manchmal offenbart sich seine Liebe als Forderung nach Disziplin. Normalerweise empfindet man einen gewissen Schmerz, wenn man in Zucht genommen wird, aber das Mitgefühl des Guru beseitigt ihn. Wenn ihr jemanden kritisiert oder scheltet, ist sein Ego verletzt; das mögen die Menschen nicht. Sie wollen nicht zurechtgewiesen oder korrigiert werden, auch wenn sie unrecht haben. Es ist also schmerzhaft, diszipliniert zu werden. Ob der Vater seinen Sohn zu Disziplin zwingt, die Mutter ihre Tochter oder der Lehrer den Schüler: Schmerz ist unvermeidbar. Der Zurechtgewiesene fühlt sich vom Zurechtweisenden verletzt, und in vielen Fällen wird er beleidigt reagieren. Manchmal will er seine Reaktion nicht erkennen lassen, obwohl er sich verletzt fühlt. Er wird vielleicht gehorchen, aber innerlich zugleich sehr wütend sein. Er würde gern protestieren, aber aus Furcht tut er es nicht. Dies kann so weitergehen, und Schmerz, verletzte Gefühle, Wut und Haß stauen sich in seinem Gemüt auf. Irgendwann kommt der Punkt, an dem diese Ansammlung negativer Gefühle explodiert. Leider geschieht dies auch dann, wenn der Versuch, einen anderen zu disziplinieren, aus Liebe unternommen wird. Selbst wenn diese Disziplinierung von Vater und Mutter ausgeht, wird der Schmerz manchmal lange andauern.

In einer Guru-Schüler-Beziehung gibt es dagegen keine verletzten Gefühle – keinen Schmerz, keine tiefen Wunden, keinen Zorn oder Haß. Der Grund dafür ist, daß der Schüler die Zurechtweisung und Schelte durch den Guru mit einer positiven

Einstellung aufnimmt. Er unterwirft sich ganz dem Guru, denn er weiß, daß alles, was dieser tut, seinem höchsten Wohl dient. Aber der wichtigste Faktor ist das Mitgefühl des Guru, das eine enorme heilende Kraft hat. Es kuriert allen Schmerz, Zorn, Haß und alle andere Negativität. Vielleicht fühlt sich der Schüler manchmal verletzt, er kann wütend auf den Guru sein, wenn dieser ihn schilt oder zurechtweist. Aber das überfließende Mitgefühl des Guru heilt diese Wunden und hilft dem Schüler, wieder positiv zu werden. Der Guru sieht über Ärger und Haß des Schülers hinweg; er verzeiht alles. Sein Mitgefühl umgibt den Schüler völlig und mildert die negativen Gemütsbewegungen.

Dieser besänftigende Einfluß des Guru hilft dem Schüler, sich entspannt und unbefangen zu fühlen. Auf diese Weise kann er die Disziplinierung in einer positiven Haltung annehmen. Das Mitgefühl läßt den Schüler empfinden, daß er ein Teil des Guru ist, daß er dem Guru gehört, daß der Guru ihn aus tiefster Seele liebt und alles zu seinem höchsten Wohl tut. Wenn der Schüler empfindet, wie Mitgefühl vom Guru zu ihm fließt, und wenn er dessen Entsagung und Selbstlosigkeit beobachtet, erkennt er, daß der Guru überhaupt nicht selbstsüchtig sein kann. Daher sammelt der Schüler keine negativen Gefühle an, obwohl er vielleicht manchmal Schmerz oder Ärger empfindet. Somit kann der Guru den Schüler disziplinieren, ohne daß in ihm irgendeine Spur seiner Reaktionen zurückbleibt. Dagegen vermögen Vater oder Mutter die Spuren der Reaktion nicht aus dem Gemüt ihres Sohns oder ihrer Tochter zu beseitigen, weil sie dieses Mitgefühl nicht haben. Weil LIEBE in ihnen nicht voll erblüht ist, sind sie egoistisch in ihren Worten und Taten; daher zwingen sie ihren Kindern ihre eigenen Ideen auf und mißachten dabei meist deren Gefühle. Der Guru kann dagegen seine Schüler nicht zu Disziplin zwingen, weil er keine Person ist. Er ist nicht der Körper; er ist nicht das Ego; er ist Bewußtsein.

Nachdem sie ihren Sohn oder ihre Tochter für deren Fehler ausgeschimpft und bestraft haben, behandeln Vater oder Mutter ihr Kind vielleicht sehr liebevoll. Aber der Gedanke, daß sie es gescholten und zum Gehorsam gezwungen haben, bleibt im Gemüt des Kindes zurück. Eltern tun das tatsächlich: Sie zwingen ihre Kinder, die Dinge auf eine bestimmte Weise zu tun, anstatt ihnen lieber ein Beispiel zu geben. Sie können nicht anders, denn sie sind Menschen mit ihren Begrenzungen, die aus ihrem Ego heraus handeln. Sie können dann nur versuchen, ihren Willen einem anderen aufzuzwingen, auch wenn sie es im Namen der Liebe tun. Das Kind fühlt das, und daher bleibt das verletzte Gefühl unverändert bestehen, auch wenn sie später liebevoll und zärtlich zu ihm sind. Die Wut und der Haß dauern an, sie sind nicht beseitigt.

In der Beziehung zwischen Guru und Schüler ist es dagegen anders. Nachdem er den Schüler durch seine reine Liebe diszipliniert hat, vermittelt der Guru ihm das Gefühl von Geborgenheit und Wohlbefinden, indem er sein Mitgefühl für ihn in reichem Maße ausdrückt. Dies hilft dem Schüler, weiterhin empfänglich und positiv zu sein.

In der Beziehung zwischen Guru und Schüler gibt es keinen Zwang. Der Wunsch des Schülers, über die Begrenzungen seines Ego hinauszugehen, und die selbstlose LIEBE und mitfühlende Führung des Guru helfen dem Schüler, keinen Zorn in sich aufkommen zu lassen.

Wenn man in LIEBE lebt und sein ganzes Wesen in LIEBE verwandelt hat, wird man mitfühlend. LIEBE erfüllt das Herz und fließt als Mitgefühl über. In diesem Zustand, wenn Gemüt und Gedanken vollkommen von dem Feuer höchster LIEBE verzehrt worden sind, wenn das Gemüt des Suchers leergeworden ist, ist es das Mitgefühl, das ihn wieder nach unten trägt. Die Eigenschaft, die die Seele dazu bringt, das Rufen derer zu hören, die im Dunkeln umherirren, ist das Mitgefühl. Dieses ist es auch, das den Mahatma in der Welt der Vielheit hält. LIEBE und Mitgefühl sind im Grunde dasselbe – sie sind die zwei Seiten derselben Medaille.»

# 21

# Dein Wille geschehe!

An einem ruhigen Nachmittag saß *brahmacharin* Balu mit Mr. S., einem Besucher mittleren Alters, auf der Veranda. Mr. S. erzählte Balu, daß er vier Jahre an Darmkrebs gelitten habe. Er war allopathisch und ayurvedisch behandelt worden, aber ohne Erfolg. Unerträgliche Schmerzen hatten ihm viele schlaflose Nächte bereitet. Trotz aller Bemühungen wurde sein Zustand immer schlechter, so daß die Ärzte ihn schließlich aufgaben. Aber Mr. S. hatte nicht sein Vertrauen zu Gott verloren.

Eines Tages war er mit Verwandten zu Amma gekommen, hatte ihr von seiner unheilbaren Krankheit berichtet und sie gebeten zu tun, was sie für richtig halte. Amma hatte ihm einen Schluck geweihtes Wasser zu trinken gegeben sowie einen kleinen Vorrat davon, von dem er zu Hause täglich einen Schluck trinken sollte. Von diesem Tag an ließen seine Schmerzen nach und waren bald ganz verschwunden. Er konnte wieder essen und schlafen. Er betrachtete sein wiedergewonnenes Leben als ein Geschenk Ammas. «Dieses Leben gehört ihr.»

Mr. S. hatte Amma nicht darum gebeten, ihn zu heilen. Er hatte nur gebetet: «Ammas Wille möge geschehen.» Das war ein echtes, nicht vom Ego beeinflußtes Gebet. Amma sagt: «Ein echtes Gebet enthält keine Vorschläge, Anweisungen oder Forderungen. Der ernsthafte Devotee sagt einfach: ‹Herr, ich weiß nicht, was gut und was schlecht für mich ist. Du weißt alles. Was du auch tust, ist zum Besten. Tu also, was du willst.› Im echten Gebet verbeugst du dich und unterwirfst dich Gott.»

22

# Hingabe

Nachdem Amma ein paar Minuten mit Mr. S. verbracht hatte, betrat sie – zur Überraschung der Frauen, die dort mit dem Kochen beschäftigt waren – die Küche. Bei solchen unvermuteten Besuchen kann Amma die Reaktion und die innere Einstellung der Devotees gut erkennen. Manchmal hatte es schon Klagen gegeben: statt immer bei Amma zu sein, weswegen sie gekommen seien, müßten sie so viel Zeit mit harter Arbeit in der Küche verbringen. Aber diesmal gab es nur lächelnde Gesichter. Amma setzte sich auf den Boden und fing an, eine Gurke zu essen. Später gab sie die halb verzehrte Gurke einer der Frauen. Alle saßen im Kreis um Amma auf dem Boden und sangen gemeinsam das Lied *Ellam ariyunna*:

Dem allwissenden Krishna
  brauchen wir nichts zu erzählen.
Er geht neben uns. Er sieht
  und versteht alles.
Das uranfängliche Sein sieht alle Gedanken
  im innersten Selbst.
Niemand kann je etwas tun
  und Ihn dabei vergessen.
Der uranfängliche Herr wohnt in allen.
Wir alle sollten Ihn freudig verehren,
  die Verkörperung von Wahrheit und Bewußtsein.

Nach dem Lied blieb Amma lachend und scherzend bei den Frauen in der Küche sitzen. Dann wechselte die Stimmung: Sie wurde ernster.

Amma sagte: «Mutter weiß, daß ihr euch manchmal über die Arbeitslast in der Küche beklagt. Kinder, Spiritualität bedeutet nichts anderes, als unser Wohl für das von anderen aufzugeben. Das sollte nicht zu unguten Gefühlen oder Klagen führen. Normalerweise durchleben die Menschen große innere Konflikte, wenn sie etwas aufgeben. Sie fangen an zu zweifeln, und es ist ihnen zumute, als hätten sie vielleicht einen Fehler gemacht. Das ist keine wirkliche Entsagung. Wenn ihr etwas aufgegeben habt und innerlich noch immer daran hängt, dann heißt das, daß ihr euch nicht wirklich davon gelöst habt.

Was ihr wirklich aufgeben solltet, ist die Gebundenheit an den Gegenstand. Ihr könnt den Gegenstand haben und euch daran erfreuen – wenn ihr nicht daran hängt. Wir geben äußerlich etwas auf, um innerlich frei von der Bindung an diesen Gegenstand zu werden. Losgelöstheit bringt Frieden und Glück. Doch wird uns das erst zuteil, wenn wir alle Gedanken und Gefühle in bezug auf dasjenige, dem wir entsagt haben, aufgeben.

Mutter hat viele Leute gesehen, die über etwas, was sie vor langer Zeit aufgegeben hatten, noch immer sehr traurig waren. Voller Enttäuschung in der Stimme sagt so ein Mensch noch Jahre danach: ‹Was für ein Narr ich war, dieses Ding wegzugeben.› Obwohl er ihn seit Jahren nicht gesehen hat, trägt ein solcher Mensch immer noch die Last dieses Gegenstandes. Innerlich hängt er noch daran und ist gebunden. Solch ein Mensch kann die Freude innerer Freiheit nicht erfahren, kann nie entspannt sein. Als er den Gegenstand noch hatte, spürte er keine innere Qual. Er freute sich, ihn zu besitzen. Der Gedanke, daß er sein Eigentum ist, machte ihn zu einem glücklichen Mann. Aber jetzt erlebt er einen furchtbaren Schmerz: ‹Ich hätte das nicht tun sollen. Ich hätte es nie weggeben dürfen.› Er wiederholt das immer wieder in seinem Gemüt, hundertmal am Tag.

Gebt etwas auf, und seid froh darüber! Vergeßt, daß es je euch gehört hat! Zu denken, daß man etwas aufgegeben hat, ist auch falsch. Fühlt nicht so! Seid einfach entspannt, seid unbefangen! Erkennt, daß ihr frei seid, frei von dieser Bürde! Der Gegenstand war eine Bürde, und jetzt ist sie fort. Nur wenn ihr um die Last des Gebundenseins an Dinge wißt, könnt ihr die Entspannung oder Glückseligkeit empfinden, die mit Losgelöstheit und Entsagung eintritt.

Es ist wahr, daß ihr Besitz und Heim aufgegeben habt, um den Rest eures Lebens bei Amma zu verbringen. Aber habt ihr diese Dinge wirklich aufgegeben? Ihr sagt immer noch: ‹Wir haben allem entsagt, um in Ammas körperlicher Gegenwart zu sein, aber genau wie wir es zu Hause taten, arbeiten wir weiter in der Küche.› Das bedeutet, daß ihr nicht wirklich verzichtet habt. Ihr tragt noch immer den Gedanken mit euch: ‹Wir haben unserem Haus und allem entsagt.› Dieser Gedanke zeigt ganz klar, daß ihr das Haus und alle Haushaltsgegenstände noch in euch tragt.

Versucht, entspannt und im Frieden damit zu leben! Versucht zu spüren, daß ihr euch einer schweren Last entledigt habt, und seid jetzt glücklich darüber, daß ihr diese Arbeit hier tun könnt, denn ihr tut sie nicht für euch selbst. Ihr dient allen, die hierherkommen. Es sind Verehrer Gottes. Ihr kocht das Essen für sie, Essen, das ihnen die körperliche und seelische Kraft gibt, an Gott zu denken. Das ist ein großer Dienst, den ihr tut. Indem ihr den Verehrern Gottes dient, dient ihr Gott. Betrachtet diese Arbeit als *sadhana!*»

Eine *brahmacharini* fragte: «Es heißt, ein spiritueller Mensch sollte nicht einmal ein Dankeswort für den Dienst erwarten, den er oder sie tut. Was bedeutet das, Amma?»

«Das stimmt», antwortete Amma. «Ein wahrer Suchender sollte nicht einmal ein Wort der Anerkennung erwarten. Angenommen, wir leisten jemandem einen Dienst. Wir führen ihn gut aus. Dann kommt derjenige, für den wir die Arbeit getan haben, mit seinen Freunden und Verwandten, um das Ergebnis zu sehen. Es gefällt ihnen gut; sie erkennen die Arbeit an, die wir für sie getan haben, und loben ihre Qualität. In blumenreichen Worten drücken sie ihre Dankbarkeit aus. Wenn dies alles geschieht, wenn sie euch mit Lob und Dank überhäufen, bleibt ihr bescheiden. Ihr sprecht vielleicht so: ‹Um Himmels willen, sagt das nicht. Soviel Lob verdiene ich nicht. Ich bin nur ein Werkzeug. Er, das höchste Wesen, tut alles durch mich. Ohne Seine Gnade bin ich nichts. Bitte, verneigt euch vor Ihm. Überhäuft Ihn mit eurem Dank. Er ist der wirkliche Handelnde, nicht ich.› Aber das sind oberflächliche Worte; sie kommen nicht tief aus dem Inneren. Ihr seid nicht wirklich demütig; ihr tut nur so, als wäret ihr es. Ihr inszeniert eine große Bescheidenheits-Schau. Das ist angewandte Psychologie. Ihr wollt, daß andere denken, ihr wäret bescheidene Devotees ohne jedes egoistische Gefühl. Aber in Wirklichkeit sind euch all das Lob und all die blumigen Worte zu Kopf gestiegen, und ihr fangt an, euch stolz zu fühlen. ‹Ich bin kein gewöhnlicher Mensch›, denkt ihr. ‹Ich muß etwas Besonderes sein; wie könnte ich sonst die Arbeit so gut ausführen? Seht euch alle diese Leute an, die mich und meine Talente loben. Ich muß wirklich groß sein.› So folgt ein Gedanke, der dem Ego Auftrieb gibt, auf den anderen.

Schon ein einfaches Dankeswort kann diese Wirkung haben. Es steigt euch in den Kopf und gibt euch das Gefühl, etwas Besonderes zu sein. Als *sadhakas* bemühen wir uns unbeirrt darum zu fühlen, daß wir nichts sind und daß Er alles ist. Aber solche Situationen haben eine sehr subtile Wirkung auf uns. Ohne es zu merken, können uns die Dankes- und Lobesworte allmählich binden. Wenn ihr daher jemandem helfen wollt, gut. Tut das, aber meint nicht, daß andere euch für irgend etwas, was ihr getan habt, danken oder loben müßten.

Es ist uns zur Gewohnheit geworden, für unsere Hilfe eine Gegenleistung zu erwarten, ein Dankeswort oder einen lobenden Satz wie: ‹Du hast eine großartige Arbeit verrichtet! Wir wissen das wirklich zu schätzen.› Das genügt, euch ein bißchen stolz zu machen, euch das Gefühl zu geben, daß ihr wirklich etwas Fabelhaftes geleistet habt. Schon der Gedanke: ‹Ich habe es getan› ist Nahrung für euer Ego, und wenn das Ego Nahrung bekommt, fühlt es sich großartig.

Wenn wir einem Tempel, einer Kirche oder einer spirituellen Institution etwas spenden oder opfern, wünschen wir uns, daß andere davon erfahren. Wir warten auf irgendeine Anerkennung oder auf Dank. Wir wollen, daß unser bedeutendes Opfer zur Kenntnis genommen wird. Wir wollen, daß jemand öffentlich sagt, daß dieser großzügige, weitherzige Philanthrop etwas Großes, etwas Wunderbares für die Gesellschaft getan hat. Ohne Lob sind wir nicht zufrieden.

Es gibt eine Geschichte von einem großen Mahatma, der als Priester in einem Tempel arbeitete. Er hatte allem entsagt; in ihm gab es keine Spur von Ego. Eines Tages spendete ein Multimillionär dem Tempel eine große Summe. Danach sprach er zu dem Priester immerfort über den enormen Geldbetrag, den er gespendet hatte. Der Mahatma sagte eine Zeitlang nichts. Aber als ihm klar wurde, daß der reiche Mann nicht aufhören würde, fragte der Mahatma: ‹Gut, mein Herr, was wollen Sie? Erwarten Sie etwas? Eine Gegenleistung? Ein Wort des Lobes oder des Danks?› Der reiche Mann erwiderte: ‹Was ist daran falsch? Soviel kann ich doch mindestens erwarten.› Der Mahatma sah ihn lächelnd an und sagte: ‹Wenn das so ist, nehmen Sie dieses Geld zurück. Wir wollen es hier nicht. Sie sollten dem Herrn dankbar sein, daß er diesen Betrag angenommen hat. Sie sollten zufrieden sein, daß Sie zumindest einen Teil des Reichtums zurückgeben konnten, den der Herr Ihnen anvertraut hat. Sie sollten Gott danken, daß er Ihnen eine Gelegenheit gab, ihm zu dienen. Wenn Sie das nicht können, nehmen Sie das Geld bitte zurück.›

So sollte unsere Haltung sein. Wer sind wir denn, wir Schuldner, daß wir von Gott etwas fordern oder erwarten dürften? Was wir geben, ist nur ein Zurückgeben. Wir können ihm überhaupt nichts geben. Wir können nur zurückgeben, was wir Gott schulden. Wir nennen es geben, aber das ist falsch. Um spirituell zu werden, egolos zu werden, was unser Lebensziel ist, sollten wir uns ihm gegenüber für alles dankbar fühlen! Laßt das ‹Ich› nie ins Spiel kommen! Laßt nur das ‹Du› da sein, wißt jederzeit, daß ‹Du› alles bist! Bittet nie um irgend etwas, fordert nie irgend etwas! Laßt Gott entscheiden, was er euch geben will und was nicht!

Ihr habt die Möglichkeit, zu arbeiten und den Devotees und *sadhakas* zu dienen, und solltet sie als eine kostbare Gabe Gottes ansehen, um eure *prarabdha* oder angesammelten Tendenzen abzubauen. Essen zu kochen und die Devotees Gottes zu bedienen ist keine kleine Aufgabe. Es ist eine seltene Gnade. Ihr seid wirklich die Gesegneten im *ashram*. Als ihr bei euch zu Hause wart, habt ihr nur für eure Männer und Kinder gekocht, für eine kleine Familie von fünf oder sechs Personen. Es ist nichts besonders Großes daran, für seine eigene Familie mit Liebe zu kochen. Aber für andere mit Liebe und Hingabe zu kochen ist ein Akt der Größe. Das wird euch mit Sicherheit läutern, anheben und schließlich zum Ziel bringen. Ihr solltet Gott dankbar sein, daß er euch eine solche Gelegenheit gegeben hat, daß ihr für die Küchenarbeit ausgewählt worden seid! Wo eure Arbeit auch sein mag – in der Küche, im Kuhstall oder in der Toilette –, laßt das euren Tempel sein! Macht euren Arbeitsplatz zum Ort eures *sadhana!* Verwünscht euer Tun nicht! Fühlt euch glücklich und gesegnet, und führt eure Arbeit mit ganzem Herzen aus!»

Plötzlich änderte sich Ammas Stimmung. An die Stelle der großen Lehrerin, die mit unanfechtbarer Autorität die höchste Wahrheit darlegte, war ein verspieltes, unschuldiges Kind getreten. Amma streckte sich auf dem kahlen Küchenboden aus und legte einer Frau ihren Kopf und einer anderen Frau ihre Füße auf den Schoß. Ganz unerwartet sagte Amma: «Wo ist meine Gurke? Ich will meine Gurke.» Aber die war nicht mehr da. Wer hätte auch der Versuchung widerstehen können, Ammas *prasad* zu essen? Schnell holte jemand eine andere und reichte sie Amma. Sie schaute die Gurke an, aber schob sie wie ein störrisches Kind gleich weg und sagte: «Nein, die will ich nicht. Ich will meine, die ich halb gegessen habe.»

Unter dem Zauber der kindlichen Gemütslage Ammas verhielten sich einige älteren Devotees genau wie Mütter, die sich wirklich um ihr Kind Sorgen machten. Sie versuchten, Amma zu überreden, die neue Gurke anzunehmen, aber es gelang ihnen nicht. Andere waren ganz begeistert und genossen hingebungsvoll die Szene. Amma wimmerte wie ein Kind und bat immer wieder um die Gurke, von der sie ein paar Bissen gegessen hatte. Als Amma sie nicht bekam, zog sie schließlich die Frau, die sie gegessen hatte, an den Haaren. In dieser Stellung, noch mit den Haaren dieser Frau in der Hand, ging Amma in *samadhi* über. Nach einiger Zeit stand Amma auf und verließ die Küche. Sie betrat den Tempel und schloß die Tür hinter sich. Amma blieb fast eine Stunde lang im Tempel.

Einmal sagte Amma über sich selbst: «Manchmal braucht man etwas – ein Ding, einen Wunsch oder einen Gedanken –, um das Gemüt auf der physischen Ebene zu halten. Sonst ist es schwierig, es daran zu hindern, diese Ebene zu verlassen. Wenn der Körper einen Wunsch ausdrückt, geschieht es zu diesem Zweck.» Die Gurkenepisode ist vielleicht ein solches Spiel gewesen.

# 23

# Spiritualität ist echter Reichtum

Großreinemachen im *ashram.* Ammas aktive Teilnahme daran war für alle Ashrambewohner eine Quelle von Inspiration und Energie. An diesem Morgen arbeiteten alle mit großer Freude und wiederholten dabei die göttlichen Namen. Gemeinsam mit Amma sangen alle *Adbhuta Charite ...*

> O Du, vor der sich die Götter verbeugen,
> deren Geschichte märchenhaft zu hören ist,
> schenke uns die Kraft der Hingabe zu Deinen Füßen.
> Wir opfern Dir alle unsere Taten,
> die wir im Dunkel des Nicht-Wissens ausführten.
> O Beschützerin der Verzweifelten,
> vergib uns unsere respektlosen Worte,
> o Herrscherin der Welt!
>
> O Mutter, leuchte bitte in meinem Herzen
> wie die Sonne bei Tagesanbruch.
> Laß mich gleichmütig sein,
> frei von unterscheidendem Intellekt!
>
> O Große Göttin, Quell allen Handelns,
> des sündigen wie des tugendhaften,
> Befreierin von allen Fesseln,
> reiche mir Deine Sandalen,
> die Beschützer der grundlegenden Tugenden sind
> auf dem Weg der Befreiung!

Als wäre Amma überall, kehrte sie hier, schleppte dort Sand und Ziegel, hackte dort Holz ...

Man soll nicht meinen, die Welt würde sich völlig verändern, wenn man Selbstverwirklichung erlangt. Bäume, Berge, Flüsse, Vögel – alles bleibt, wie es war. Aber im Inneren vollzieht sich ein unbeschreiblicher Wandel. Man sieht alles mit ganz neuen Augen – wie ein unschuldiges Kind. Ein ununterbrochener Strom von Freude entspringt dem Herzen. An Amma kann man das erkennen. In allem, was sie tut, liegt eine besondere Schönheit. Sie verrichtet dieselbe Arbeit wie andere, aber mit der Freude und dem Staunen eines unschuldigen Kindes. In allem, was sie tut, spürt man die Fülle von Liebe, in der sie ständig lebt.

Nach getaner Arbeit bat Amma Gayatri, für alle heißen Kaffee und Erfrischungen zu bringen.

Ein Ashrambewohner nutzte die Gelegenheit, eine Frage zu stellen, die er geklärt haben wollte: «Amma, es gibt verschiedene Ansichten darüber, was Spiritualität ist. Es heißt, Spiritualität sei Stille des Gemüts oder ein Zustand des Schweigens, oder das Aufgeben von Wünschen und aus Wünschen geborenen Handlungen, oder Bewußtseinserweiterung. Es gibt diese und viele andere Ansichten über Spiritualität. Amma, was sagst du dazu?»

Amma: «Spiritualität ist alles, was du genannt hast. Es ist Stille des Gemüts, ist ein Zustand des Schweigens. Es ist auch Entsagung oder ein Zustand ohne Ego. Alles, was du aufgezählt hast, muß erfahren werden. Du kannst ganze Bücher über Spiritualität verfassen, du kannst schöne Gedichte über sie schreiben und wohlklingende Lieder von ihr singen. Du kannst auch stundenlang in sehr schöner, blumenreicher Sprache über Spiritualität sprechen; trotzdem wird dir Spiritualität so lange unbekannt bleiben, bis du ihre Schönheit und Glückseligkeit wirklich von innen her erfährst.

Spiritualität ist der innere Reichtum, der dazu verhilft, allem äußeren Reichtum zu entsagen, weil man die Bedeutungslosigkeit äußerer Schätze erkennt. Es ist der Reichtum, der dazu verhilft, ‹reicher als der Reichste› zu werden. Es ist die Erkenntnis, daß nur Gott, nur das Selbst, wirklicher Reichtum ist. Spiritualität ist das, was uns zu einer gesunden Einstellung zum Leben verhilft.»

Amma schwieg eine Zeitlang und erzählte dann eine Geschichte: «Ein Dorfbewohner hatte einmal einen Traum. Shiva erschien ihm und sagte: ‹Gehe morgen bei Tagesanbruch zum Ortsrand. Dort wirst du einen *sannyasin* finden. Frage ihn nach dem Edelstein, der dich für immer zu einem reichen Mann machen wird.› In dieser Nacht konnte der Mann nicht mehr schlafen, weil er immer an den Edelstein dachte, den er bekommen sollte. Am Morgen eilte er endlich, wie von Shiva im Traum unterwiesen, an den Ortsrand. Er war sprachlos, dort tatsächlich einen *sannyasin* zu finden, der soeben angekommen war. Der *sannyasin* wollte sich gerade unter einem Baum niederlassen, als der Dorfbewohner zu ihm gelaufen kam und fragte: ‹Wo ist der Stein, der Edelstein?› Der *sannyasin* schaute auf und fragte: ‹Was hast du gesagt? Ein Edelstein!› Ohne ein weiteres Wort zu sagen, öffnete er ein neben ihm liegendes Bündel, nahm ein großes kostbares Juwel heraus und reichte es dem Dorfbewohner.

Tief beeindruckt schaute der Dörfler den Stein immer wieder an. Er war sprachlos vor Staunen, denn es war ein Diamant, und wahrscheinlich der größte in der Welt. Mit einem freudigen Herzen voller Hoffnungen und Wünsche kehrte der Mann heim. Aber auch in dieser Nacht konnte er nicht schlafen. Am nächsten Morgen eilte der Dorfbewohner wieder zum Ortsrand, weckte den *sannyasin* und sagte: ‹Ihr seid so gütig gewesen, mir dieses kostbare Geschenk zu machen. Bitte gewährt mir nun auch etwas von dem Reichtum Eures Herzens, der es Euch so leichtfallen ließ, den wertvollen Diamanten wegzugeben!›

Wenn ihr einmal euer wahres Wesen kennt, wird das ganze Universum euch gehören. In diesem höchsten Zustand habt ihr nichts zu gewinnen oder zu verlieren. Alles Gebundensein habt ihr aufgegeben, daher seid ihr dann für immer im Zustand höchster Freiheit. Genau wie der *sannyasin* in der Geschichte könnt ihr lächelnd auch sogenannte kostbare Dinge weggeben, ohne euren inneren Frieden zu verlieren. Spiritualität ist innerer Reichtum, der euch vollkommene Zufriedenheit schenkt. Ihr habt dann vielleicht nichts, was ihr als euren Besitz bezeichnen könntet, aber trotzdem werdet ihr erfüllt und zufrieden sein. Wenn ihr diesen Zustand erreicht, habt ihr nichts anderes mehr zu gewinnen oder zu verlieren, und ihr beginnt, in der Fülle zu leben. Äußerlich seid ihr vielleicht nicht wohlhabend, aber innerlich seid ihr reich und erfüllt. Ihr erkennt, daß ihr Meister des ganzen Universums seid, Meister über Wasser, Luft, Erde, Äther, Sonne, Mond und Sterne. Alles im Universum wird unter eurer Herrschaft stehen. Versucht daher, Herren und Meister zu werden, nicht Sklaven.

Ein wirklich reicher Mann ist einer, der immer lächeln kann, selbst im Angesicht der Sorge. Kummer kann ihn nicht zum Weinen bringen, noch braucht er einen äußeren Anlaß, um zu jubeln. Er braucht keine Unterstützung durch Geld oder günstige Ereignisse, um glücklich zu sein. Aus seinem eigenen Wesen heraus ist er glückselig. Ein nur äußerlich reicher Mann ist ein kläglicher Mensch, der nicht weiß, was wirkliches Glück bedeutet. In dieser Hinsicht ist er ein Verlierer, auch wenn er das nicht weiß, denn er verliert den unbezahlbaren Schatz: Frieden und Zufriedenheit.»

Während Mutter sprach, kam Gayatri mit dem Kaffee und den Bananenchips. Amma verteilte den *prasad* an ihre Kinder und bat die *brahmacharins, Bandhamilla* zu singen …

Niemand gehört uns;
nichts können wir unser eigen nennen.
In unseren letzten Tagen
wird nur das wahre Selbst unser bleiben.

Wir nehmen nichts mit uns auf die letzte Reise.
Wozu also die Gier nach weltlichem Besitz?
Was wahrhaft existiert, das ist in uns.
Um das zu sehen, müssen wir nach innen gehen.

Dort gibt es keine Spur von Sorge.
Dort strahlt das wahre Selbst
in seiner ihm eigenen Herrlichkeit.

Wir schreiten vom Unwirklichen zur Wirklichkeit,
wenn wir alle lebenden Wesen lieben und ihnen dienen.

# 24

# Die Gnade des Guru ist notwendig

Zwei Devotees, ernsthafte *sadhakas,* kamen aus Tamil Nadu zu Besuch in den *ashram.* Sie standen in respektvoller Entfernung und beobachteten, wie Amma gerade ein Stück frisches Zuckerrohr kaute. Sie rief die beiden zu sich. Ohne Zögern eilten sie zu Amma, grüßten sie ehrfürchtig und setzten sich. Einer von ihnen, der Amma über alle Maßen liebte, wollte so nahe wie möglich bei ihr sitzen. Obwohl er fast sechzig war, benahm sich der Mann in ihrer Gegenwart wie ein dreijähriges Kind.

Amma gab jedem, auch den *brahmacharins,* Stücke von ihrem Zuckerrohr. Es war immer etwas ganz Besonderes, *prasad* aus Ammas Händen zu erhalten. Man konnte nie zuviel davon bekommen. Ob Zuckerrohr oder eine Reiskugel – alles, was man empfing, war ein unbeschreiblicher Segen.

«Amma, ich habe gelesen, daß ohne die Gnade eines Satguru der Zustand der Vollkommenheit *nicht zu* erreichen ist, ganz gleich, wieviel *sadhana* man ausübt. Ist das wahr?» fragte einer der Tamil-Devotees.

Mutter: «Absolut korrekt. Um die feineren *vasanas* zu beseitigen, braucht man die Führung und Gnade des Guru. Und wenn die *vasanas* beseitigt sind, kann wiederum die letzte Phase – der Punkt, an dem ein *sadhaka* den Zustand der Vollkommenheit erreicht – nicht ohne seine Gnade beginnen.

Menschen haben ihre Grenzen. Sie vermögen aus eigener Kraft nicht viel zu tun. Vielleicht können sie bis zu einem gewissen Punkt ohne irgendwelche Führung oder Hilfe fortschreiten, aber bald wird der Weg schwierig, und man braucht Hilfe. Die Straße zur Befreiung ist ein Irrgarten verwobener Pfade, ein Labyrinth. Beim Wandern durch das Labyrinth kann ein spirituell Strebender kaum herausfinden, wohin er gehen oder sich wenden soll.

Oder man kann das Beschreiten des spirituellen Weges ohne einen Guru mit dem Segeln auf dem Ozean in einem winzigen Boot vergleichen, das nicht die notwendige Ausrüstung an Bord hat, nicht einmal einen Kompaß, der die Richtung angibt.

Denkt daran, daß der Weg zur Selbstverwirklichung sehr schmal ist. Zwei Menschen können diesen Pfad nicht Hand in Hand in enger Gemeinsamkeit beschreiten. Man geht diesen Pfad allein.

Es gibt ein Licht, das uns beim Wandern auf dem spirituellen Pfad leitet. Dieses Licht, das uns den Weg zeigt, ist die Gnade des Guru. Der Guru geht voran, und während er uns behutsam führt, beleuchtet er den Pfad. Das Licht seiner Gnade hilft uns, die Hindernisse zu sehen, aus dem Weg zu räumen und das höchste Ziel zu erreichen. Nur aus Mitgefühl kommt der Guru herab, um mit uns zu wandern. Indem wir langsam hinter ihm hergehen, folgen wir ihm im Licht seiner Gnade. Sie ist es, die uns schützt und vor dem Absturz bewahrt. Die Gnade des Guru hilft uns, daß wir uns nicht im Dunkel enger Nebenpfade verirren und daß wir nicht in gefährliche Abgründe stürzen.

Wenn der Pfad zu schmal wird und ihr abrutscht, braucht ihr einen Guru, der euch wieder heraufzieht. Euch selbst überlassen, würdet ihr es sonst wohl zu schwierig, fast unmöglich finden, auf dem richtigen Weg weiterzugehen, und ihr müßtet umkehren. Ohne die ermutigenden und inspirierenden Worte des Guru, ohne seine liebevollen und mitfühlenden Blicke und ohne den Glauben und Mut, den er euch einflößt, würdet ihr es vielleicht nicht einmal versuchen. Ihr könnt die letzte Hürde nicht allein aus eigenen Kräften übersteigen. Eure Bemühungen genügen nicht. Von der anderen Seite, wo er zu Hause ist, streckt euch der Guru seine Hände entgegen und zieht euch herüber.

Ohne den Guru macht ihr vielleicht kehrt oder kommt vom Pfad ab. Es ist sehr wohl möglich, daß ihr euch wieder in die Angelegenheiten der Welt verstrickt. Enttäuscht und desillusioniert glaubt ihr dann vielleicht, Spiritualität sei etwas Unreales, ein Mythos, eine Illusion. Diese und andere gefährlichen Ideen können in eurem Gemüt Wurzel fassen.

In Wirklichkeit ist das Schieben und Ziehen des Guru kein

gewöhnliches Schieben und Ziehen. Ihr nehmt es nicht wahr, weil sein Mitgefühl und seine Liebe euch völlig einhüllen. Ihr spürt keinen Druck und keine Anspannung. Aber ohne seine Gnade und Führung würden der Druck und die Anspannung eurer eigenen *vasanas* euch vom Weg der Spiritualität abbringen.

Manchmal wird euer eigenes Gemüt versuchen, euch zu täuschen, indem es eine vielfarbige Welt erschafft. Es wird dort überall reizvolle, verführerische und verlockende Dinge zu sehen geben: göttliche Musik auf der einen Seite, bezaubernde Tänze auf der anderen. Ihr habt vielleicht das Gefühl, das sei das endgültige Ziel, und deshalb bleibt ihr stehen. Ihr wollt nicht mehr fortschreiten, habt keine Lust, euch weiter zu bemühen. Es ist wie ein Zustand der Befreiung in Miniatur; ihr könntet meinen, ihr hättet das Ziel erreicht, ihr hättet die Verwirklichung erlangt. Doch dann kommt es ganz schlimm.

Langsam und verstohlen schleicht sich das Ego ein. Ihr seht nicht, wie es eindringt; ihr erkennt es nicht, und selbst wenn ihr es wahrnehmt, kümmert ihr euch nicht darum, weil ihr so in die Idee verliebt seid, tatsächlich die Verwirklichung erlangt zu haben. Daher laßt ihr euch seine Tricks gefallen. Oder ihr meint vielleicht: ‹So ist es nach der Selbstverwirklichung.› Ihr fangt dann an, eure alten Gewohnheiten wieder aufzunehmen und euch alten Vergnügungen hinzugeben, und so fallt ihr zurück in die Arme der Welt.

Ihr habt keine Vorstellung davon, wie das Leben nach der Verwirklichung sein wird, solange ihr nicht verwirklicht seid. Der Zustand ist euch vollkommen unbekannt. Ihr nehmt nur an, ihr wäret verwirklicht, aber es besteht gar kein Grund zu dieser Annahme. In diesem Zustand gibt es keine Meinungen mehr; selbst der Gedanke ‹Ich bin angekommen› existiert nicht. Wenn ihr aber so denkt, dann ist das ein Hindernis, das euren Weg versperrt. Ihr habt den Zustand der Vollkommenheit noch nicht erreicht, die Wahrheit liegt euch noch fern. Euch davon zu überzeugen, euch die Wahrheit zu zeigen, dazu bedarf es eines Satguru. Seine Gnade ist absolut notwendig.

Der Guru weiß alles, was es zu wissen gibt. Er weiß, daß es nur Illusionen sind, was ihr seht und hört, und er bringt euch zu dieser Einsicht. Er ermutigt und inspiriert euch unablässig, immer weiter über den Dschungel der Illusion hinauszugehen, bis ihr die Quelle der Erleuchtung erreicht.

Auf der spirituellen Reise kommt ein Zeitpunkt, an dem euer Wachstum spontan wird. Ihr wißt vielleicht nicht, daß ihr innerlich wachst, aber der Guru weiß es. Diese Stufe spontanen Wachstums zu erreichen erfordert viel eigene Bemühung. Es ist, als schösse man eine Rakete in den Weltraum. Viel menschliche Anstrengung und Treibstoff sind nötig, um die Rakete über die Sphäre der irdischen Schwerkraft hinauszubringen. Sobald sie aber die Anziehungskraft der Erde hinter sich gelassen hat, steigt sie automatisch weiter auf, und dann kann sie die Umlaufbahn eines anderen Planeten erreichen. Ebenso muß der *sadhaka* große eigene Anstrengungen unternehmen, bis er die Stufe spontanen Wachsens erreicht. Sobald er auf dieser Stufe steht, spielt sich die innere Verwandlung mühelos ab, sogar ohne sein eigenes Wissen. Aber der Guru weiß es, weil er es ist, der den *sadhaka* auf diese Ebene gebracht hat. Es ist der Guru, der ihn mit Gnade überhäuft, so daß er den letzten Schritt tun kann.

Der endgültige Übergang in diesen Zustand kann ohne die Hilfe des Guru nicht erfolgen. Er weiß als einziger, daß spontanes Wachstum stattfindet und daß das endgültige Ziel bald erreicht sein wird. Er weiß, daß seine Gnade bereits zu dem *sadhaka* hinfließt und schon bald Frucht tragen wird. Für den *sadhaka* kann diese Periode wie eine Wartezeit erscheinen, weil er sich der inneren Transformation, die stattfindet, nicht bewußt ist. Er weiß nicht, daß der Guru ihm seine Gnade gewährt hat. Für ihn ist es eine Periode, in der alle bewußten Bemühungen aufhören. Er kann nichts tun als warten. Dann tritt es ganz plötzlich ein, das innere Erwachen. Ohne sein eigenes Wissen bringt ihn die Gnade des Guru dahin. Es geschieht wie aus dem Nichts. Das kann jederzeit und an jedem Ort geschehen.

Die Gnade des Satguru ist das Allerwichtigste. Ohne seine liebende Fürsorge, seine mitfühlenden Blicke und liebevolle Berührung kann man das Ziel nicht erreichen. Mit jedem mitfühlenden Blick und jeder Berührung überträgt er seine Gnade. Betet deshalb um seine Gnade!»

# 25

# Die Kunst des Sterbens

Am Abend saß Amma nach dem *bhajan* im Kreis der Devotees auf der Veranda des Tempels. Einer der *brahmacharins* fragte: «Amma, wir haben dich oft sagen hören, daß die Mahatmas und alle heiligen Schriften erklären, man solle ein dringendes Verlangen danach haben, das Selbst zu erkennen oder die Fesseln weltlicher Hörigkeit zu zerbrechen. Was meinst du mit diesem dringenden Verlangen?»

Mutter: «Es ist das dringende Verlangen, Gott oder das Selbst kennenzulernen. Angenommen, bei dir wurde eine sehr ernste Erkrankung festgestellt. Die Ärzte sagen, du müßtest sofort anfangen, ein bestimmtes Medikament zu nehmen, ohne jede Verzögerung. Was tust du dann? Du wirst sogleich versuchen, das Medikament zu bekommen. Vielleicht erfährst du, daß es sehr teuer ist, aber das spielt keine Rolle; du kümmerst dich nicht um den Preis. Wenn es am Ort nicht vorrätig ist, fährst du in die nächste Stadt, und wenn du es auch dort nicht erhältst, fährst du in die nächste Großstadt. Vielleicht mußt du sogar in ein anderes Land reisen, um dich behandeln oder operieren zu lassen. Dann tust du auch das und zögerst nicht, diese Schritte zu unternehmen. Es gibt natürlich Leute, die es sich nicht leisten können, aber die meisten Menschen würden alles tun, um Heilung zu finden. Warum? Weil die Krankheit ihr Leben bedroht, und sie wollen nicht sterben. Du willst diese schöne Welt und alles, was dir lieb ist, nicht verlassen. Du willst dich von den Menschen und Dingen, die du liebst, nicht trennen. Der bloße Gedanke an den Tod läßt dich erzittern. Versuche einmal, dir vorzustellen, wie es sein wird, wenn du stirbst! Der Körper, den deine Angehörigen, deine Frau, deine Kinder und Eltern so sehr geliebt haben, wird zur Begräbnisstätte getragen. Niemand will ihn bei sich behalten. Niemand will ihn auch nur ansehen, denn sein bloßer Anblick ist furchterregend. Jedermann möchte ihn so schnell wie möglich loswerden. Also wird dein Körper zum Friedhof gebracht, oder jemand zündet den Scheiterhaufen an, und es ist für immer mit dir vorbei. Der Gedanke, daß die Welt nach deinem Tod ohne dich weitergeht, läßt dich erzittern. Alles Schöne wird dir entgehen: dein Haus, deine Freunde, deine Frau, deine Kinder, die Blumen im Garten und ihr Duft. Der Gedanke, daß du nichts von alledem wiedersehen wirst, daß du nie wieder in das hübsche, lächelnde Gesicht deines Sohnes schauen wirst, daß dir alles genommen werden wird, was du liebst, macht dich ganz elend. Die Natur in ihrer ganzen Schönheit, die Flüsse, die Berge und Täler, Sonne, Mond und Sterne, den Ozean – du wirst sie nicht mehr sehen. Feste und Feiern, die liebenden und tröstenden Worte deiner Frau oder deines Mannes, die zärtlichen Liebkosungen deiner Lieben, alles wird vorbei sein. Du weißt nicht, wohin du gehen wirst, aber du nimmst an, daß nichts als Finsternis um dich herum sein wird. Du bist hilflos. Kannst du dir das vorstellen? Der bloße Gedanke an den Tod macht dir Angst. Die bloße Vorstellung des Zustands von Hilflosigkeit, in den du gerätst, wenn der Tod kommt, kann das dringende Verlangen erwecken, dein Leben zu retten. Dieser nachdrückliche Wunsch gleicht dem intensiven Verlangen, das lebensrettende Prinzip, die höchste Wahrheit, zu finden. Es ist das Verlangen, die Unsterblichkeit des Selbst zu erfahren.

Viele Menschen wollen nicht meditieren, weil die Erfahrung von Stille in der Meditation sie zu dem Gedanken bringt, sie würden nun sterben. Sugunan-Acchen (Ammas Vater) hatte immer große Angst, wenn Amma meditierte. Man sagte Amma, daß er, wenn die Meditation mehr als ein paar Stunden dauerte, immer dachte, sie würde sterben. Um Amma vor dem Sterben zu bewahren, schüttelte er sie heftig oder goß ihr einige Eimer voll Wasser über den Kopf. Der arme Acchen hatte keine Vorstellung von Meditation. Er wußte nicht, daß Meditation das rettende Prinzip ist, daß sie unsterblich und ewig macht. Meditation trägt euch aus dem Kreislauf von Tod und Wiedergeburt hinaus. Meditation ist wie Ambrosia, die Speise der Götter. Sie gebietet der Furcht vor dem Tod Einhalt; sie versetzt euch in den egolosen Zustand. Wenn ihr das Gemüt erst einmal transzendiert habt, gibt es keine Angst mehr vor dem Sterben. Meditation und spirituelle Übungen geben euch die Kraft und den Mut, den Tod anzulächeln. Meditation hilft euch, alles als ein wunderbares Spiel anzusehen, so daß auch der Moment des Todes zu einer beglückenden Erfahrung wird.

Dieses Verlangen kommt erst dann auf, wenn alle eure Hoffnungen und Träume zusammenstürzen. Sie müssen zerbrechen, weil ihr das Glück an einer Stelle sucht, wo ihr es nicht finden könnt. Das Glück liegt in euch, aber ihr sucht es außerhalb. Aus diesem Grund sind Enttäuschungen unvermeidlich. Ihr beginnt zu fühlen, daß euer Leben in Gefahr ist und daß ihr euch auf nichts als auf Gott oder eine universale Macht verlassen könnt. Die Furcht, daß der Tod euch alles nehmen wird, läßt euch nach einem Ausweg suchen. Die Suche bringt euch auf den wirklichen Weg, den spirituellen Weg, der euch schließlich zu eurem wahren Selbst führt.

Der Mensch will ewig leben. Niemand möchte sterben. ‹Leben und Liebe, nicht Tod› – dieser Wunsch ist instinkthaft in jedem Lebewesen vorhanden. Die Menschen wollen leben und immer weiter leben. Sie haben den Drang, sich an alles zu klammern, was ihnen Halt bietet. Sie wollen nichts verlieren. Es gibt eine Vielfalt von Rezepten und Methoden, wie man richtig leben soll, die von zahllosen Menschen auf der ganzen Welt empfohlen werden. Sie werben mit Sprüchen wie: ‹Verwirkliche deinen Herzenswunsch, ohne dich anzustrengen!› oder ähnlichen Slogans, um euch zu verlocken, ihre Methode zur Erlangung von ‹Glück› und ‹Zufriedenheit› zu kaufen. Aber es findet niemand außer dem echten Sucher den wirklichen Weg. Nirgendwo in der Welt kann man lernen, wie man sterben soll: nämlich dem Ego, den Bindungen, dem Zorn, der Angst und allem, was euch davon abhält, vollkommenen Frieden zu erlangen, zu sterben. Der Mensch weiß nicht, daß er in dem Vorgang des Besitzens, Meisterns und Gewinnens letztlich der Verlierer ist. Er erleidet schließlich einen großen Verlust, einen Verlust, den er nie mehr wettmachen kann. Er büßt die Chance ein, den Kreislauf von Tod und Wiedergeburt zu durchbrechen, worin das wirkliche

Ziel dieses Lebens in menschlicher Gestalt liegt. Der bloße Gedanke: ‹Ich gewinne ja überhaupt nicht, ich verliere› kann euch manchmal dazu verhelfen, daß das dringende Verlangen erwacht und ihr auf den spirituellen Weg kommt.»

Alle hörten Ammas Worten ehrfürchtig zu. Sie fuhr fort: «Ihr alle habt von Tulsidas[1] gehört. Wir kennen ihn heute natürlich als einen Heiligen, aber bevor er sich auf die spirituelle Suche machte, lebte er als Geschäftsmann. Er war über alle Maßen in seine Frau verliebt. Er hing so sehr an ihr und hatte ein solches körperliches Verlangen nach ihr, daß er nicht einmal zur Arbeit gehen wollte. Als sie einmal zu Besuch in ihrem Elternhaus war, wurde Tulsidas' Sehnsucht nach ihr so unwiderstehlich, daß er im Dunkeln bei Wind und Regen eine weite Strecke zurücklegte, nur um bei ihr zu sein. Er war so besessen von dem Wunsch, zu ihr zu kommen, daß er einen Leichnam für ein Boot ansah, mit dem er einen reißenden Fluß überquerte. Schließlich erreichte er nach Mitternacht sein Ziel, nur um zu entdecken, daß alle Türen verschlossen waren. Weil das Zimmer seiner Frau im ersten Stock lag, mußte er hinaufklettern. Er nahm eine Pythonschlange, die er für ein dickes Seil hielt, kletterte hinauf und schlüpfte in das Zimmer seiner Frau. Nach allen seinen Schwierigkeiten erwartete er, daß seine Frau glücklich wäre, ihn zu sehen. Aber statt dessen schämte sie sich so wegen seines überspannten Verlangens nach ihr, daß sie zu ihm sagte: ‹Hättest du dieses Verlangen nach mir auf Gott gerichtet, dann hättest du schon vor langer Zeit Gottverwirklichung erlangt.›

Diese Worte trafen Tulsidas als Schock, als Schlag für sein Ego, und er muß sich seiner unvernünftigen und törichten Anhänglichkeit an sie zutiefst geschämt haben. Kurzentschlossen machte er eine totale Kehrtwendung: Er richtete seinen Geist mit aller Kraft nach innen. Im selben Moment erkannte er die schwere Bürde seines Gebundenseins, die er im Namen seiner Liebe getragen hatte. Sein Herz setzte für einen Moment aus, um sich

---

[1] Tulsidas schrieb das Epos *Ramacharita Manas,* eine neuere Version des ursprünglich von Valmiki verfaßten *Ramayana.*

der Last zu entledigen, und dann füllte es sich mit reiner Liebe zu Gott. Jetzt entschloß er sich, sich von seinem Körperbewußtsein zu lösen und im Gottesbewußtsein zu leben. Er verließ Frau und Heim und wanderte als Asket durchs Land. Später wurde er der berühmte Heilige, den wir als Tulsidas kennen.»

Nach ein paar Minuten fuhr Mutter fort: «Die plötzliche Offenbarung, die sich bei vielen großen Seelen ereignet hat, kann auch euch zuteil werden. Jeder Mensch wird darauf vorbereitet, diesen endgültigen Zustand zu erreichen, in dem alles Verhaftetsein an die Welt, alles Egohafte, fallengelassen wird. Ihr könnt heute bewußt oder unbewußt versuchen, es zu vermeiden, aber früher oder später müßt ihr euch von allem lösen, was ihr euer eigen nennt. Ihr glaubt noch, eure Lebenszeit sei unbegrenzt, aber nach und nach wächst euch diese Erkenntnis, auch wenn ihr das nicht bemerkt. Innerer Friede, das ist die endgültige Bestimmung für alle Seelen. Wenn die Hindernisse fallen, wird das Ego verschwinden, und ihr kämpft und denkt nicht mehr. Ihr werdet euch einfach verbeugen und euch hingeben. Tief innerlich wartet jede Seele darauf, daß dieses große Gehenlassen sich ereignet. Die meisten Menschen ahnen dies nur noch nicht, weil ihr Bewußtsein so unentwickelt ist, aber eines Tages wird dieses intensive Verlangen auch sie überkommen.»

Ein *brahmacharin* fragte: «Amma, du sagtest: ‹Nirgendwo in der Welt kann man lernen, wie man sterben soll.› Ist Sterben etwas, das erlernt werden kann? Könntest du das bitte erklären?»

«Ja, das Sterben ist eine Kunst, die man lernen und einüben muß. Das kannst du jedoch nur, wenn du dein Ego aufgibst, und das ist nicht möglich ohne Meditation.

Weil der Tod die größte Bedrohung, der größte Schrecken, der größte Schlag für das Ego ist, versuchen die Menschen fortwährend, den Tod zu vergessen, indem sie hinter den Genüssen der Welt herrennen, indem sie Wünsche wachrufen und sich erfüllen.

Mit jedem Geburtstag kommen wir dem Tod einen Schritt näher. Es ist auch ein Todestag. Geburtstage sollen uns auch an den Tod erinnern. Aber daran wollen wir nicht denken; deshalb feiern wir ihn als einen Tag der Geburt. Wir arrangieren ein großes Festessen, laden Freunde und Verwandte ein, die ‹Happy birthday to you› oder ‹Lang lebe das Geburtstagskind› singen.

Wir denken nur an das Leben und wollen den Tod vergessen, weil wir ihn als vollständige Vernichtung empfinden, als totale Zerstörung und Auflösung alles dessen, von dem wir meinen, das seien wir selbst. Wir wollen an diese Auflösung nicht denken. Und doch kommt dieser Gedanke immer wieder, und er drängt sich um so stärker auf, je mehr wir uns bemühen, den Tod zu vergessen. Und je öfter wir an den Tod und die damit verbundene Ungewißheit denken, desto mehr werden wir von Angst erfüllt, die uns den inneren Frieden raubt. Erst wenn wir die Unausweichlichkeit unseres eigenen Todes erkennen, werden wir ein dringendes Verlangen verspüren, inneren Frieden und wahres Glück zu suchen. Darum muß man lernen zu sterben, um ein wirklich glückliches Leben zu führen. Aber leider wissen wir nicht, wie man in Frieden stirbt.

Auf der ganzen Welt sterben die Menschen in großen Schmerzen, mit großem Kummer und Leid. Niemand will aber leiden, daher die Furcht vor dem Tod. Alle klammern sich an diese schöne Welt, an den Körper, ihren Besitz, ihre Freunde und Verwandten, ihr Haus und so weiter. Der Gedanke, daß der Tod ihnen alle diese Dinge wegnehmen wird, ist für sie in höchstem Grade schmerzlich. Sie leiden, weil sie nicht loslassen wollen. Sie wollen sich am Leben festklammern, und dies führt zu einem großen inneren Widerstreit, der die Ursache der bitteren Qualen beim Sterben ist. Viele Menschen sind bewußtlos, wenn sie sterben, aber innerlich spielt sich ein Kampf, ein Ringen ab – ein hilfloses Ankämpfen gegen den eintretenden Tod.

Sterbt nicht unbewußt! Lernt, bewußt zu sterben! Wenn ihr lernt, bewußt zu sterben, könnt ihr euer nächstes Leben weitgehend selbst bestimmen. Oder wenn ihr gar nicht mehr in diese Welt kommen wollt, ist auch das möglich.

Amma hat von einem Mahatma gehört, der tödlich vergiftet wurde. Er nahm das Gift lächelnd an und hörte dem Gefängnisdirektor sehr interessiert zu, der ihn instruierte, wie er das Gift trinken sollte. Seine Hände zitterten nicht, denn er hatte keine

Angst oder Furcht vor dem Tod. Ruhig und gelassen schluckte er das Gift und betete dabei. Als er dalag und auf den Tod wartete, beschrieb er sogar, wie das Gift in seinem Körper wirkte. Er starb bewußt, nicht unbewußt. Das ist Sterben, wie es sein soll. Für einen solchen Menschen ist der Tod eine reale Erfahrung. Der Mensch ist Bewußtsein, deshalb muß er lernen, bewußt zu leben und zu sterben.

Lernt, glückselig zu sterben! So, wie ihr euren Geburtstag feiert, laßt auch den Tod und das Sterben zu einem Augenblick großer Festlichkeit und Freude werden. Dies kann nur geschehen, wenn ihr während eures Lebens lernt loszulassen. Durch Meditation könnt ihr dahin kommen, daß ihr das Anklammern, das Festhalten aufgebt. Euer ganzes Leben sollte eine Vorbereitung auf ein glückliches Sterben sein. Ihr könnt nur dann ein glückliches Leben führen, wenn ihr die Bereitschaft erlernt habt, dem Tod willig gegenüberzutreten. Dann werdet ihr erkennen, daß Tod und Leben zwei Aspekte der einen Wahrheit sind. Ihr werdet erkennen, daß der Tod nicht völlige Vernichtung, sondern totale Befreiung vom Zugriff des Ego ist.

Lernt, den Tod zu akzeptieren, den Tod willkommen zu heißen! Seid freundlich zum Tod, und der Tod wird euer Freund werden! Wenn ihr lernt, den Tod als Freund zu empfangen, wird jede Art von Furcht vergehen, und ihr werdet beginnen, in wirklichem Frieden zu leben.

Schon der nächste Augenblick gehört uns nicht; nur die Gegenwart ist unser. In der Gegenwart zu leben, die Vergangenheit loszulassen und die Zukunft zu vergessen, ist wirkliches Leben. Wir wissen nicht, ob wir im nächsten Augenblick noch hier in diesem Körper sein werden. Wir wissen nicht, ob wir die Dinge und Gegenstände, die wir jetzt benutzen, im nächsten Moment noch brauchen. Vielleicht atmen wir aus und atmen nie mehr ein. Wer weiß, ob wir morgen wieder aufwachen? Die großen Heiligen und Weisen lebten immer von Augenblick zu Augenblick. Sie machten nie Pläne für die Zukunft.

Nur ein Mensch, der von Augenblick zu Augenblick lebt, kann ganz frei sein von Furcht. Ein solches Leben ist nur durch Meditation und spirituelles Üben möglich. Wo Ego ist, da ist auch Furcht vor dem Tod. Wenn das Ego einmal transzendiert ist, wird man egolos, und auch die Todesfurcht vergeht. In diesem Zustand wird der Tod zu einem großen festlichen Ereignis. Für jene, die von Augenblick zu Augenblick leben, ist der Tod keine angsterregende Erfahrung; im Gegenteil, er wird zu einem Erlebnis, in dem Friede und Liebe vorherrschen.

Die fortwährende Erinnerung an die Möglichkeit des Todes ist der beste Weg, Demut zu lernen. Demut ist Hingabe; Hingabe heißt, sich vor allem Sein tief zu verbeugen. Dann kann es kein Ego mehr geben. Wenn ihr egolos werdet, gibt es keinen Tod mehr, denn ein Mensch ohne Ego kann nicht sterben, weil er kein Körper mehr ist, sondern nur noch Bewußtsein. Nur Menschen, die sich mit dem Körper identifizieren, sterben.»

Ammas tiefgründige Worte über das Leben von Augenblick zu Augenblick, über das Sterben und darüber, wie der Augenblick des Todes zu einem glückseligen Erlebnis werden kann, lassen uns an die großartige Feststellung der *Upanishaden* denken: *«Eha atraiva»*, was bedeutet: die Selbstverwirklichung findet hier statt, gerade jetzt – in diesem Moment.

## 26

# Den Tod in die Arme nehmen

Ein Devotee stellte eine andere Frage: «Amma, welches ist die beste Methode, das Ego fallenzulassen und den Tod liebevoll in die Arme zu nehmen?»

Amma: «Habe Vertrauen, vertraue einfach auf den Guru! Nur Vertrauen zu einem vollkommenen Meister wird dir helfen, das Ego und alles egozentrische Denken fallenzulassen. Dadurch wirst du fähig, den Tod liebevoll zu umarmen. Lebe dein Leben auf schöne Weise! Die Schönheit, die dein Leben durchdringt, zeigt sich in der Schönheit deines Todes. Ein solches Leben zu führen ist jedoch nur möglich, wenn du dich einem wirklichen Meister anvertraust. Das wiederum bedeutet, sich dem Ganzen des Seins hinzugeben.

Ein echter Meister lehrt dich, alles, was im Leben geschieht, zu akzeptieren. Er hilft dir, dankbar zu sein für das Gute wie für das Böse; für das Richtige und das Falsche; für Feind und Freund; für jene, die dir Schaden zufügen, und jene, die dir helfen; für jene, die dich in den Käfig sperren, und jene, die dich aus dem Käfig befreien. Der Meister hilft dir, die dunkle Vergangenheit und die leuchtende Zukunft, die voll von tausend Versprechungen ist, zu vergessen. Er hilft dir, das Leben in seiner ganzen Fülle im gegenwärtigen Moment zu leben. Er läßt dich wissen, daß das Ganze der Natur – jedes Ding und jeder Mensch, sogar dein Feind – dir hilft, dich zu entwickeln und Vollkommenheit zu erlangen.

Wenn jemand für alles dankbar ist, wird er alles aufgeben, um den Tod mit einem Lächeln auf seinem Gesicht liebevoll in die Arme zu nehmen. Für einen solchen Menschen ist der Tod außerordentlich schön. Er ist für ihn kein Feind, vor dem man sich fürchten müßte. Im Gegenteil: Der Tod wird sein größter Freund.

Wenn du das Leben nicht kennst, kannst du auch den Tod nicht kennenlernen. Für einen Menschen, der das Leben nicht kennengelernt hat, der es nicht in seiner ganzen Fülle gelebt hat, ist der Tod Finsternis; er ist das Ende. Aber für einen Menschen, der das Leben kennengelernt hat, ist der Tod das wahre Herz allen Seins. Sein Leben blüht im Tode auf. Das ist der Grund dafür, daß große Meister, auch wenn ihre Körper litten, mit einem glückseligen Lächeln sterben konnten. Sie umarmten das Leben mit überströmender Liebe. Sie umarmten das Ganze des Seins, alle Erfahrungen, die guten wie die bösen; deshalb konnten sie auch den Tod in die Arme nehmen.

Diese Kunst des Sterbens kann man nur lernen, wenn man sich einem wahren Meister unterordnet. Er hilft deinem Ego zu sterben, und er hilft dir zu leben.

Es gibt keine Garantie für die Zukunft, für den nächsten Augenblick. Nur der Tod allein ist uns sicher. Dieser Moment gehört noch dir, doch der nächste kann den Tod bringen, wer weiß es? Lebe daher jeden Augenblick bewußt!»

# 27

# Das Studium der Schriften

Nachdem am Vortag ein Mann den *ashram* besucht hatte, der durch Arroganz, Eitelkeit und unangebrachten Stolz auf seine Kenntnis der heiligen Schriften unangenehm aufgefallen war, sagte ein Bewohner des *ashram:* «Amma, wenn das Studium der heiligen Schriften so viel Ungutes in einem Menschen hervorrufen kann, dann will ich sie nicht studieren. Ich will nichts Böses in mir nähren und so der Gesellschaft keinen Schaden zufügen.»

Amma: «Das Studium der heiligen Schriften muß nicht zwangsläufig dazu führen, daß das Ego in dir zunimmt. Was zu einem großen Ego führt, ist ein falsches Verständnis der Schriften. Ein solches Studium ist kein bloßes Ansammeln von Informationen über *atman* oder Selbst. Über etwas, was jenseits von Worten und Verstand liegt, über etwas Unbegreifliches, kann man keine Kenntnis erlangen. Du kannst Informationen über Leute, Dinge, Orte in der Welt und über Themen aller Art zusammentragen. Dies alles sind Produkte des menschlichen Intellekts. Aber du kannst nicht über das Bewußtsein Informationen sammeln. Reines Bewußtsein vermagst du nur zu verstehen, wenn du deinen Intellekt, dein Verstandesdenken aufgibst. Das Studium der Schriften soll dir helfen, dein Ego abzulegen; es soll über alle Erklärungen und Interpretationen hinausgehen. Es soll beweisen, daß Worte nicht ausreichen, diesen Zustand ganz zu erklären. Das Studium der Schriften soll dir eine Vorstellung von Spiritualität vermitteln und den Nutzen eines spirituellen Lebens verdeutlichen. Denke daran, daß alle Aussagen und Erklärungen in den heiligen Schriften von Menschen gemacht wurden, die über das Ego hinausgegangen sind. Um die Wahrheit der Aussagen in den Schriften zu erkennen, muß deren Studium einhergehen mit dem ernsthaften Bemühen, das Ego aufzugeben.

Bloßes Wissen und alles Denken hindern das Gemüt daran, die Wahrheit zu erfahren. Nimm an, du willst die Schönheit einer Blume erfahren. Um sie wirklich zu erkennen, mußt du aufhören, dich mit verstandesmäßigen Interpretationen einzumischen. Schau die Blume einfach an, und du wirst ihre Schönheit erfahren! Ebenso kann die wahre Bedeutung der Schriften nur in der Stille des Gemüts erkannt werden. Dort wirst du sie wirklich erfassen und ihre Fülle erfahren. Wahre Einsicht kann nur wachsen, wenn man den Verstand vom fortwährenden Urteilen abhält. Studiere die heiligen Schriften, aber glaube nicht, das sei alles, was zu tun ist! Glaube nicht, es gäbe lediglich das Studium der Schriften. Es muß von spirituellen Übungen begleitet sein. Die Wahrheit kann nicht erklärt oder interpretiert werden, die Wahrheit kann man nur erfahren. Es schadet nicht, die Schriften in dieser Haltung zu studieren. Studiere sie, aber bleibe dabei unbefangen wie ein Kind! Dann wirst du innerlich wachsen.»

Nach einer kurzen Pause erzählte Amma folgende Anekdote: «Habt ihr diese Geschichte gehört? Es gab einmal einen Mahatma, der einem jungen Mann, nachdem er ihn als geistigen Schüler angenommen hatte, auftrug, alles niederzuschreiben, was er über das spirituelle Leben wußte. Der Mahatma sagte: ‹Du mußt versuchen, alles aufzuschreiben, was du über Religion und Spiritualität weißt. Das wird dir sehr gut tun.› Der gehorsame Schüler tat, wie ihm aufgetragen war. Mehr als ein Jahr danach hatte er die Aufgabe schließlich ausgeführt und kehrte mit einem sehr dicken Buch unter dem Arm zum Meister zurück. Als er es ihm gab, sagte er: ‹Ich habe hieran ein Jahr lang sehr hart gearbeitet und versucht, alles niederzuschreiben, woran ich im Zusammenhang mit Spiritualität und Religion denken konnte. Die Aufgabe, die Ihr mir übertragen habt, ist noch längst nicht vollendet, aber ich dachte, es sei das beste, Euch zu zeigen, was ich bisher getan habe.›

Der Meister sah das dicke Bündel von Papieren durch und sagte zum Schüler: ‹Du hast offensichtlich viel Zeit und Mühe hier hineingesteckt. Es ist eine sehr überzeugende, klare und präzise Arbeit, aber sie ist viel zu lang. Versuche, ein bißchen zu kürzen!› Der junge Mann ging fort und arbeitete fünf Jahre lang an dieser Aufgabe. Als er diesmal zu seinem Guru zurückkehrte, legte er ihm ein halb so dickes Dokument vor. Der Guru las es und sagte ermutigend: ‹Sehr gut. Du hast die wesentlichen Ideen berücksichtigt und bist dem Kern der Sache wirklich nahegekommen. Und deine Art der Darstellung hat Klarheit und Kraft. Aber es ist immer noch zu lang. Versuche, es noch ein bißchen mehr zusammenzufassen, um zur eigentlichen Essenz zu kommen!›

Obwohl der Schüler ein bißchen entmutigt war, das zu hören, akzeptierte er, was der Guru ihm sagte, und arbeitete lange hart daran, zum Kern vorzudringen. Diesmal mühte er sich zehn Jahre lang ab, und als er zum Meister zurückkam, verbeugte er sich tief vor ihm, überreichte ihm in aller Demut ganze fünf Seiten und sagte: ‹Dies ist das Destillat meines spirituellen Wissens, der wirkliche Kern meines Lebens. Dies ist es, was mir Religion bedeutet. Ich bin Euch zutiefst dankbar, daß Ihr mir diese Lehre gegeben habt.› Diesmal las es der Meister sorgfältig und gründlich. ‹Ausgezeichnet!› sagte er. ‹Du bist wirklich durch spirituelle Arbeit zu diesem Ergebnis gekommen, aber es ist noch nicht ganz vollkommen. Es bedarf noch einer weiteren Straffung.›

Jahre vergingen, und eines Tages, als der Guru sich darauf vorbereitete, seinen Körper abzulegen, traf sein Schüler ein. Er verbeugte sich vor dem Meister, überreichte ihm ein einziges unbeschriebenes Blatt Papier und bat dann um seinen Segen. Der Meister legte seine Hände freudig auf den Kopf seines treuen Schülers, gewährte ihm den Segen der Selbstverwirklichung und sagte: ‹Jetzt hast du wirklich verstanden. Jetzt weißt du.› Der Schüler saß schweigend zu Füßen seines Guru, während sein Meister seine körperliche Hülle ablegte, um die Reise zur ewigen Heimstatt anzutreten.»

Amma unterbrach sich für einige Zeit und sagte dann: «Nur die Haltung ‹Ich bin nichts, ich weiß nichts› wird euch helfen, den endgültigen Zustand zu erreichen. Nur das wird euch dazu verhelfen, daß die Gnade des Guru euch zufließt. Nähert euch den Schriften in dieser Haltung, und ihr werdet Gewinn daraus ziehen! Und versucht auch, nachdem ihr die Schriften studiert habt, die Haltung ‹Ich habe nichts studiert; ich weiß nichts› beizubehalten. Das wird euch zum wahren Ziel bringen. Bemüht euch, euer ganzes Leben hindurch wie ein Kind zu bleiben, dann werdet ihr wirklich lernen. Studiert die Schriften in dieser Haltung!»

# 28

# Die Karma-Theorie

Eines Nachmittags kam eine Gruppe von akademisch gebildeten Männern und Frauen, die sich regelmäßig zu spirituellen Sitzungen trafen, um Amma zu sehen. Sie alle saßen mit ihr in einer Hütte. Einer von ihnen fragte: «Amma, die spirituelle Wissenschaft basiert auf der Theorie des *karma.* Wir alle glauben, daß man zwangsläufig die Früchte seines Handelns erntet, aber trotzdem ist die *karma*-Theorie nicht leicht verständlich. Amma, kannst du etwas über das *karma* und seine Wirkensweise sagen?»

Amma: «Vor allem darfst du nicht vergessen, daß die *karma*-Theorie eigentlich ein Geheimnis ist. Man kann sie in aller Ausführlichkeit erklären, und doch wird sie nur selten verstanden. Die *karma*-Theorie läßt sich nicht intellektuell beweisen; du kannst sie nicht mit wissenschaftlichen Instrumenten im Laboratorium analysieren.

Du kannst tagelang ununterbrochen zuhören, was über das *karma*-Gesetz gesagt wird, und doch wirst du unwissend darüber bleiben. Zu diskutieren und intellektuell überzeugende Vorträge anzuhören ist wie eine Droge. Du kannst süchtig werden; es kann zur Gewohnheit werden. Sei also vorsichtig!

Es ist nicht so wichtig, das Gesetz des *karma* zu analysieren. Das Wichtigste ist, es zu transzendieren, den Kreislauf, der durch Unwissenheit hervorgerufen wird, zu verlassen.

Beim Versuch, das Gesetz des *karma* richtig zu erklären, stößt man auf eine weitere Schwierigkeit. In der Vergangenheit ausgeführte negative Handlungen müssen ihre Frucht nicht unbedingt in der nächsten Zukunft tragen, und für gute Handlungen gilt dasselbe. Wir sehen vielleicht einen unlauteren Menschen, der ein scheinbar angenehmes Leben führt, und einen guten Menschen, der ohne erkennbaren Grund leidet. Dies scheint dem Gesetz des *karma* zu widersprechen; du kommst vielleicht sogar zu dem

Schluß, daß es so etwas wie *karma* nicht gibt. Um seine Tragweite zu sehen, muß man das Gesetz des *karma* von einem Standpunkt höheren Bewußtseins aus überprüfen und beurteilen. Sonst könntet ihr es einfach ignorieren und abschätzig sagen: ‹Es ist Unsinn.› Um sich auf diese höhere Bewußtseinsebene zu erheben, muß man spirituelle Übungen ausführen und Glauben haben. Hierbei ist die Meßlatte nicht der Intellekt, sondern das Herz.

Ihr könnt gegen die Theorie des *karma* hundert Einwände erheben; ihr könnt sie immer wieder bestreiten. Ihr könnt vielleicht Wege finden zu beweisen, daß das *karma*-Gesetz ein Trugschluß ist – und doch wirkt das Gesetz des *karma* in eurem Leben. Ihr seid in seiner Gewalt. Andererseits könnt ihr vielleicht mit verschiedenen Ereignissen und Erfahrungen beweisen, daß dieses Gesetz existiert. Aber habt ihr es wirklich verstanden? Nein, das habt ihr nicht.

Ein Atheist glaubt nicht an die *karma*-Lehre. Er glaubt vielleicht an Ursache und Wirkung als eine wissenschaftliche Theorie, aber nicht als eine religiöse Glaubenswahrheit. Zum Beispiel sind seine Eltern die Ursache, und er ist die Wirkung; die Sonne ist die Ursache, und das Licht ist die Wirkung. Sein Glaube an die Theorie von Ursache und Wirkung verbindet sich nur mit dem, was er wahrnehmen kann, nur mit Fakten. Er glaubt nur an das Offensichtliche und nicht an das Absolute, das Unsichtbare. Wenn ihr an die Theorie des *karma* glaubt, müßt ihr an die unsichtbaren Hände Gottes glauben und daran, daß Gottes verborgene Macht die Ursache aller Erscheinungen ist.

Es ist so: Was hat dieses Leben, den gegenwärtig manifestierten Zustand, verursacht? Ihr sagt: ‹*Vasanas* aus dem vorigen Leben haben das bewirkt.› Doch weder euer früheres Leben noch die *vasanas* aus jenem Leben sind sichtbare Fakten; sie sind bloße Annahmen oder Vermutungen. Ihr müßt also an ein vergangenes Leben und an ein Leben davor glauben. Nach diesem Leben wird es wiederum ein weiteres geben, und danach noch eines und noch eines. In dieser Weise setzt sich die Kette immer weiter fort. Aber wir können uns weder an unsere früheren Leben erinnern, noch können wir vorhersagen, wie unsere zukünftigen

Leben sein werden. Was ist das also? Reiner Glaube, nicht wahr? Wenn ihr das Ganze nicht vom Standpunkt eines höheren Bewußtseins betrachtet, könnt ihr die Theorie des *karma* nicht akzeptieren. Deshalb sagte Amma, es sei reine Glaubenssache.

Das Leben spielt sich in Zyklen ab; das ganze Universum ist zyklisch. Ebenso wie sich die Erde in einem regelmäßigen Zyklus um die Sonne bewegt, folgt die ganze Natur einem zyklischen Schema. Die Jahreszeiten verlaufen in einem Kreis: Frühling, Sommer, Herbst, Winter, dann wieder Frühling, und so weiter. Aus dem Samen entsteht der Baum, der Baum bringt wieder Samen hervor, und die Samen werden zu Bäumen. Es ist ein Kreislauf. Ebenso ist es mit Geburt, Kindheit, Jugend, Alter, Tod und neuer Geburt. Die Zeit verläuft im Kreis, nicht in einer geraden Linie. Jedes lebende Wesen muß unausweichlich das *karma* und seine Wirkungen erfahren, bis das Gemüt still wird und man zufrieden in seinem Selbst ruht.

Immer wieder entstehen Zyklen: Aktion und Reaktion folgen einander. Die Zeit verläuft in Zyklen. Es ist nicht so, daß genau dieselben Ereignisse sich immerfort wiederholen. Vielmehr nimmt der *jivatman* (das individuelle Selbst) gemäß seinen *vasanas* unterschiedliche Formen an. Was geschieht, ist das Ergebnis von in der Vergangenheit ausgeführten Handlungen. Es geht immer weiter. Der Tod ist nicht das Ende; er ist der Beginn eines weiteren Lebens. Indem der Kreislauf des Lebens sich weiter dreht, tragen die Handlungen der Vergangenheit Frucht. Wir können nicht sagen, wann und in welcher Form die Frucht sich zeigt. Das ist ein nur dem Schöpfer bekanntes Geheimnis. Ob ihr glaubt oder nicht: die Früchte stellen sich ein, das Gesetz des *karma* wirkt. Aber versucht nicht zu ergründen, wie oder warum, denn der Zyklus des *karma* ist ebenso geheimnisvoll wie Gott. Auch das *karma* hat keinen Anfang, aber es endet, wenn man das Ego aufgibt, wenn man den Zustand der Verwirklichung erlangt.

Der Mensch strebt zu Gott hin, denn er ist seinem Wesen nach Gott. Die Evolution vom Menschen zum Gott ist ein langsamer Prozeß. Er erfordert viel Meißeln, Polieren und Umgestalten, viel Arbeit und enorme Geduld. Er kann nicht in Eile vollzogen werden. Eine Revolution spielt sich schnell ab, aber sie tötet und zerstört. Der Mensch ist ein Revolutionär; Gott ist evolutionär.

Der Kreis des Lebens verläuft langsam, weil das Leben evolutionär ist. Der Sommer kommt; dafür nimmt er sich seine Zeit; er ist nie in Eile. Auch alle anderen Jahreszeiten – Winter, Frühling und Herbst – lassen sich Zeit. Der Kreislauf ist langsam und stetig. Aber versucht nicht, den Zyklus des Lebens zu ergründen! Das ist nicht möglich. Die Jahreszeiten kommen und gehen; das ist eine Tatsache in der empirischen Welt. Und trotzdem sind sie ein Geheimnis, hinter dem sich die unsichtbare Macht Gottes verbirgt. Diese Macht sollte man nicht zu ergründen suchen – man sollte ihr vertrauen.

Versucht, den Kreislauf des *karma* zu vergessen! Es hat keinen Sinn, an die Vergangenheit zu denken. Sie ist ein abgeschlossenes Kapitel. Was immer getan wurde, ist getan. Richtet euch darauf ein, dem Jetzt gegenüberzustehen! Brütet nicht über die Vergangenheit oder über vergangene Handlungen nach! Wichtig ist das Jetzt, weil eure Zukunft davon abhängt, wie ihr euch der Gegenwart stellt. Nur wenn die fortwährende Gegenwart des Göttlichen euer ganzes Leben erfüllt, befindet ihr euch im Jetzt. Bis dahin lebt ihr entweder in der Vergangenheit oder in der Zukunft.

Die Macht des *karma* verhüllt unser wahres Wesen, aber gleichzeitig ruft sie das Verlangen hervor, die Wahrheit zu erkennen. Sie hilft uns bei der Rückkehr zu unserem wahren Sein. Der Kreislauf des *karma* ist ein großer Verwandler; man muß nur die Augen offenhalten, um das zu sehen. Er übermittelt uns die große Botschaft: ‹Dieses euer Leben ist die Auswirkung der Vergangenheit. Seid also wachsam: Eure jetzigen Taten bestimmen eure Zukunft. Wenn ihr Gutes tut, werdet ihr entsprechend belohnt; aber wenn ihr Fehler macht oder Schlechtes tut, werden diese Taten in gleicher Stärke zu euch zurückkehren.› Und für den wahren spirituellen Sucher lautet die Botschaft: ‹Es ist besser, wenn du den Kreislauf ganz zum Stillstand bringen kannst. Löse das Konto auf, und sei für immer frei!› Alle diese Beschreibungen und Erklärungen des *karma* haben den Zweck, die Menschen davon abzuhalten, sich selbst und anderen Schaden zuzufügen und sie daran zu hindern, sich von ihrem wahren Wesen oder von Gott zu entfernen.»

An diesem Punkt hörte Amma auf zu sprechen. Sie schloß die Augen und fing an, leise für sich zu singen. Eine Weile fuhr sie damit fort, während alle Anwesenden sich bemühten, ihre wohlklingende Stimme zu hören. Aber bald öffnete Amma die Augen wieder und forderte die *brahmacharins* auf, das Lied weiterzusingen: *Oru Nimishan Engilum ...*

O Mensch!
Du läufst den Freuden der Welt nach,
aber erfährst du wahren Frieden
auch nur für einen Augenblick?

Wenn du die Wirklichkeit nicht verstehst,
das Grundprinzip des Lebens,
wenn der Schatten der *maya*
dich heimsucht und täuscht,
wirst du gewiß unter Qualen vergehen,
wie die Motte in einer Flamme.

Im langen Prozeß der Evolution
durchliefst du zahllose Körper
von Würmern, Insekten, Reptilien,
Pflanzen und Tieren,
bis du zuletzt
als Mensch geboren wurdest.

Denke, o Mensch!
Und nutze die Unterscheidungskraft!
Was ist der Zweck dieses Lebens als Mensch?
Gewiß nicht, es zu vergeuden
auf der Jagd nach gewöhnlichen weltlichen Freuden.
Denke daran: die Geburt als Mensch
ist eine kostbare Möglichkeit
und eine große Verpflichtung.

O Mensch!
Lege ab deinen falschen Stolz,
dein Verlangen nach Erwerb und Besitz,
deinen Wunsch, in Genüssen zu schwelgen.
Wenn du nicht eins wirst
mit dem höchsten *Brahman,*
werden Frieden und Seligkeit niemals dein.

29

# Das Selbst ist immer frei vom Karma

Einer der Devotees brannte darauf, mehr über das *karma*-Gesetz zu erfahren und bat Amma, mit ihrem Vortrag fortzufahren.

Amma: «Unsere Vergangenheit ist nicht nur die Vergangenheit dieses Lebens. Sie läßt sich nicht nur vom jetzigen Zeitpunkt bis zur Geburt dieses gegenwärtigen Körpers zurückverfolgen. Die Vergangenheit umfaßt auch alle vorherigen Leben, durch die wir unter verschiedenen Namen und Formen gereist sind. Auch die Zukunft können wir nicht sehen; wir haben keine Kontrolle über sie. Wir können nicht voraussagen, was morgen geschehen wird. Die Wahrheit des *karma* ist daher vorwiegend eine Glaubenssache.

Wir müssen in bezug auf unser heutiges Handeln wachsam und vorsichtig sein, weil wir nicht wissen, welche Wirkung es morgen hervorrufen wird. Die Gegenwart ist der entscheidende Augenblick, und diesen Augenblick verpassen wir immer. Wenn wir in Gott, im Selbst allein, von Augenblick zu Augenblick leben, dann wird das Gesetz des *karma* aufhören, in uns zu wirken.

Wenn ihr das Selbst, euer wahres Wesen, verwirklicht, dann werdet ihr alles über das *karma* erfahren. Auch die Geheimnisse eurer früheren Inkarnationen werden euch enthüllt; ihr erkennt das Geheimnis des ganzen Universums, der ganzen Schöpfung. Bis dahin werdet ihr weiter Fragen über das *karma* stellen und versuchen, euch eine Meinung darüber zu bilden. Doch nur Selbstverwirklichung wird das Geheimnis lüften. Dann werdet ihr erkennen, daß das wahre Selbst immer gegenwärtig war und ist, daß es nie geboren wurde und nie sterben wird und daß es nie dem *karma*-Gesetz unterworfen ist.

Natürlich existiert das Gesetz des *karma,* aber es ist mehr eine Glaubenserfahrung als eine Tatsache. Eine Tatsache läßt sich beweisen, aber Glaube ist ein starkes Gefühl des Herzens, das mit Logik nicht erklärt werden kann.

Ein anderer Devotee fragte: «Amma, manchmal sind wahre Suchende großen Härten und Schwierigkeiten ausgesetzt. Warum ist das so?»

Amma: «Ihr seht vielleicht, wie ein ernsthafter spiritueller Schüler oder ein Mensch, der sich wirklich dem Göttlichen hingeben und ein Devotee werden will, viele Probleme und Schwierigkeiten hat. Das liegt daran, daß solch ein Mensch einen Reinigungsprozeß durchläuft. Alles Dunkle in ihm muß beseitigt werden. Es ist nicht nur der Schmutz, den ihr an der Oberfläche seht, der Schmutz, dessen ihr euch bewußt seid, sondern auch der Schmutz, den ihr nicht sehen könnt und dessen ihr euch nicht bewußt seid. Wenn ihr also den Läuterungsprozeß beginnt und in einer Haltung der Selbst-Hingabe vollzieht, kommt naturgemäß dieser ganze sichtbare und unsichtbare, offenbare und verborgene Schmutz nach oben.

Neulich erzählte eines der Kinder aus dem Westen Amma, daß man in seinem Land sogar Abwasser reinigen und in gutes Trinkwasser verwandeln kann. Wie macht man das? Indem man allen Schmutz beseitigt. Abwasser hat alle Arten von Schmutz und Verunreinigungen in sich. Genauso sind wir jetzt von Negativem und von Unreinheiten aller Art durchsetzt. So, wie das schmutzige Wasser durch verschiedene Verfahren gereinigt wird, brauchen auch wir intensive Reinigung. Wenn ein wahrer Sucher oder Devotee diesen manchmal schmerzlichen Reinigungsprozeß durchläuft, der in Wirklichkeit die Aufzehrung seiner *vasanas* ist, kann ein Skeptiker oder Atheist dieses Beispiel zum Beweis dafür nutzen, daß Gott nicht existiert. ‹Warum muß er so leiden, wenn Gott existiert?› wird solch ein Mensch sagen.

Die Leiden und Schwierigkeiten, die ihr im Leben eines Menschen beobachten könnt, der sich bemüht, ein echter spiritueller Schüler oder Devotee zu werden, dienen in Wahrheit der Beschleunigung seines Läuterungsprozesses. Durch das Aufzehren der sichtbaren wie der unsichtbaren *vasanas* werden karmische Fesseln gelöst. Er will frei sein von allen weltlichen Banden, und seine Haltung der Selbsthingabe bringt dies zuwege. Ein wahrer Sucher bemüht sich, sein Gemüt aufzulösen und über Intellekt und Körper hinauszugehen. Nur ein Mensch, der lange im Gefängnis war, kann das Glück der Freiheit wirklich genießen. Ähnlich kann nur ein Suchender, der sich der Disziplinierung durch einen Guru unterworfen hat und danach die Freiheit der Verwirklichung erfuhr, diese wirklich schätzen.

Diese Beschleunigung tritt nicht bei einem Devotee ein, der an seinen Bindungen, seinem Besitz, an Namen und Ruhm festhalten will. Seine Entwicklung wird sehr langsam verlaufen. Er will noch das Leben genießen. Aber auf diese Weise fügt er zu seinen schon bestehenden *vasanas* weitere hinzu, was wiederum die Kette seines karmischen Kreislaufs verlängert. Auch durch Selbstverhätschelung und ein Genußleben vergrößert sich die Entfernung, die man zur wirklichen Quelle des Seins zurücklegen muß. Der wahre Devotee oder Schüler kehrt dagegen schneller zu seinem wahren Wesen oder dem Selbst zurück, indem er sein *karma* verbrennt.»

In ernstem Ton fügte Amma hinzu: «Der Mensch ist gezwungen, den Kreis zu durchlaufen. Das Gesetz des *karma* ist seine tägliche Erfahrung, und doch glaubt er nicht daran und versucht daher auch nicht, es zu transzendieren.»

Voller Verwunderung hörten die Devotees und die anwesenden Gelehrten Ammas tiefgründigen Worten zu. Für ein paar Augenblicke herrschte Stille. Vielmals in der Vergangenheit hatte Amma überhaupt keine Antwort gegeben, wenn eine Frage nach dem *karma* oder dem Leben nach dem Tode gestellt worden war. Sie hatte dann einfach gesagt: «Das kann nicht erklärt werden, denn es ist reine Erfahrungssache. Es ist zu umstritten.» Und damit war das Thema beendet. Oder sie hatte gesagt: «Ihr braucht keine Erklärung. Versucht, aus dem Kreislauf des *karma* zu entkommen, anstatt darüber zu spekulieren.» Aber nun erläuterte Amma das Thema ganz ausführlich. Ihre Worte ergossen sich wie unsichtbare Ströme von Wahrheit in den Raum und drangen allen Anwesenden wie das Brausen des Ganges in die Ohren. Man konnte die Unterweisung beinahe körperlich fühlen, sie in sich aufnehmen und sie als kostbares, unvergeßliches Geschenk von Amma im Herzen tragen – als Geschenk zur Erinnerung und Betrachtung in schweren Zeiten.

Für eine Weile sprach oder bewegte sich niemand. Es war, als hätte die Macht von Ammas wohlklingenden Worten alle in einen Trancezustand versetzt.

«Amma, das ist etwas Außerordentliches», bemerkte schließlich einer der Besucher. «Deine Worte haben uns geholfen, viele unserer Bedenken aufzulösen. Jeden Sonntag treffen sich einige von uns im Haus eines Devotees. Wir diskutieren über verschiedene Themen, lesen aus den heiligen Schriften und teilen die Erfahrungen miteinander, die wir bei dir gemacht haben. Wir singen und meditieren. Das Gesetz des *karma* und seine Auswirkungen war eines der Hauptthemen bei unseren Gesprächen. Aber eins ist mir immer noch unklar, Amma. Du sagtest, daß der Mensch dem karmischen Kreislauf zum Opfer fällt. Heißt das, daß es daraus kein Entkommen gibt?»

«Nein, nein», erwiderte Amma, «das heißt es nicht. Nur für einen Menschen, der nicht an eine höchste Macht oder ein Ideal glaubt, gibt es kein Entkommen aus der Gewalt des *karma*. Ein gläubiger Mensch, der weiß, daß er die Früchte seines Handelns ernten muß, wird spirituelle Übungen wie *japa,* Meditation und Gebet praktizieren. Diese Übungen und die guten Taten, die er verrichtet, wirken als neutralisierende Kraft. Die guten Taten in der Gegenwart heben die Auswirkungen vergangener schlechter Taten auf. Glauben an Gott oder den Guru gibt einem Menschen die Stärke, sich dem unausweichlichen *karma* zu stellen; er dient als Rüstung, als schützende Kraft. Auch wenn der karmische Kreislauf wirksam ist, werden dessen Auswirkungen aufgrund seines Glaubens stark vermindert. Wir sprechen hier über einen Menschen, der an Gott glaubt, aber ein normales Leben in der Welt führt. Er ist vielleicht nicht so sehr darauf bedacht, den Kreislauf des *karma* zu beenden. Er wird vielleicht auf manches heftig reagieren, wütend werden und Schlechtes tun. Er hat vielleicht Wünsche und will Reichtümer ansammeln. Aber weil er an Gott glaubt, wird er auch spirituelle Praktiken wie Meditation und Gebet ausüben; und er wird gute Werke tun: den Armen zu essen geben und so weiter. Sein Handeln ist also ausgewogen. Dieses Gleichgewicht hilft ihm, die schwierigen Situationen, die in seinem Leben aufkommen, zu meistern.

Aber die Art und Weise, in der ein *sadhaka,* ein wahrer spiritueller Sucher, dem *karma* gegenübertritt, ist völlig verschieden von der eines gewöhnlichen Gläubigen. Ein *sadhaka* sorgt sich nicht darum, ob die Ergebnisse seines *karma* sich für ihn gut oder schlecht auswirken. Er macht sich keine Sorgen darum, ob ihm Glück oder Unglück widerfährt. Ein wahrer Sucher setzt seine ganze Energie daran, immer tiefer in sein eigenes Bewußtsein einzudringen. Er wird sich nicht um die Früchte seiner Handlungen kümmern; er gibt sich ganz dem Göttlichen hin und konzentriert sich völlig darauf, spirituelle Übungen auszuführen. Er läßt alles auf seine eigene natürliche Weise geschehen; er kämpft nicht dagegen an. Er weiß, daß sein *karma* einem Pfeil gleicht, der schon vom Bogen abgeschossen worden ist und der sein Ziel treffen muß. Der Pfeil kann ihm Schmerzen bereiten, ihn verwunden oder sogar töten, aber wenn das geschieht, spielt es für ihn keine Rolle. Es ist wie mit der Nadel eines Plattenspielers, die durch die Rillen einer Schallplatte läuft: Das Lied muß spielen, solange die Nadel des Lebens durch die Rillen läuft. Es kann ein scheußliches oder ein gutes Lied sein. In jedem Fall hat er es selbst erschaffen; es ist seine eigene Stimme. Er weiß, daß er sich dem Unausweichlichen zu stellen hat, auch wenn es schmerzt. Er wird nicht vor seinem *karma* weglaufen wollen, weil er weiß, daß es ein Läuterungsprozeß ist, daß die Flecken, die er in der Vergangenheit, in irgendeinem früheren Leben, verursacht hat, nun getilgt werden. Er will den Vorgang beschleunigen. Er weiß, daß es die Kette des *karma* verlängert, wenn er dagegen ankämpft oder darauf reagiert; deshalb bleibt er gelassen. Im Falle des *sadhaka* kann das *karma* nicht mit derselben Kraft oder Intensität wirken wie bei anderen Menschen. Der Einfluß seiner spirituellen Übungen wird eine schützende Kraft um ihn herum erzeugen. Und vor allem wird der echte Sucher immer den Schutz und die Gnade des Guru verspüren. Darum wird er auch in den schwierigsten Lagen Trost und Hilfe empfangen.

Ein echter Suchender hindert das Gemüt daran, sich in die Vergangenheit oder die Zukunft zu verlieren. Er versucht, sich der Gegenwart intelligent und mit Unterscheidungskraft zu stellen, und akzeptiert die gegenwärtigen Umstände, ohne auf sie zu reagieren. Jede Reaktion würde die Kette des *karma* verlängern; aus diesem Grund bemüht er sich, nicht zu reagieren. Sein ausschließliches Ziel ist, dem Wirken des *karma* ein Ende zu setzen.

Durch die Gnade eines Satguru kann man sein *karma* leicht überwinden. Befolge die von einem vollkommenen Meister gegebenen Anweisungen, und du wirst siegreich aus allen Nöten und Drangsalen hervorgehen! Es ist jedem Menschen bestimmt, gewisse Erfahrungen zu durchleben, gute wie auch böse. Aber wenn du den Anweisungen eines Satguru folgst, wirst du aus allen solchen Prüfungen unversehrt herauskommen. Dein Glaube an den Guru wird dein Herz und deine Seele mit gewaltiger Kraft und großem Mut erfüllen. Selbst der Tod kann dir nichts anhaben, wenn du die Führung und den Segen des Satguru hast.»

30

# Lebe in der Erwartung des Herrn!

Amma ging zu den Hütten der *brahmacharins,* wo sie ein paar Minuten in jeder Hütte verbrachte und den *brahmacharins* Anweisungen und Ratschläge gab, wie sie ihre Kleider aufhängen und ihren Altar, ihre Bücher und die Dinge ihres persönlichen Gebrauchs in Ordnung halten sollten. In einer Hütte war ein nicht sehr ordentlicher *brahmacharin,* der seine Sachen nicht sauberhielt. Vieles lag im Zimmer verstreut herum, und das Bild auf dem Altar war voller Staub. Mit ernster Miene wandte sich Amma dem *brahmacharin* zu und sagte: «Mein Sohn, hältst du so dein Zimmer in Ordnung? Nur ein Mensch ohne *sraddha* oder *bhakti* tut so etwas. Sieh dir deine Kleider an! Sieh, wie alle Bücher auf dem Boden verstreut sind! Sieh, wie verstaubt dieses Bild ist, dein *dhyana rupam!* (Form für die Meditation).»

Amma hob das Bild auf und sagte, während sie es herumzeigte: «Seht euch dieses Bild an! Dies ist die Form, über die er meditiert. Seht, wie nachlässig er mit seinem *dhyana rupam* umgeht. Kann jemand, der seine auserwählte Gottheit oder seinen Guru liebt, so etwas tun? Es heißt, daß man seine auserwählte Gottheit ebenso lieben soll wie sich selbst.» Zu dem nachlässigen *brahmacharin* gewendet fuhr sie fort: «Es ist ganz offensichtlich, daß du dieses Bild seit langem nicht mehr saubergemacht hast. Das zeigt, daß du deine auserwählte Gottheit nicht liebst.

Ein *sadhaka* soll das Göttliche oder die Gegenwart Gottes oder seines Guru überall sehen. Wenn ein Mensch sich bemüht, die Gegenwart Gottes überall zu sehen und zu fühlen, wird er äußere Reinlichkeit hochschätzen. Er denkt, daß Gott oder sein *ishta devata* überall wohnt, überall geht, überall sitzt. Voll intensiver Liebe und Hingabe wartet der *sadhaka* hoffnungsvoll darauf, daß er ihm erscheint. Der Sucher hat einen unstillbaren Durst, Gottes

Schönheit in sich hineinzutrinken, sein Herz mit der Gegenwart Gottes zu füllen – deshalb ist er voller Erwartung. Bei jedem Schritt, den er hört, bei jeder Bewegung, die er fühlt, in allem und jedem, was er anschaut, hofft er, seinen Herrn zu sehen, seine geliebte Gottheit. Er kann dem Herrn keinen schmutzigen, unsauberen Platz anbieten, er kann ihn nicht an einen unordentlichen, unsauberen Platz einladen. Der Herr ist sein Geliebter. Aber er weiß auch, daß der Herr allmächtig und allwissend und reiner als das Reinste ist. Dieses Bewußtsein erfüllt ihn mit Bewunderung und Ehrfurcht.

Was bietest du dem von dir am meisten geliebten Menschen an, dem Menschen, der dir am teuersten ist? Was würdest du ihm oder ihr geben wollen? Nur gute Dinge. Du würdest nie daran denken, einem solchen Menschen etwas Schlechtes anzubieten, nicht wahr? Nein! Also spiegelt sich deine Liebe und Zuneigung zum Herrn, zu deiner ausgewählten Gottheit oder deinem Guru in deinem Handeln, in der Schönheit deines Handelns. Das bedeutet nicht, daß Gott nur Gutes akzeptieren würde. Es ist wahr, daß er alles annimmt, was ihm mit Verehrung und Liebe geopfert wird. Aber wir haben noch nicht diesen Zustand höchster Liebe erreicht, in dem wir alles, selbst unsere eigene Individualität, aufgegeben haben. In diesem Zustand höchster Liebe sind sowohl Reinheit als auch Unreinheit transzendiert.

Das stetige Warten, das Warten voll intensiver Sehnsucht auf die Ankunft des Herrn oder des Guru ist kennzeichnend für den wahren Devotee. Ein solcher Sucher ist jederzeit bereit, ihn zu empfangen; deshalb ist er immer innerlich wie äußerlich darauf vorbereitet.»

Ein *brahmacharin* fragte: «Amma, könntest du erklären, was du mit ‹Warten› meinst?»

Amma: «Es sollte die ständige geistige Haltung eines *sadhaka* sein, voller Hoffnung und Zuversicht auf den Herrn zu warten. In jedem Augenblick solltest du bereit sein, ihn zu empfangen und willkommen zu heißen. Dein Altar ist nicht nur ein Ort, um Bilder aufzubewahren; er ist der Platz, an dem dein Herr wohnen soll. Wenn du das empfindest, kannst du nie unordentlich oder unsauber sein. Auch wenn deine Wohnung klein oder sogar winzig ist, solltest du dich bemühen, sie so schön und freundlich zu machen wie einen Tempel! Auch die Umgebung sollte in dieser Weise gepflegt werden. Dein Zimmer sollte so aussehen, als würdest du dauernd darauf warten, deinen Herrn zu empfangen. Der Gedanke, daß ‹mein Herr› oder ‹meine Amma› jeden Moment hereinkommen kann, wird dir bestimmt helfen, das Zimmer sauber und ordentlich zu halten. Deine innere Haltung, deine Reinheit und Reinlichkeit werden sich auch in deinem Handeln spiegeln.

Du hast von Sabari gehört, der großen Verehrerin Ramas. Sie hatte diese Haltung. Jeden Augenblick ihres Lebens wartete sie auf ihren Herrn. Sie dachte: ‹Er könnte jederzeit hereinkommen. Ich sollte also gut darauf vorbereitet sein, ihn willkommen zu heißen.› Und das war sie. Sabari hielt ihr Haus und dessen Umgebung immer schön sauber. Jeden Tag reinigte sie das Zimmer und hielt das Bett in Ordnung, damit der Herr darauf ausruhen konnte. Jeden Tag schmückte sie das Haus, und sie vergaß niemals, den Zugangsweg mit frischen, duftenden Blumen zu bestreuen. Sie pflückte die frischsten und allerfeinsten Früchte, damit ihr Herr sie essen könnte. Alle Gegenstände für die *puja* – die zeremonielle Waschung der Füße ihres Herrn – waren immer glänzend und zum Gebrauch bereit. Der Sitz, auf dem ihr Herr Platz nehmen sollte, wurde täglich geschmückt. Wohlriechender Duft erfüllte die Räume. Jeden Morgen flocht Sabari einen Kranz aus frischgepflückten Blumen. Der Name des Herrn war immer auf ihren Lippen. Mit fest auf den Zugangsweg gerichtetem Blick wartete und wartete Sabari, die große Gottliebende, lange, lange Jahre.

Auch die Gopis warteten in derselben Weise, nachdem Krishna Brindaban verlassen hatte. Sie waren außer sich, als Krishna sich auf den Weg nach Mathura machte, und wollten ihn aufhalten. Als Akrura und Uddhava, die Boten des Königs Kamsa, kamen, um Krishna nach Mathura zurückzubringen, schalten die Gopis sie heftig aus. Sie waren so verzweifelt, daß sie diese beiden unschuldigen Boten für Krishnas Fortgehen verantwortlich machten und sie deswegen verfluchten. ‹Keine Angst. Ich habe dort einen Auftrag zu erfüllen›, sagte Krishna. ‹Sobald das erledigt ist, werde ich dort keine Minute länger bleiben. Ich werde zu euch zurückeilen, meine Liebsten. Ihr seid die Verkörperungen der Liebe; wie könnte ich fern von euch bleiben?› Aber Krishna kehrte nie nach Brindaban zurück.

Für die Gopis war Krishnas Fortgang der Anfang eines endlos langen Wartens voller Ungeduld und Hoffnung. Jeden Tag hielten die Gopis in der Hoffnung, daß Krishna bald kommen werde, in ihren Häusern Butter und *ghee* bereit. Sie schmückten die Vorhöfe ihrer Häuser mit verschiedenen glückverheißenden Diagrammen und Symbolen, um ihren geliebten Krishna willkommen zu heißen. Mit fest auf das Eingangstor gerichtetem Blick warteten die Gopis jeden Tag. Nach Krishnas Weggang waren ihre Augen immer voller Tränen. Es schien ihnen, als warteten alle Teile der Natur – Tiere, Vögel, Bäume, Büsche, Pflanzen, Blumen, Flüsse, Berge und Täler – auf Krishna. Schließlich verwandelte ihre Sehnsucht sie in *Krishnamayis;* sie waren vollkommen von Krishna durchdrungen.

Deshalb sagte Amma, daß ihr keine Liebe und keinen Glauben habt. Wenn ihr sie hättet, wäret ihr bereit gewesen und hättet darauf gewartet, eure geliebte Gottheit oder Amma jederzeit zu empfangen. Und dann wäre dieses Zimmer nicht in einem so chaotischen Zustand gewesen. Es hätte die Erhabenheit und Reinheit eines Tempels gehabt. Dies zeigt, daß es euch an *sraddha* und *bhakti* mangelt, den grundlegenden Eigenschaften, die ein *sadhaka* haben sollte.»

Dann wischte Amma das staubige Bild mit dem Ende ihres eigenen Sari sauber und begann, das Zimmer aufzuräumen. Zu dem *brahmacharin,* der es bewohnte, sagte sie: «Du denkst vielleicht: ‹Warum macht Amma soviel Aufhebens von dieser Lappalie?› Du meinst, vor allem muß das Herz gereinigt werden, damit es zum Schrein Gottes werden kann.» Zu den anderen *brahmacharins* gewandt, sagte sie: «Er denkt, daß äußere Reinlichkeit nicht so wichtig ist. Hat Sabari nicht in jede Frucht gebissen, die sie Rama anbot, um sicher zu gehen, daß sie reif und süß wäre? Hat

Kannappa[1] dem Herrn nicht Fleisch geopfert und Blumen, die er auf seinem Kopf getragen hatte? Er wusch sogar eine Figur des Herrn mit Wasser, das er in seinem Mund gebracht hatte.»

Der *brahmacharin* hatte wirklich genau das gedacht und war nun sehr beschämt, besonders, weil er sich vor allen anderen bloßgestellt sah. Aber er bereute sein Verhalten aufrichtig und bat Amma um Vergebung. Amma nahm Platz und fuhr fort: «Was du denkst, ist richtig. Aber ist dein Gemüt so rein, wie das Sabaris und Kannappas es war? Es stimmt, daß Kannappas und Sabaris Verhalten nicht den traditionellen Regeln entsprach; aber ihre Herzen waren rein. Sie waren unschuldig wie Kinder. Besitzt du diese Reinheit und Unschuld? Würdest du deine Augen ausstechen, wie Kannappa es tat? Wärest du zu einem so großen Opfer fähig? Oder kannst du wie Sabari leben, die jeden Tag mit einem Herzen voll intensiver Sehnsucht und Liebe auf ihren Herrn wartete? Du kannst keines von beiden; welchen Wert haben also solch erhabene Gedanken?

---

[1] Kannappa war ein Jäger, der bei der Jagd im Wald auf einen Shiva-Tempel stieß. Spontan empfand er liebende Hingabe zu dem darin aufgestellten Kultbild Shivas. Obwohl er nichts über rituelle Gottesverehrung wußte, empfand er, daß der Herr in der Figur wirklich gegenwärtig war, und begann, ihn auf seine eigene Weise zu verehren. Er opferte dem Herrn das Fleisch eines soeben getöteten Ebers, holte in seinem Mund Wasser vom Fluß und spie es auf das Kultbild, um Shiva zu waschen. Er schmückte ihn mit Blumen, die er im eigenen Haar trug. Vom orthodoxen Standpunkt waren alle diese Handlungen frevelhafte Übertretungen der Regeln ritueller Reinheit. Der in diesem Tempel amtierende Priester fand jeden Morgen das Fleisch vor dem Kultbild und war darüber höchst erzürnt. Schließlich hatte er einen Traum, in dem ihm der Herr sagte, Kannappa sei sein größter Verehrer, was er am nächsten Tag beweisen werde. Der Priester versteckte sich im Tempel und wartete auf Kannappa. Als dieser kam, um Gott zu verehren, bemerkte er, daß eins der Augen in der Figur Shivas blutete. Er probierte verschiedene Mittel aus, aber keines brachte das Bluten zum Stillstand. Zuletzt entschloß er sich, das kranke Auge Shivas gegen sein eigenes auszutauschen. Er stach sich das Auge aus und brachte es an die Stelle des blutenden Auges. Dann fing das andere Auge Shivas an zu bluten. Kannappa machte daraufhin Anstalten, sich das andere Auge auszustechen. Der Herr sah seine Hingabe, gab ihm das volle Augenlicht wieder und verbreitete seinen Ruhm.

Als Kannappa und Sabari dem Herrn ihre Opfergaben darreichten, geschah das aus reiner und unschuldiger Liebe. Wenn dein Herz von unschuldiger Liebe erfüllt ist, bist du selbst nicht da; das Ego ist abwesend. In diesem Zustand ist nur Liebe vorhanden; die Individualität löst sich auf, und du wirst eins mit dem Herrn. Du wirst unschuldig wie ein Kind. Wenn ein Kind etwas schenkt, kann man das nicht zurückweisen, weil die Liebe eines Kindes rein und unverdorben ist. Wenn du in reiner Liebe lebst, gibt es keine gegensätzlichen Gefühle wie rein oder unrein, gut oder schlecht und so weiter. Es gibt nur Liebe, und diese kann nicht zurückgewiesen werden. Als Kannappa und Sabari dem Herrn ihre Opfergaben darbrachten, waren die Gegenstände als solche nicht sehr wichtig; es waren ihre von Liebe erfüllten Herzen, die dem Herrn dargebracht wurden. Sie selbst wurden zur Opfergabe. Genau wie Kinder, so voll von Liebe, transzendierten sie sogar die Vorstellung von Reinheit und Unreinheit; sie vergaßen, was man tut und was nicht.

Wenn die Menschen etwas nicht durchführen können, oder wenn sie es zu schwierig finden, eine bestimmte Aufgabe zu erledigen, suchen sie nach einer Rechtfertigung. So ist die menschliche Natur. Wenn sie erkennen, daß sie unterliegen werden, suchen sie nach einem Ausweg. Sie suchen Vernunftgründe, auch wenn das wenig Sinn ergibt. Dies ist eine sehr subtile *vasana*. Es ist wieder ein Trick, den das Gemüt anwendet. Sei vorsichtig und wachsam in bezug auf diese Neigung des Gemüts! Ein Suchender sollte einer solchen Gemütsschwäche nicht zum Opfer fallen.»

# 31

# Mit Kränkungen umgehen

Der *brahmacharin,* dessen unaufgeräumtes Zimmer Amma gesäubert hatte, sagte: «Amma, indem du mein Zimmer saubergemacht hast, hast du mich in Wirklichkeit bestraft.» Dann verbesserte er sich. «Verzeih mir, Amma, ich hätte nicht ‹bestrafen› sagen sollen. Ich weiß, daß du niemanden bestrafst. Du korrigierst uns nur, um uns zu zeigen, wie wir uns bessern können. Du ‹bestrafst› uns nur aus Liebe und Mitgefühl. Aber als du meine Gedanken aufdecktest, während du mein Zimmer saubermachtest, habe ich mich schrecklich geschämt und verletzt gefühlt. Ich dachte, du hättest mich absichtlich vor allen anderen gedemütigt. Ich weiß, daß ein *sadhaka* nicht so denken sollte. Aber, Amma, diese negativen Tendenzen und Gefühle sind so stark.» Seine Stimme war tränenerstickt, und er konnte nicht weitersprechen.

Amma streichelte dem *brahmacharin* liebevoll über den Kopf. «Deine Tränen sind die Unreinheiten in dir», sagte sie ihm. «Diese sollten in Tränen verwandelt werden. Diese Tränen stammen aus dem Schmerz und dem Leid, dessen Ursache die Welt ist. Aber es gibt auch Tränen der Glückseligkeit, die aus reiner Liebe und Hingabe vergossen werden.»

Ammas Worte und ihr herzliches Lächeln beruhigten den *brahmacharin.* Als er nicht mehr weinte und es ihm besser ging, sprach Amma weiter: «Mein Sohn, du brauchst dir keine Sorgen zu machen. Manchmal steigen negative Gefühle auf. Das ist nur die Vergangenheit, die wieder auftaucht. Wenigstens hast du deine Gefühle eingestanden; das zeigt, daß du kein Heuchler bist. Es gibt sehr wenige Leute, die ruhig bleiben können und nicht gekränkt sind, wenn ihre Fehler und Schwächen bloßgelegt werden. Diese verletzten Gefühle sind jetzt in Ammas Gegenwart aufgekommen, doch sie werden in deiner Liebe zu ihr vergehen. Aber in anderen Fällen bleibt etwas Negatives zurück und kann eine weitere tiefe Wunde hervorrufen. Sei achtsam, daß so etwas nicht geschieht!

Du bist in den unzähligen Leben, die hinter dir liegen, vielmals beleidigt und beschimpft worden. Wenn jemand dich beleidigt, beleidigt er dich aus seiner Vergangenheit heraus, und wenn du darauf reagierst, reagierst auch du aus der Vergangenheit heraus. Beide seid ihr in früheren Leben wie auch jetzt Opfer von Beleidigungen gewesen und habt andere zu euren Opfern gemacht. Alle eure Handlungen und alle eure Worte, ob positiv oder negativ, spiegeln also eure Vergangenheit wider, die ja noch in euch lebt. Der Speicher in eurem Inneren ist voll, sogar übervoll. Um das Ego – die Gesamtsumme aller dieser negativen Gefühle – leer zu machen, muß man zuallererst dessen schweres Gewicht verspüren. Es ist wirklich ein Wunder, daß ihr die Schwere der Last nicht empfindet. Wenn du anfängst, das Gewicht zu spüren, so ist das ein gutes Zeichen. Von diesem Punkt an wirst du beginnen, dich der Last zu entledigen.

Amma hat die folgende Geschichte von einem Schüler gehört, dessen Meister ihm folgende Anweisung gegeben hatte: drei Jahre lang sollte er jedem, der ihn beleidigte, Geld geben, und er durfte kein Wort erwidern. Als die Zeit seiner Prüfung vorüber war, sagte der Meister zu ihm: ‹Jetzt kannst du in die Welt wahren Wissens eintreten und Weisheit erlernen.› Kurz darauf traf der Schüler einen weisen Mann, der am Tor saß und jeden beschimpfte, der kam oder ging. Der weise Mann beleidigte auch den Schüler, der daraufhin sofort in Lachen ausbrach. ‹Warum lachst du, wenn ich dich beleidige?› fragte der Weise. ‹Weil ich drei Jahre lang für so etwas bezahlt habe, und jetzt gibst du es mir umsonst›, antwortete der Schüler. Der weise Mann sagte: ‹Komm ins Königreich der Weisheit; es gehört dir.›

Lache von Herzen über die Leute, die dich beleidigen, wenn du ihre Vergangenheit durch ihre Worte hochkommen siehst! Belohne diejenigen, die dich beleidigen! Versuche, ihnen nichts Böses zu erwidern, und bemühe dich, langsam, im Lauf der Zeit, keinerlei üble Gefühle ihnen gegenüber zu hegen! Wenn du das tust, wirst du in die tieferen Reiche deines eigenen Bewußtseins eindringen.

Als du jetzt dachtest, Amma hätte dich beleidigt, bist du ruhig geblieben und hast nicht reagiert. Überdies hast du zugegeben, daß du gekränkt warst, und das ist ein gutes Zeichen. Versuche dasselbe bei anderen! Wenn andere dich beleidigen oder wütend auf dich werden, bemühe dich, den Mund nicht aufzumachen, und stelle dir dabei vor, Amma wäre anwesend und es wäre respektlos zu reagieren. Versuche, Respekt vor dem anderen zu empfinden, weil er in Wahrheit etwas Gutes für dich tut! Er lehrt dich, still zu sein, geduldig zu sein. Beginne, Mitleid mit ihm und mit seiner elenden Vergangenheit zu haben, nimm Anteil an ihm und fühle mit ihm. ‹Armer Mann, er leidet an all den tiefen Wunden aus der Vergangenheit. Er ist krank. Ich sollte ihm wirklich helfen, soviel ich kann.›

Vielleicht hast du noch nicht deine alte Einstellung geändert? Vielleicht kochst du innerlich? Aber versuche, durch rechtes Verständnis, durch Einsicht und Bewußtheit zu erkennen, daß dein Ankläger an seinen Wunden aus der Vergangenheit leidet. Du willst einem verletzten und leidenden Menschen nicht weh tun. Das wäre Grausamkeit, und du willst nicht grausam sein. Du bist ein *sadhaka,* ein Sucher; du willst freundlich und mitfühlend sein.

Es mag sein, daß du Respekt empfindest, aber keine Anteilnahme und kein Mitgefühl. Wenn Mitgefühl aufkommt, verzeihst du dem anderen. Du vergißt seine beleidigenden Worte. Ein mitfühlender Mensch kann nicht böse reagieren, er wird immer teilnahmsvoll sein. Dies ist in deinem jetzigen Gemütszustand schwer zu erreichen, aber das macht nichts. Loszulassen ist nicht so einfach. Vielleicht gelingt es dir nicht, Liebe zu empfinden. Genau wie in dieser Situation mit Amma hast du zuerst aus Respekt und Hochachtung, vielleicht auch aus Furcht vor Amma, geschwiegen. Aber innerlich hast du doch ein bißchen reagiert. Nach einiger Zeit hattest du gründlich genug nachgedacht, um Amma deine innere Reaktion zu gestehen. Wenn du also vor dem anderen Respekt hast, betrachte ihn als einen Lehrer, der dich Geduld lehrt; auch wenn du dir vorstellen kannst, daß Amma durch ihn spricht, wird es dir gelingen, ruhig zu bleiben. Es ist genau wie mit deinem Schullehrer, der dich zurechtgewiesen hat, weil du im Klassenzimmer ungezogen warst oder weil du deine Lektion nicht ordentlich gelernt hast. Du gibst ihm die Schelte nicht zurück. Du schweigst aus Respekt, nicht wahr? Sei still und gehe weg von der Person, die dich beleidigt! Wenn du in der Nähe eines Menschen bleibst, der dich beschimpft, wirst du schließlich vielleicht doch reagieren, auch wenn es dir anfangs gelungen ist, den Mund zu halten. Deshalb mußt du dich schnellstmöglich entfernen!

Oder, wenn du bleiben mußt, versuche, dir ein paar liebe Erinnerungen ins Gedächtnis zu rufen, wie zum Beispiel die unvergeßlichen Erlebnisse, die du bei der ersten Begegnung mit deinem spirituellen Meister hattest, als er dich mit seinem Mitgefühl und seiner Liebe überschüttete. Wenn du dich auf erhebende Ideen besinnst und dir köstliche Erinnerungen zurückrufst, kann dir das helfen, ruhig zu bleiben.

Auch wenn du ruhig bleiben kannst, während der andere scharfe Worte ausspricht oder Widerworte gibt, nährst du vielleicht wegen seines gemeinen und beleidigenden Verhaltens Gedanken von Haß und Rache gegen ihn. Du mußt achtgeben, daß solche rachsüchtigen Gefühle nicht in deinem Gemüt haftenbleiben! Erinnere dich daran, daß er dich etwas lehren wollte; er hatte eine Botschaft für dich. Du solltest dein Ohr und dein Herz öffnen, um die Botschaft zu hören und in dich aufzunehmen. Du wirst später daran arbeiten müssen, sie zu akzeptieren. Meditiere, bete, singe, wiederhole dein *mantra* und denke tief nach, um diese und andere emotionalen Störungen auszuräumen!»

# 32

# Man erreicht, was man wirklich will

Amma hatte erzählt, wie sie in ihrer Kindheit oft mit einer Fähre zur Arbeit gefahren war. Dabei hatte sie die Silbe OM gesummt oder zum Rhythmus des Schiffsmotors *kirtans* gesungen. Sie hatte an Gott gedacht, gebetet und meditiert. Die Bootsfahrt war für sie immer ein spirituelles Erlebnis gewesen.

Einer der *brahmacharins* bemerkte dazu: «Amma, du konntest so mühelos und spontan in diese göttliche Stimmung kommen, weil es deinem Wesen entspricht. Aber wir stecken noch in unseren physischen und mentalen Körpern, und die *vasanas* haben uns fest im Griff. Wie können wir in diese Stimmung kommen? Wie können wir auch nur daran denken, dies ohne deine Gnade zu erreichen?»

Amma entgegnete: «Wenn man etwas wirklich tun will, kann man es tun. Dieses Gefühl: ‹Ich bin schwach; es ist zu schwierig; jemand wie ich kann unmöglich dahinkommen› ist einem spirituellen Sucher nicht angemessen. Er sollte darauf vertrauen, daß er die nötige Kraft in sich hat und daß er es vollbringen kann. Jeder von euch hat die Kraft eines Heiligen oder eines Weisen, jeder von euch ist eine unendliche Kraftquelle. Aber wenn ihr einen Heiligen oder Weisen oder eine starke Persönlichkeit seht, schreckt ihr zurück und sagt: ‹Nein, das ist für diese besonderen Leute. Ich kann das nicht. Ich muß mich um meine eigene winzige Welt kümmern, und das genügt mir. Das Göttliche ist nicht meine Sache, also werde ich meine Nase nicht dort hineinstecken.› Mit einer derartigen Einstellung werdet ihr nie aus der kleinen, harten Schale eures kleinen Ego herauskommen. Diese Schwäche macht den Menschen hilflos und passiv. Deshalb fordert uns der *Vedanta* zur Kontemplation über den vedischen Ausspruch auf: ‹Ich bin *Brahman*. Ich bin Gott. Ich bin das Universum. Ich bin absolute Macht, die Gesamtheit des Bewußtseins, die alles schön und leuchtend, voller Leben und Licht sein läßt.›

Abschätzig über sich selbst zu denken, ist nicht gut für einen *sadhaka.* Solche Gedanken sind auch für Menschen, die in der Welt leben, nicht zuträglich. Gott hat uns alle mit diesem kostbaren Geschenk der menschlichen Geburt gesegnet. Wir haben einen gut entwickelten Körper, Verstand und Intellekt. Wir können alles lernen oder tun, was wir wollen. Es geht nur darum, ob wir die von Gott gegebenen Instrumente oder Fähigkeiten dazu benutzen, unsere selbstgewählten Ziele zu verfolgen. Wenn man sich für den Weg der Spiritualität entscheidet, darf man nicht untätig darauf warten, daß die Gnade sich einstellt. Verwirklichung tritt nicht einfach automatisch ein; es bedarf dazu ständiger Bemühung. Man kann die Verwirklichung nicht kaufen. Es ist nicht so, als ginge man zur nächsten Eisdiele und kaufte ein Eishörnchen. Selbst das erfordert Arbeit. Wie ist die Eiscreme entstanden? Sie materialisiert sich nicht einfach aus der Luft. Woher habt ihr das Geld bekommen, um das Eis zu kaufen? Es ist schwerverdientes Geld, nicht wahr? Angenommen, in der Eisdiele gibt es Eis, und ihr habt das Geld, aber ihr kauft es nicht. Sehr einfach, dann eßt ihr keine Eiscreme, oder? Und doch habt ihr ein heftiges Verlangen danach. Also liegt ihr im Bett und denkt daran, Schokoladeneis zu essen. Ihr tagträumt von den verschiedenen Geschmackssorten, ihr träumt davon, Eiscreme zu schlecken und zu genießen, aber immer noch habt ihr sie nicht wirklich gegessen. Nicht, daß es dort keine Eiscreme gäbe; die verschiedensten Sorten sind erhältlich. Ihr habt das Geld, und ihr könnt bekommen, soviel ihr wollt, aber ihr habt keine Lust aufzustehen und zur Eisdiele zu gehen. Ihr denkt nur daran und träumt davon.

In ähnlicher Weise sind Gott, Guru und Gnade immer da. Ihr habt alle Voraussetzungen, dies zu wissen und zu erfahren. Ihr habt eine Landkarte, und ihr habt Wegbeschreibungen in Form der Worte des Guru bekommen. Der Wind seiner Gnade weht ständig. Der Strom seines göttlichen Seins fließt immer, und die Sonne seines Wissens scheint ohne Unterlaß. Er hat seinen Teil getan; seine Arbeit ist schon lange, lange vorüber.

Und doch denkt ihr, der Guru hätte nichts getan. Ihr meint, er ließe seine Gnade nicht fließen. Ihr meint, ihr hättet seinen Segen oder seine Gnade nicht; deshalb wartet ihr immer noch darauf, daß er sie euch schenkt, ohne daß ihr selbst irgend etwas tun müßtet. Ihr wartet auf den Tag, auf den Augenblick, an dem er euer Herz berühren wird. Es ist schon richtig zu warten, aber wartet ihr wirklich voller Glauben und auf das alleinige Ziel gerichtet wie die Gopis von Brindaban oder wie Sabari, die große Verehrerin Sri Ramas? Nein, das tut ihr nicht. Ihr wartet vielleicht, aber ihr wartet nicht mit eurem ganzen Wesen. Ihr seid nicht in Liebe und Hingabe entbrannt. Während ihr wartet, beschäftigt ihr euch anderweitig. Euer Gemüt jagt tausend anderen Dingen hinterher. Ihr wartet nicht einzig und allein auf seine Gnade. Statt dessen wartet ihr darauf, daß zahlreiche andere ‹wichtige Dinge› in eurem Leben geschehen, und zusammen mit diesen wollt ihr, daß auch die Gnade eintritt. Und ihr wollt die Gnade kostenlos haben.

Vielleicht wartet ihr auf Gott oder Gottes Gnade, aber der Gedanke an Gott kommt euch nur alle Jubeljahre einmal, oder sonntags, oder bestenfalls zwei- bis dreimal am Tag. Außerdem sind diese seltenen Anlässe, bei denen ihr an Gott denkt, sehr blaß und kraftlos, weil ihr mit so vielen anderen vermeintlich wichtigen Dingen beschäftigt seid. Es ist gut, wenn ihr vertrauensvoll darauf wartet, daß er kommt, aber wartet auf jeden Fall mit voller Aufmerksamkeit. Wie kann Gott kommen, wenn ihr mit anderen Dingen beschäftigt seid? Wie kann seine Gnade dann fließen? Der Guru ist da, seine immer strömende Gnade ist allzeit gegenwärtig. Aber ihr wollt, daß er uneingeladen kommt, ohne jede Bemühung von eurer Seite. Ihr nennt es Warten und verbummelt eure Zeit. Ihr seht es nicht als einen wesentlichen Teil eures Lebens an, vertrauensvoll zu warten. Ihr nehmt diese Wartezeit nicht ernsthaft wichtig. Ihr sagt: ‹Ich warte auf Gott, darauf, daß seine Gnade kommt. Er ist all-gütig, deshalb wird er kommen. Ich will bis dahin anderen wichtigen Angelegenheiten nachgehen.› Das ist Dummheit. Ihr werdet weder die Gnade Gottes empfangen, noch werdet ihr mit dieser Art von Glauben die Kraft haben, schwierige Situationen zu meistern.

Es ist möglich, zum Meister des ganzen Universums zu werden. Ihr habt dieses Potential in euch, aber ihr müßt euch bemühen! In Wirklichkeit seid ihr schon jetzt Herren des Universums. Ihr seid Herrscher der ganzen Welt, aber ihr tagträumt, Bettler zu sein, die ihr Essen erbetteln müssen. Im selben Augenblick, in dem ihr zu träumen aufhört, im selben Augenblick, in dem ihr erkennt, daß der sogenannte Wachzustand in Wahrheit ein Traum ist, werdet ihr sehen, daß ihr Gebieter des Universums seid, und ihr werdet zum Gottesbewußtsein erwachen.

Die ganze Welt und jeder Gegenstand in diesem Universum – die Sonne, der Mond, die Sterne, die Galaxien, die Milchstraße, die Erde, die Berge, die Täler, die Flüsse, der Ozean, die Bäume, die Tiere, die Vögel, die Pflanzen, die Blumen und das ganze menschliche Gemüt – stehen unter eurer Herrschaft. Ihr seid Meister aller Dinge. Das ganze Universum wartet darauf, euch als Herrn zu begrüßen und anzunehmen. Aber ihr bettelt immer noch mit einer Schale in der Hand. Öffnet eure Augen und versucht, klar zu sehen! Ihr seid als Bettler verkleidete Könige. Werft die Bettlerkleider fort! Das Universum wartet darauf, daß ihr die Robe eines Kaisers anzieht. Kommt aus diesem Traum heraus, aus dieser Illusion von Schwäche!

Amma hat von einem Studenten gehört, der eine Prüfung ablegte. In der Prüfung mußte er einen Aufsatz über die religiöse und spirituelle Bedeutung des Wunders schreiben, bei dem Christus Wasser in Wein verwandelt hatte. Die Studenten im Prüfungssaal schrieben zwei Stunden lang eifrig und füllten die Prüfungshefte mit ihren Vorstellungen über die Bedeutung des Wunders. Kurz vor Ablauf der vorgesehenen Zeit bemerkte der Prüfungsaufseher, daß ein Student nichts geschrieben hatte, kein einziges Wort. Der Aufseher bestand darauf, daß er etwas schriebe, bevor er sein Heft abgäbe. Der Student nahm seinen Füller in die Hand und schrieb: ‹Das Wasser traf seinen Meister und errötete.›

Alles ist in euch. Ihr seid Meister aller fünf Elemente. Durch euren bloßen Blick oder eure Berührung verwandeln sie sich in das, was ihr wollt. Denkt deshalb nicht: ‹Ach Mutter, es ist bei dir geschehen, und nur bei dir. Bei mir mit allen meinen *vasanas* und

Schwächen ist es unmöglich, da kann es nicht geschehen. Also warte ich, bis du deine Gnade ausschüttest, damit es sich ereignet.›

Glaube nicht, daß Gott uneingeladen kommt. Er ist zwar überall, in jedem Winkel und jeder Ritze der Welt, an jeder Stelle des Raums. Es gibt nicht einmal zwischen den Atomen eine Lücke, wo er nicht wäre. Überall in der Welt ist er ein uneingeladener Gast. Aber ihr werdet ihn erkennen müssen, und ihr müßt ihn mit offenen Armen empfangen!»

# 33

# Gott, der uneingeladene Gast

Ein *brahmacharin* fragte: «Ich verstehe nicht. Du sagtest, Gott komme nicht uneingeladen, aber du sagtest auch, er sei überall in dieser Welt ein uneingeladener Gast. Das erscheint mir wie ein Widerspruch.»

Amma: «Gott ist Mitgefühl. Er wartet an der Tür eines jeden Herzens. Er ist überall ein uneingeladener Gast, weil er da ist, auch wenn du ihn nicht rufst. Gott verbirgt sich hinter jeder Gestalt, hinter allem. Er ist die geheime Formel des Lebens. Aber er wird sich dir nicht offenbaren; du wirst ihn nicht fühlen, wenn du ihn nicht rufst. Du mußt ihn durch Gebet und Meditation einladen! Rezitation, Singen und Wiederholen des *mantra* sind Einladungen, Bitten an Gott, sich zu offenbaren.

Du solltest die Fähigkeit und Kraft haben, Gott zu erkennen – in jedem Wesen. Das ist jedoch nicht möglich, solange du Gott nicht in dir selbst siehst. Wenn du die Göttlichkeit einmal kennengelernt hast, die deine wahre Natur ist, erkennst du auch das Göttliche in anderen. Dann wirst du Gott überall sehen.

Gott kann nicht wie ein Einbrecher kommen. Er ist nicht aggressiv, denn er ist Liebe. Gott ist keine Person, er ist Bewußtsein. Lade ihn ein, und er wird eintreten! Aber auch uneingeladen wartet er an der Tür darauf, hereingerufen zu werden. Der uneingeladene Gott bleibt unerkannt außerhalb deines Herzens. Er ist immer gegenwärtig und wartet in Liebe und Mitgefühl. Seine Herrlichkeit und sein Glanz sind immer zugegen, aber nicht offenbar, weil du die Macht seiner Gegenwart nicht durch Gebet und Meditation angerufen hast. Durch deine Einladung, durch deine Gebete und deine Meditation wird Gott bewegt, in dein Herz zu treten und seine Gegenwart zu offenbaren. Dann wirst du wissen, daß er dort immer war und darauf wartete, daß du ihn riefst.»

# 34

# Zufriedenheit

Ein Devotee fragte Amma: «Warum mißt Amma dem Weg der Hingabe so große Bedeutung bei?»

Amma: «Es gibt viele Gründe, warum wir den Weg der Hingabe als den am besten geeigneten Weg für die meisten Menschen ansehen sollten. Vor allem gibt er dem Übenden viel Zufriedenheit. Ein zufriedener Mensch hat Enthusiasmus und Schwung; er ist optimistisch und besitzt ein unternehmungslustiges Gemüt. Er sieht das Leben und alles, was im Leben geschieht, als Geschenk an, und dies gibt ihm Geduld und Stärke. Im Gegensatz zu denen, die andere Wege beschreiten, glaubt er nicht, daß Glück ein Recht ist, auf das er einen Anspruch hat. Was ihn betrifft, gibt es keine Rechte, auf die man pochen kann, sondern nur Geschenke. Diese Haltung hilft ihm, alles als Geschenk anzunehmen, das Gute wie das Schlechte. Ein solcher Mensch hat ein liebendes und mitfühlendes Herz, kindliche Unschuld und ein angenehmes Wesen. Er will niemandem weh tun oder seine Gefühle verletzen, deshalb kann er auch keinem Schaden zufügen. Er hat auch die Kraft, seinem Komfort und seinem Vergnügen um des Glücks und des Friedens anderer willen zu entsagen. Er macht dieselben Schwierigkeiten im Leben durch wie alle anderen Menschen, aber er hat die innere Fähigkeit und das innere Gleichgewicht, in Zeiten der Not ruhig und gelassen zu bleiben. Er übt sich im Annehmen, denn er hat die Grundhaltung, daß das Leben und alles, was im Leben geschieht, kein Recht, sondern ein Geschenk ist.

Ein solcher Mensch gewinnt seine Kraft, zufrieden und entspannt zu sein, aus seinem unerschütterlichen Glauben an die höchste Macht und aus seiner Liebe zu ihr. Er mag diese Macht Krishna nennen oder Christus oder Buddha. Die Kraft des Namens, den er rezitiert, und das innere Bild der Gestalt, die er liebt und verehrt, sowie der Glaube, daß sein Herr immer bei ihm ist und ihn vor allen Gefahren beschützt, hilft ihm, jederzeit und unter allen Umständen zufrieden, entspannt, optimistisch und fröhlich zu sein.

Nehmt zum Beispiel die Gopas und Gopis von Brindaban. Sie waren immer selig und glücklich, voller Schwung und guten Mutes. Alle Arbeit, die sie taten, besaß eine besondere Anmut und eine ganz eigene Schönheit. Sie waren immer in festlicher Stimmung, und man konnte überall nur glückliche und zufriedene Gesichter sehen, denn ihr Leben war für sie ein Fest, und Müßiggang gab es nicht, wenn sie auch mit großer Fröhlichkeit bei der Arbeit sangen und tanzten. Ihre üblichen Pflichten, die Kühe auf die Weiden zu bringen, sie zu melken und Milch und Butter zu verkaufen, wurden zu freudiger Arbeit. Sie besaßen außerordentliche Stärke und Kühnheit, und wenn sie Schwierigkeiten hatten, begegneten sie ihnen mit größtem Mut. Mit ihrem immer unternehmungslustigen und liebevollen Wesen lebten sie das Leben in seiner ganzen Fülle.

Was war die Quelle ihrer Zufriedenheit und Freude? Ihr Glaube an ihren geliebten Herrn Krishna. Ihre Verehrung Krishnas und ihr Glaube an dessen Allmacht halfen ihnen, das ganze Leben zu einem Fest zu machen. In seiner Gegenwart wurden sie furchtlos und mutig. Hingabe und Liebe zu Gott ist also der Weg zur Zufriedenheit, zu Frieden, Glück, Mut und Furchtlosigkeit. Solche Eigenschaften, die uns helfen, der Fülle des Lebens teilhaft zu werden, sind für Leute, die anderen Wegen folgen, viel schwerer erreichbar.

Seht Hanuman an, den großen Verehrer Sri Ramas. Er steht da als ein herausragendes Beispiel für unermüdliche Arbeit, unerschöpfliche Energie und als eine Gestalt von großen Verdiensten. Nie ist der Fall eingetreten, daß Hanuman irgend etwas abgelehnt hätte, worum man ihn bat. Hindernisse gab es für ihn nicht. Immer wenn Rama von tragischen Ereignissen betroffen wurde, stand Hanuman ihm zur Seite, um seine Befehle auszuführen. Selbst das scheinbar Unmögliche wurde durch Hanumans ausdauernde Bemühung, seine Entschlossenheit und seinen unerschütterlichen Glauben möglich. Er war die Verkörperung von

Stärke, Mut, Energie, Furchtlosigkeit, Entschlossenheit, Optimismus, Unterscheidungskraft und Zufriedenheit. Und doch blieb er Sri Ramas einfacher und demütiger Devotee – vollkommen hingegeben zu Füßen seines Herrn.

Zufriedenheit entsteht aus Egolosigkeit, und diese kommt aus Hingabe, Liebe und vollkommener Unterwerfung unter den höchsten Herrn. Egoistische Menschen können nicht zufrieden oder glücklich sein. Sie sind verkrampft, weil sie Angst haben, und diese Angst treibt sie fast zum Wahnsinn. Meist sind solche Leute machthungrig; sie wollen alles an sich reißen und besitzen, und es ist ihnen gleich, ob sie böse und schändliche Mittel dazu benutzen oder ob sie andere Menschen ruinieren. Die ständige Furcht, daß ihre Macht und ihr Besitz ihnen entrissen wird, verfolgt sie und steigert ihre Unruhe und Unzufriedenheit. Schaut alle Diktatoren der Welt an! Sie sind die egoistischsten Menschen. In ihrer Gier nach Macht und Einfluß wirken sie als Kriegstreiber ohne Rücksicht auf das Glück der Gesellschaft. Sie kümmern sich oft nicht einmal um ihre eigenen Frauen und Kinder. Sie sind nur an sich selbst interessiert und daran, was ihnen morgen und in Zukunft widerfahren wird. Sie haben keine Skrupel in bezug auf die niederträchtigen Mittel, die sie benutzen, um an die Macht zu kommen. Gefangen in ihrer eigenen Unzufriedenheit, tragen sie Bosheit mit sich, wohin sie auch gehen, und stecken andere damit an. Das macht jeden einzelnen in ihrer Umgebung unglücklich und unzufrieden.

Hiranyakashipu, Prahladas Vater[1], ist ein typisches Beispiel für einen Menschen, der die Macht mißbraucht. Wenn ihr sein Leben betrachtet, bekommt ihr ein sehr klares Bild, wie einem

---

[1] Prahlada war der Sohn von Hiranyakashipu, dem König der Dämonen. Obwohl im Dämonengeschlecht geboren, war Prahlada von Natur aus gottesfürchtig und besaß alle Eigenschaften eines Heiligen. Hiranyakashipu sah Vishnu, den Herrn, als seinen größten Feind an. Als er merkte, daß sein Sohn den Herrn verehrte, begann er, ihn zu verfolgen, und schließlich versuchte er ihn umzubringen. Alle seine Bemühungen schlugen fehl, denn Prahlada hatte sich Vishnu vollkommen ergeben und wurde von ihm geschützt. Schließlich tötete der Herr Hiranyakashipu, gewährte Prahlada die Gnade der Selbstverwirklichung und machte ihn zum König.

extrem egoistischen Menschen jedes Mitgefühl abgeht. Ein solcher Mensch ist voller Unzufriedenheit, Wut, Furcht und Grausamkeit. Hiranyakashipu versuchte sogar, Prahlada, seinen eigenen Sohn, zu töten, nur um seine Macht, seinen Namen und Ruhm zu verteidigen. Aber seht Prahlada an! In allen Widrigkeiten blieb er ruhig und unbewegt wie ein Berg, furchtlos, mutig und immer zufrieden. Warum? Weil er ein wahrer Verehrer Gottes war. Seine Freude verließ ihn auch dann nicht, als er in den Ozean geworfen wurde oder als man ihn dazu verurteilte, von einem wilden Elefanten zu Tode getrampelt oder bei lebendigem Leib verbrannt zu werden. Bei alledem blieb er ruhig und gelassen. Er war zufrieden mit allem, was geschah, ob gut oder schlecht, weil er das Leben als Geschenk Gottes betrachtete. Alle wahren Devotees zeichnen sich durch diese Haltung aus.

Zufriedenheit entsteht nur, wenn ihr hingegeben seid, wenn ihr die Haltung totalen Annehmens bewahrt. Sie kommt nur auf, wenn ihr jedes Geschehnis unvoreingenommen hinnehmt. Das heißt auch, daß ihr dem Tod entgegenlächeln und ihn sogar willkommen heißen könnt. Und auch wenn Hingabe nicht sofort gelingt, muß man zumindest zur Unterordnung unter den höchsten Willen bereit sein. Nur dann kann man in den Zustand immerwährender Zufriedenheit eintreten. Wenn man diese Haltung des Annehmens übt, kommt schließlich der Moment, von dem an man auf ewig zufrieden sein wird. Vergeudet eure Zeit nicht damit, auf Zufriedenheit zu warten! Nichts wird geschehen. Bei einem Menschen, der untätig wartet, wird Unzufriedenheit die Oberhand gewinnen. Kultiviert euer Gemüt und versucht, den Willen zum Annehmen und zur Hingabe zu entwickeln! Bemüht euch, das Gute wie das Schlechte zu akzeptieren! Bemüht euch, eine Haltung einzunehmen, die euch erlaubt, selbst den Tod anzulächeln! Das ist der Weg zur Zufriedenheit.»

# 35

# Echte und unechte Hingabe

Ein Zuhörer bemerkte: «Amma, deine Erklärung ist sehr aufschlußreich. Aber im Gegensatz zu dem, was du gesagt hast, blieb Ravana, der ein Verehrer Shivas war, fast sein ganzes Leben lang angespannt und unzufrieden. Es gibt also auch Gläubige, die ein unzufriedenes Leben führen.»

Darauf entgegnete Amma: «Es stimmt, daß Ravana Shiva verehrte, aber seine Verehrung war nur ein Mittel, seine materielle Macht zu vergrößern. Die spirituelle Seite fehlte ihm völlig. Er hatte ein intensives Verlangen, soviel wie möglich zusammenzuraffen, zu besitzen und zu genießen. Er war stark und mutig, aber Liebe und Mitgefühl besaß er nicht. Er dachte nur an sich selbst und seine eigene Sicherheit. Seine Macht, die er vom Herrn bekommen hatte, machte ihn so selbstsüchtig und blind, daß er sogar versuchte, Shivas Wohnsitz, den Berg Kailash, aus der Erde zu reißen. Ravana besaß keine Demut, keinen Willen zur Entsagung.

Ohne Entsagung und Demut kann man nicht zufrieden sein. Ein wahrer Devotee besitzt diese beiden Eigenschaften. Der, dem Entsagung und Demut fehlen, kann nie zufrieden sein, weil er sich immer noch nach materiellem Wohlstand sehnt. Seine Wünsche sind zahllos und unstillbar. Er ist nie zufrieden mit dem, was er hat. Statt dessen denkt er daran, mehr Reichtum, mehr Geld, ein größeres Haus, ein besseres Auto, immer mehr Komfort zu erlangen.

Das Motto eines extrem selbstsüchtigen Menschen ist ‹mehr … mehr … mehr …› Für seine eigene Bequemlichkeit und Befriedigung vertauscht er fortwährend Geringwertiges mit Besserem. Aber nie wird er seine niedrigen Gedanken durch hochherzige ersetzen. Güte, Worte und Taten spielen für ihn keine Rolle. Indem er seinen Blick immer in die Zukunft richtet und zu berechnen versucht, wie er dies oder das bewerkstelligen soll, verbringt er sein ganzes Leben mit Planen, Kalkulieren, Träumen. Weil er unfähig ist, in der Gegenwart zu leben und sich an dem zu erfreuen, was gerade vor ihm liegt, kann er sich nicht einmal sein Essen schmecken lassen, denn während er zu Mittag ißt, plant er schon sein Abendessen. Wie kann ein solcher Mensch glücklich und zufrieden sein? Er kann es nicht. Indem er auf diese Weise lebt, ist er wie ein sich bewegender Leichnam, ohne die Schönheit und Anmut des Lebens.

Vergangenheit und Zukunft sind unwirklich, sind Illusionen. Die Vergangenheit ist tot und vorbei; sie wird nicht wiederkommen, und die Zukunft muß erst noch eintreten. Wir wissen nicht einmal, ob wir von einem Augenblick zum nächsten noch leben werden. Jederzeit kann alles mögliche geschehen. Führt deshalb kein Leben in Illusionen! Lebt nicht in einer selbstersonnenen Traumwelt! Ihr könnt einfach nicht in der Zukunft, sondern nur in der Gegenwart leben. Nur die Gegenwart ist wirklich. Fast alle Diktatoren und Skeptiker sowie alle, die wie verrückt der Welt und ihren Freuden hinterherrennen, leben in der Zukunft. Sie leben nie in der Gegenwart, deshalb können sie nicht zufrieden sein.

Ravana verehrte Gott, aber seine Verehrung war nur ein Mittel, um seine ungeheuerlichen Wünsche zu erfüllen. Wenn es ihm möglich gewesen wäre, hätte er sogar Gott verschlungen. Während Ramas Hingabe die Allgemeinheit rettete, zerstörte Ravanas Hingabe sie.

Ihr sagt, es gäbe auch Gläubige, die mit ihrem Leben unzufrieden seien. Aber wahre Gläubige, die die Gabe echten Vertrauens besitzen, können nicht unzufrieden sein. Ein Mensch mit sehr schwankendem Glauben ist nicht zufrieden. Sein Glaube ist schwach; er hat Zweifel. Wer sich intensiv nach materiellem Wohlstand sehnt, kann nicht zufrieden sein. Für solche Leute ist Verehrung Gottes nur äußerer Schein. In ihrer Verehrung ist keine Liebe. Für sie ist Gott ein Wesen, das sich um ihre Wünsche und Sehnsüchte kümmert. Ihr Gott sitzt auf einem goldenen Thron irgendwo hoch oben im Himmel. Er ist ein richtender und strafender Gott, ein Gott, der nur diejenigen liebt, die ihn lieben. Sie glauben, Gott hätte eine Abneigung gegen Menschen, die andere Gottheiten, andere Aspekte des Göttlichen, verehren und anbeten. Sie denken, Ganesha sei böse mit ihnen, wenn sie Krishna huldigten, Shiva würde sie bestrafen, wenn sie Vishnu verehrten. Sie haben so viele seltsame Überzeugungen. Der Gott, an den sie glauben, ist unzugänglich, unmenschlich und unnahbar. Er zürnt Menschen, die ihn nicht zufriedenstellen, und kann sie sogar verfluchen oder bestrafen. Diese Beziehung zu Gott kann nicht Verehrung genannt werden. Es ist Trennung von Gott, Trennung vom eigenen Selbst. Wie können solche Leute je Frieden finden? Sie sehen nicht das Ganze, sie sehen nur Teile. Ihre Gebete sind immer voller kleinlicher Klagen, sind Ausdruck ihrer Selbstsucht, ihrer Gier und ihres Hasses.

Hört diese Geschichte: Einmal hatte ein Witwer einen *sannyasin* eingeladen, damit er für den Seelenfrieden seiner Frau bete. Der *sannyasin* begann zu beten: ‹Möge ein jeder glücklich sein; möge es kein Leid geben; möge das ganze Universum von glückverheißenden Zeichen erfüllt sein; möge ein jeder Vollkommenheit erlangen.› Der Ehemann, der dem Gebet zuhörte, wurde ärgerlich. Er sagte zu dem *sannyasin:* ‹Swami, ich dachte, ihr würdet für die Seele meiner Frau beten, aber ich habe Euch kein einziges Mal ihren Namen aussprechen hören.› Der Swami antwortete: ‹Es tut mir leid. Ich kann nicht so beten. Mein Glaube und mein Guru haben mich gelehrt, für alle zu beten, für die ganze Welt. In Wahrheit wird der einzelne nur profitieren, wenn er für das Wohl der ganzen Welt betet. Nur wenn ich für alle bete, wird deine Frau ihren Segen empfangen, nur dann wird ihre Seele Frieden finden. Ich kann auf keine andere Weise beten.› Der Swami blieb so unnachgiebig, daß der Ehemann nicht anders konnte, als sich seinen Wünschen zu beugen. Der Mann sagte: ‹Gut, Ihr mögt beten, wie Ihr wollt. Aber könnt Ihr nicht wenigstens meinen Nachbarn von Euren Gebeten ausschließen?›

Wenn ihr die Zweige eines Baumes bewässert, ist das Wasser verschwendet. Nur wenn die Wurzeln bewässert werden, kann die Nahrung die Zweige und Blätter des Baumes erreichen. Ebenso werden auch wir selbst nur, wenn wir für die Erhebung der ganzen Menschheit beten, vollen Nutzen daraus ziehen. Leider sind unsere Herzen verschlossen. Wir haben unsere Fähigkeit und Bereitschaft zum Teilen verloren. Das ist heute die vorherrschende Haltung der Menschen. Wir sind nur an unserem eigenen Gewinn interessiert, an dem, was wir für uns selbst erwerben und besitzen können.»

# 36

# Habe Mitleid!

Eine andere Frage wurde erhoben: «Es klingt, als wäre Amma gegen den Erwerb von Besitz. Aber wie kann man von den Menschen erwarten, daß sie alles aufgeben, wofür sie ihr ganzes Leben lang so hart gearbeitet haben? Wie können sie ohne Erwartungen leben? Wie kann man einfach sein Ego aufgeben? Es klingt, als wäre das für einen normalen, in der Welt lebenden Menschen unmöglich.»

«Unmöglich, unmöglich!» rief Amma aus. «Alles, was ihr sagen könnt, ist ‹unmöglich›. Für euch ist alles ‹unmöglich›. Doch etwas ‹Unmögliches› gibt es nicht. Erinnert euch daran, daß ihr im Weltraum-Zeitalter lebt. Neulich erzählte eins der Kinder aus dem Westen Amma, daß die Menschen dort für die meisten Arbeiten kaum die Hände rühren. Sie haben für fast alles Maschinen. Dieser Schüler aus dem Westen war überrascht zu sehen, wie wir stundenlang Zementsäcke auf unseren Köpfen tragen. Wir brauchen eine ganze Nacht, um zu transportieren, was eine Maschine in weniger als einer Stunde schaffen könnte.

Zukünftig gibt es vielleicht elektronische Löffel, mit denen man ißt; dann braucht man seine Hände überhaupt nicht mehr zu rühren. Und doch sagt ihr ständig ‹unmöglich›. Es ist eine Gewohnheit geworden zu sagen, alles sei unmöglich. Es ist leicht, zu allem, was man von euch fordert, ‹unmöglich› zu sagen. Das kostet keine Mühe, nur ein paar Zungenbewegungen. Ist für euch überhaupt irgend etwas möglich? Dieses Wort ‹unmöglich› liegt als Fluch auf der Menschheit. Versucht, diesen Fluch loszuwerden; arbeitet hart, und ihr werdet sehen, daß nichts unmöglich ist!

Es stimmt, daß der Mensch nicht ohne Erwartungen und nicht ohne sein Ego leben kann. Amma weiß, daß es nicht leicht ist, alles aufzugeben, was man in Jahren durch harte Arbeit erworben hat. Amma will nur sagen, daß man nicht in einer Traumwelt leben und sich mehr auf die Gegenwart als auf die Zukunft oder die Vergangenheit konzentrieren sollte. Ihr könnt euer Ego behalten, wenn ihr wollt; das ist kein Problem. Aber laßt nicht zu, daß es euch auffrißt! Der Mensch kann sein Ego benutzen, um Energie in seine Arbeit zu stecken, um Besitz zu erwerben und um angenehmen Tätigkeiten nachzugehen. Das ist in Ordnung. Aber er darf sich nicht von seinem Ego blenden lassen. Er darf nicht gegen sein eigenes Gewissen, gegen seine eigene menschliche Natur verstoßen. Er muß sich bemühen, als Mensch zu leben und nicht als ein Tier.

Blindheit der Augen ist erträglich, und man kann bis zu einem gewissen Grade damit umgehen. Man kann damit immer noch als Mensch leben, kann immer noch ein liebendes und mitfühlendes Herz haben. Aber wenn man vom Ego verblendet ist, dann ist man vollkommen blind. Selbst wenn ihr euer Augenlicht verliert, aber eure Herzen voll Licht und Liebe sind, wird sich das in euren Taten und eurem ganzen Sein widerspiegeln. Ihr könnt immer noch Menschen sein, die das Licht und die Liebe des Lebens ausstrahlen. Die vom Ego hervorgerufene Blindheit stößt euch dagegen in völliges Dunkel. Ihr könnt dann nichts mehr richtig sehen oder hören. Was ihr mit euren Augen und Ohren wahrnehmt, ist verfälscht, und ihr reagiert dementsprechend. Ihr leidet, und ihr bringt auch anderen Leid.

Ihr habt bestimmt von dem großen Gottliebenden Surdas gehört. Er war blind; aber seine Blindheit war kein Problem für ihn, denn er war von Liebe und Mitgefühl erfüllt. Er besang die Herrlichkeit seines geliebten Krishna. Surdas führte ein glückliches und seliges Leben. Einmal erschienen Krishna und seine Gefährtin Radha gemeinsam vor Surdas und schenkten ihm sein Augenlicht zurück. Aber nachdem Surdas die bezaubernde Schönheit seines Herrn gesehen hatte, sagte er zu Krishna: ‹Herr, laß mich nun wieder blind sein, denn ich möchte die Welt nicht mit denselben Augen sehen, mit denen ich Deine göttliche Gestalt geschaut habe.›»

Plötzlich hob Amma ihre Hände empor und rief: «Krishna … Krishna … Krishna.» Ihr Rufen gipfelte in Schweigen. Sie saß nun vollkommen bewegungslos, mit einem leuchtenden Lächeln auf ihren Lippen. Ein sanfter Lufthauch regte sich, und Amma sang das Lied *Anjana Sridhara* …

O schöner, saphirblauer Sridhara,
ich grüße Dich mit gefalteten Händen.
O Krishna, mögest Du siegreich sein,
ich verbeuge mich vor Dir.

Du bist wie ein herrlicher Edelstein,
O Vasudevas Sohn,
tilge meine Traurigkeit!

O Krishna,
geboren als göttliches Kind,
beschütze mich auf allen Wegen!

O Hirtenknabe,
komm, eile zu mir
und spiele Deine Flöte!

Nach einiger Zeit erinnerte einer der *brahmacharins* Amma an die Geschichte von Surdas. Amma fuhr fort: «Es fällt euch vielleicht schwer, die wesentliche Aussage der Geschichte von Surdas aufzunehmen, aber es bleibt eine Tatsache, daß Menschen wie er gelebt haben, die auch ohne physische Augen vollkommen zufrieden sein konnten. Es bedarf strikten spirituellen Übens, damit sich das innere Auge öffnet. Danach sind die äußeren Augen von untergeordneter Bedeutung. Ihr könnt auch hierzu wieder ‹unmöglich› sagen, aber laßt uns zu der eigentlichen Frage zurückkommen.

Ihr müßt nicht alles aufgeben, was ihr durch mühsame Arbeit erlangt habt. Behaltet, was ihr besitzt, und freut euch am Leben. Aber laßt euch, während ihr in der Gesellschaft seid, während ihr das Zusammensein mit der Familie und den Freunden genießt oder während ihr bei der Arbeit mit euren Geschäftspartnern zu tun habt, nicht von eurer Macht und Stellung blenden. Erlaubt euch wenigstens, etwas Liebe und Teilnahme zu zeigen, wenn das nötig ist!

Laßt euch von eurer Macht und Stellung, eurem Namen und eurem guten Ruf, eurem Reichtum und Besitz nicht dazu verführen, daß ihr auf andere herunterschaut! Wenn jemand, der dringend Hilfe braucht, sich an euch wendet, solltet ihr fähig sein, ihn herzlich anzulächeln, ihm ein paar mitfühlende Worte zu sagen und ihm zuzuhören. Selbst wenn ihr ihm nichts gebt, lächelt ihn wenigstens an und tröstet ihn mit ein paar liebevollen Worten: ‹Bruder, ich verstehe deine Probleme. Es ist ganz klar, daß du eine schwierige Zeit durchmachst. Ich wünschte, ich könnte dir helfen und deine Last erleichtern, aber leider ist mir das nicht möglich. Verzeih mir bitte!› Diese Worte werden einen besänftigenden Einfluß auf ihn haben und wie Balsam für sein gequältes Herz wirken. Er wird sich getröstet fühlen und denken: ‹Ach, wenigstens hat er mich mit seinen freundlichen Worten ein wenig beruhigt. Es ist sehr erleichternd zu wissen, daß es noch gutherzige Leute wie ihn in der Welt gibt.› Er wird neue Hoffnung und guten Mut schöpfen. Er wird nicht mehr verzweifelt und bedrückt sein und wird nicht daran denken, sich das Leben zu nehmen.

Angenommen, ihr seid grob zu einem Menschen in Not, ihr sprecht barsch mit ihm und zeigt dem Leidenden keinerlei Teilnahme oder Mitgefühl. Ihr droht ihm und jagt ihn fort. Vielleicht haben ihn vor euch schon mehrere andere auf die gleiche rauhe und lieblose Weise behandelt, und jetzt verliert er möglicherweise wegen eures rüden und gedankenlosen Verhaltens vollkommen den Mut. Die Häufung all dieser Zurückweisungen kann ihn mit Enttäuschung und Frustration erfüllen; vielleicht verzweifelt er und verliert jede Lebenshoffnung. In diesem hoffnungslosen Zustand kann er sogar seinem Leben ein Ende setzen. Wer ist dann verantwortlich für seinen Tod? Ihr habt dazu beigetragen, ihr und die anderen, die ihn schlecht behandelt haben. Euer Ego, eure Macht und Stellung haben euch geblendet. Sie haben euch herzlos werden lassen. Eure Worte und Taten haben die von eurem Ego hervorgerufene innere Blindheit widergespiegelt.

Gebt euren Wohlstand nicht auf. Gebt eure Erwartungen im Leben nicht auf. Behaltet sie, aber bemüht euch, wirklich Menschen zu sein! Versucht, die Leiden anderer zu empfinden! Ihr seid keine Maschinen oder Tiere oder Dämonen, ihr seid menschliche Wesen. Bemüht euch deshalb, liebevoll und mitfühlend zu sein, denn dies sind die Zeichen eines entwickelten Lebens! Denkt daran, daß nur ein Mensch Mitgefühl entwickeln und daß nur ein Mensch sich in andere hineinversetzen kann. Vielleicht denkt ihr: ‹Wenn er leidet, so ist das sein *karma.*› Es ist jedoch nicht eure Sache, über sein *karma* nachzudenken. Wenn es sein *karma* ist zu leiden, dann betrachtet es als euer *karma,* ihm zu helfen. Nur wenn ihr anderen helft, fördert ihr eure eigene Entwicklung. Kein anderes Lebewesen bekommt diese besondere Gabe von Gott: die Fähigkeit, zu verstehen und mitzufühlen. Benutzt sie! Mißbraucht sie nicht!

Die Fähigkeit, in Liebe und Mitgefühl zu wachsen, ist fast in Vergessenheit geraten. Wenn ihr von dieser seltenen Gabe keinen Gebrauch macht, weist ihr Gott zurück, stellt ihr euch Gott entgegen und leugnet sein Geschenk. Das ist das Schlimmste, was euch geschehen kann. Wenn bei eurer Arbeit etwas schiefgeht, so läßt sich das wieder in Ordnung bringen. Ein materieller Verlust kann rückgängig gemacht werden. Wenn ihr zum Beispiel einen großen Geldbetrag verliert, läßt sich Ersatz schaffen. Aber wenn ihr Gottes Gabe zurückweist, so ist das nicht wiedergutzumachen. Er will, daß ihr rechten Gebrauch von ihr macht. Wenn ihr sie zurückweist, behindert ihr das Fließen seiner Gnade. Ihr baut einen Damm zwischen ihm und euch. Euer Ego ist der Damm.

Amma weiß, daß die Menschen bis auf wenige Ausnahmen, die man an den Fingern abzählen kann, ehrgeizig und voller Wünsche sind. Fast niemandem, der in der Welt lebt, ist es möglich zu leben, ohne zu handeln und ohne auf die Frucht dieses Handelns zu rechnen. Und doch kann man, während man in der Welt lebt, ein glückliches und zufriedenes Leben führen. Es liegt in der Macht des Menschen, zufrieden zu sein, wenn seine Energien und Fähigkeiten in die richtigen Kanäle geleitet werden.»

37

# Leben in der Gegenwart

«Wie ist es möglich, die Vergangenheit und die Zukunft abzutrennen und alle Energien in die Gegenwart fließen zu lassen?» fragte einer der *brahmacharins.*

«Hört gut zu», sagte Amma. «Angenommen, das einzige Kind eines Ehepaars leidet an einer unheilbaren Krankheit. Der Arzt sagt, daß es kaum Hoffnung gibt, wenn kein Wunder geschieht. Die Arznei, die er dem Kind gibt, kann helfen – oder auch nicht. Der Arzt sagt: ‹Betet zum Allmächtigen! Er ist der einzige, der diese Arznei wirksam machen kann, der einzige, der dieses Kind zu retten vermag.› Der Vater und die Mutter, normalerweise nicht sehr gläubig, tun jetzt aus Verzweiflung, was der Arzt ihnen sagt. Voller Inbrunst beginnen die beiden zu beten. Warum? Weil es eine ernsthafte Gefahr und eine dringende Notwendigkeit gibt. Sie leben jetzt im Augenblick. Sie schauen ihren Sohn an, betrachten sein Gesicht, fühlen seinen Atem, streicheln seine winzigen Glieder und warten ängstlich darauf, daß er die Augen öffnet. Wenn sie kein Zeichen der Besserung sehen, rufen sie zu Gott und beten. Um vor Gott Gefallen zu finden, lesen sie in einer heiligen Schrift. Sie legen große Liebe und großes Mitgefühl für jeden an den Tag, der kommt, um das Kind zu sehen. Auch wenn ihr größter Feind käme, würden sie ihm in diesem Moment einen Platz anbieten und freundlich mit ihm sprechen. Das täten sie, weil sie nun keinem gegenüber ein Gefühl von Haß haben. Sie sprechen über niemanden etwas Schlechtes. Sie sind plötzlich sehr demütig und liebevoll. Es ist, als wären sie dadurch, daß sie wirklich in der Gegenwart leben, für eine kurze Zeit wie Heilige oder Erleuchtete geworden, bis das Kind gerettet ist oder stirbt. In beiden Fällen werden die alten Neigungen jedoch schnell wiederkommen.

Aber warum verhalten sie sich so? Wie ist es möglich, zu dieser besonderen Zeit Vergangenheit und Zukunft zu vergessen? Sie schenken dem Streit vom Vortag keine Beachtung mehr; sie haben ihn völlig vergessen. Das Leben ihres Kindes ist in Gefahr, also schwebt ihnen ein gemeinsames Ziel vor: daß es gesund wird. Dafür arbeiten sie nun mit großer Liebe zusammen. Vielleicht können sie einander zum erstenmal in ihrem Leben wirklich lieben. Auch empfinden sie niemandem gegenüber Feindseligkeit. In der momentanen Krise denken sie nicht an die Zukunft, nicht an das Morgen, nicht einmal an den nächsten Moment. Während sie voller Hoffnung das Gesicht ihres Sohnes anschauen, ist es ihnen unmöglich, an die Zukunft zu denken.

Alle ihre Gedanken sind im Jetzt. Wird er jetzt seine Augen öffnen? Jede Bewegung des kindlichen Körpers erfüllt sie mit Hoffnung. Sie leben im Augenblick, sind im Geschehen gegenwärtig, wollen nicht an die Möglichkeit denken, daß ihr Sohn sterben könnte. Sie wollen nur an das Leben denken. Dank ihrer gemeinsamen Sorge um ihren Sohn sind sie im Einklang miteinander, sind sie einander und denen, die zu Besuch kommen, dankbar.

Von woher bekommen sie die Kraft, selbst zu Menschen, die sie sonst nicht leiden können, bescheiden, freundlich und gütig zu sein? Wie bekommen sie die Kraft, in der Gegenwart zu leben, Vergangenheit und Zukunft zu vergessen? Sie bekommen sie aus dem Leben in der Gegenwart, aus dem Leben von Augenblick zu Augenblick, während das Leben ihres Sohns an einem seidenen Faden hängt. Ein ständig vorhandenes Bedürfnis und Verlangen erlaubt ihnen, im Jetzt zu leben. Die Gefahr für das Leben ihres Sohnes hilft ihnen zu beten und zu allen, die kommen, teilnahmsvoll und freundlich zu sein. Sie spüren, daß das Kind nicht nur Gottes Gnade braucht, sondern auch den Segen und die Fürbitte aller Leute; deshalb bitten sie alle, die kommen, um das Kind zu sehen: ‹Betet bitte für ihn, betet bitte für unseren Sohn!›

Dies ist nur ein Beispiel dafür, daß ihr die geistige Kraft und Stärke habt, alle eure Energien in das Jetzt zu lenken und alles Bedauern über die Vergangenheit und alle Ängste um die Zukunft zu vergessen.

Erinnert euch in jedem Moment daran, daß die große Bedrohung des Todes gegenwärtig ist. Wenn wir das erkennen, wirkt es auf unser Ego wie ein Schlag. Wenn wir spüren können, daß der Tod bevorsteht, hilft uns das, in der Gegenwart zu leben. Es hilft uns, Anteilnahme für andere zu empfinden. Eure Energien können nur dann in die richtigen Bahnen gelenkt werden, wenn ihr die Notwendigkeit dazu einseht. Ihr müßt euch dessen bewußt werden, daß ihr eure gewaltigen Kräfte verschwendet, die dazu genutzt werden müßten, etwas Größeres im Leben zu erreichen. Wenn ihr den enormen Verlust bemerkt, wißt ihr auch, daß eure Energien geschont und richtig eingesetzt werden müssen, um einen bleibenden Gewinn zu erzielen. Ihr dürft im selben Arbeitsgebiet bleiben, aber ihr könnt eine ungemein inspirierende Kraftquelle werden, wenn eure Energien in die richtigen Kanäle gelenkt werden.»

## 38

# Sei zufrieden mit dem, was du hast!

Die Silhouette der Kokospalmen vor dem Hintergrund des Himmels und der alten Flußarme betrachtend, sagte Amma zu den um sie versammelten Devotees: «Seht, wie schön die Natur ist. Im Einklang mit der Natur zu leben trägt Glück und Zufriedenheit in sich selbst.»

Ein *brahmacharin* sagte: «Wie schade, daß die Menschen, von denen man annimmt, sie seien die höchstentwickelten Lebewesen auf der Erde, diese Wahrheit nicht verstehen. Es scheint, als sei es ihnen zur Natur geworden, sich zu beklagen und unzufrieden zu sein.»

Amma: «Es gab einmal eine Zeit, als viele, viele Menschen in der Welt so unglücklich waren, daß sie alle zu Gott um Erleichterung baten und bettelten. Jeder Mensch, der mit seinem Los im Leben unzufrieden war, beschwerte sich und sagte, er würde nur zu gern mit einem anderen tauschen. Gott erhörte ihre Rufe und zeigte sich ihnen. Alle Menschen mit Beschwerden versammelten sich vor ihm in einem weiten Tal. Gott sprach zu ihnen: ‹Friede sei mit euch! Ich habe euer bekümmertes Klagen gehört, und eure Gebete haben mich veranlaßt zu kommen. Legt alle eure Schwierigkeiten und Sorgen vor mir nieder, alle Krankheiten, Behinderungen und Kümmernisse, die euch Beschwerden und Leid bereiten.›

Bereitwillig warfen die Leute alle ihre Bürden, ihre Sorgen und Ängste auf die Talsohle. Dort kam so ein großer Haufen von Kümmernissen zusammen, daß er das ganze Tal füllte und darüber einen Berg bildete. Dann verkündete Gott: ‹Im Tausch gegen das, was ihr abgelegt habt, könnt ihr euch jetzt aus diesem Berg von Kümmernissen jede Bürde aussuchen, die ihr lieber habt.›

Es gab ein wildes Gedränge, als jeder nach der Bürde aus Leid griff, die einem anderen gehört hatte – in der Hoffnung, sie sei leichter als die, die er vorher geschleppt hatte. Die Bürde des Bettlers wurde gegen die des Reichen vertauscht, die kinderlose Frau nahm sich die Bürde, die einer kinderreichen Frau gehört hatte. Dies ging eine Weile so weiter, bis der Berg aus Kümmernissen verschwunden war. Für den Moment waren alle glücklich und erleichtert. Gott begab sich fort, und die Leute kehrten nach Hause zurück.

Aber was meint ihr, was schon am nächsten Tag geschah? Die Klagen begannen von neuem, allerdings hundertmal lauter und hundertmal bitterer als vorher. Also kam Gott wieder zur Erde und stellte sich vor die Menschen. Nun riefen alle laut und baten darum, daß sie ihre alten Probleme zurückbekämen, da sie den neuen Schmerz und Kummer, den sie gewählt hätten, nicht ertragen könnten. Gott erhörte ihre Gebete, und sie kehrten alle zu ihrer früheren Lebensweise zurück. Für den Augenblick waren sie zufrieden, aber bald wurden sie wieder unzufrieden.» Alle lachten darüber, da sie sich selbst in den Personen der Geschichte wiedererkannten.

Amma fuhr fort: «Lernt, mit dem zufrieden zu sein, was ihr habt! Wünscht euch nicht, was ihr nicht habt, und begehrt nicht, was andere haben. Meint nicht, das Leid eines anderen sei nichts im Vergleich zu eurem, oder ihr fühltet euch viel besser, wenn ihr in den Schuhen eines anderen stecken würdet. Das ist nicht wahr. Jeder einzelne hat sein eigenes Bündel von Problemen und Sorgen. Ihr könnt eure Schwierigkeiten nicht gegen die eines anderen Menschen vertauschen, weil ihr das Leid des anderen nicht ertragen könntet. Dasselbe gilt für das Glück. Ihr findet, daß euer Nachbar glücklicher sei als ihr, und betet zu Gott, daß ihr werdet wie er. Aber wenn ihr sein ‹Glück› näher anschaut, erkennt ihr, daß ihr um die falsche Sache gebetet habt. Das Glück und die Sorgen eures Nachbarn gehören ihm; so wie eure Freuden und Sorgen nur euch gehören. Erkennt diese Wahrheit, und seid zufrieden mit dem, was ihr habt! Ihr könnt nicht mehr oder weniger haben, als was für euch bestimmt ist. Was ihr habt, ist euch zugedacht.»

Ein anderer *brahmacharin* bemerkte: «Deshalb sagen die heiligen Schriften auch: ‹Der nächste Moment gehört nicht uns. Wir haben keine Herrschaft über ihn. Tue deshalb jetzt sofort, was du tun willst! Verschiebe es nicht!› Stimmt das nicht, Amma?»

«Die Bedrohung durch den Tod ist die größte Gefahr für unser Ego. Sie ist immer vorhanden, aber wir sehen sie nicht», antwortete Amma. «Wir hören die leisen Schritte des Todes nicht, deshalb halten wir an unseren Neigungen fest und wollen unsere Lebensweise nicht ändern. Weil wir diese große Herausforderung ignorieren, haben wir weder Liebe noch Mitgefühl und sind nicht bereit, die Sorgen und Leiden anderer Menschen zu teilen. Deshalb sind wir nicht demütig. Die demütigendste Erfahrung, der Tod, ist nur einen Schritt hinter uns; sagt deshalb nicht ‹Morgen›. Die richtige Zeit zu tun, was getan werden muß, ist jetzt. Wir sollten jetzt geloben, einen Wandel in unserer Haltung zum Leben zu vollziehen.

Hier ist eine Geschichte dazu: Einmal kam ein Brahmane zu dem großen König Yudhishthira, um Hilfe für die Finanzierung der Hochzeit seiner Tochter zu erbitten. Yudhishthira sagte: ‹Verehrter Brahmane, kommt morgen abend. Dann gebe ich Euch die nötigen Mittel.› Der arme Brahmane verließ enttäuscht den Palast. Er mußte sich um viele Dinge kümmern und hatte gehofft, das Geld sofort zu bekommen.

Kurz darauf begannen Becken zu dröhnen, Trompeten zu erschallen, und das Echo von Kriegstrommeln hallte durch den ganzen Palast. Das war sehr ungewöhnlich. Normalerweise gab es solch triumphale Aufzüge nur, wenn der König siegreich aus dem Krieg zurückkehrte. Als Yudhishthira den Spektakel hörte, wurde er ärgerlich, weil gar kein Krieg im Gange war. Er schickte einen Boten, um herauszufinden, was es mit dem Lärm auf sich hätte. Der Bote kam zurück und berichtete, daß die Musikgruppe auf Bhimas[1] Befehl spielte. Bhima wurde sofort herbeigerufen und zu einer Erklärung aufgefordert. Er antwortete sehr höflich: ‹Eure

---

[1] Yudhishthira ist der älteste und Bhima der zweitälteste der fünf mit Krishna verwandten Pandava-Brüder aus dem *Mahabharata*-Epos. Die auf der Seite des Rechts kämpfenden Pandavas besiegten ihre Vettern, die Kauravas, die sich in Missetaten verstrickt hatten. Bhima war berühmt für seine Stärke.

Majestät, ich habe nur Euren Sieg gefeiert.› ‹Meinen Sieg?› rief Yudhishthira aus, ‹aber es hat keinen Sieg gegeben!› Bhima sagte: ‹O doch, Herr, es hat einen Sieg gegeben. Ihr habt den Brahmanen fortgeschickt und ihm gesagt, er solle morgen wiederkommen. Dies kann nur bedeuten, daß ihr einen Sieg über den Tod errungen habt, denn wer anders, als wer den Tod besiegt hat, könnte irgend etwas über den nächsten Augenblick wissen, ganz zu schweigen vom nächsten Tag?› Der weise Yudhishthira verstand die in Bhimas Handeln versteckte Botschaft. Er sah seinen Fehler ein, gab ihn zu und war Bhima dankbar, daß er ihm geholfen hatte, seine Augen für die Wahrheit zu öffnen. Er rief dann den Brahmanen zu sich und gab ihm mehr als genug, damit er die Hochzeit seiner Tochter ausrichten konnte.

Die Einsicht, daß der Tod jederzeit eintreten kann, führt uns zu echtem Glauben und zur Annäherung an Gott. Der Tod wird uns alles entreißen, was wir haben. Dieser Körper, den wir lieben und um den wir uns so sehr kümmern, wird nicht mit uns kommen. Wenn wir sterben, können wir nicht einmal eine Nadel mit uns nehmen. Versteht diese große Wahrheit, sucht Zuflucht zu Füßen des höchsten Herrn und seid glücklich und zufrieden mit allem, was euch zuteil wird!»

39

# Man findet das Glück, wenn man es nicht sucht

Ein *brahmacharin* fragte: «Amma, es heißt, man verfehle das Glück, wenn man es anstrebt. Warum ist das so?»

«Weil die Suche nach Glück Unzufriedenheit hervorruft», erwiderte Amma. «Das Suchen führt zwangsläufig zu innerer Aufgewühltheit, und ein aufgewühltes Gemüt ist ein unglückliches Gemüt. Das Glück, nach dem ihr sucht, liegt immer in der Zukunft und nie in der Gegenwart. Die Gegenwart ist in euch. In eurem Verlangen, das Glück zu fassen, erschafft ihr eine Hölle in eurem Gemüt. Was ist denn letzten Endes das Gemüt? Es ist die Anhäufung eures Unglücks, eurer Negativität und Unzufriedenheit. Das Gemüt ist das Ego, und das Ego kann nicht glücklich sein. Wie kann man mit einem solchen Gemüt das Glück suchen? Je mehr man sucht, desto unglücklicher wird man. Glück stellt sich nur ein, wenn das Gemüt und alle seine egozentrischen Gedanken vergehen. Um glücklich zu sein, müßt ihr das Glück vergessen. Um zufrieden zu sein, müßt ihr die Zufriedenheit vergessen. Hört auf, in der Vergangenheit und in der Zukunft zu leben! Hört auf, das Glück zu suchen, und ihr werdet feststellen, daß ihr nicht mehr unglücklich seid! Hört auf, Zufriedenheit zu suchen, und ihr werdet plötzlich zufrieden sein! Betet um ein Gemüt, das in allen Lebensumständen zufrieden ist!

Vishnu sagte einmal zu einem seiner Verehrer: ‹Ich bin dein ständiges Bitten leid. Ich werde dir drei Wünsche gewähren; danach gebe ich dir nichts mehr.› Der Devotee war begeistert, dies zu hören, und zögerte nicht, seinen ersten Wunsch auszusprechen. Er bat darum, daß seine Frau sterben möge, damit er eine bessere Frau heiraten könnte. Der Wunsch wurde sofort erfüllt.

Aber als die Freunde und Verwandten zur Beisetzung zusammenkamen und sich an alle guten Eigenschaften seiner Frau erinnerten, erkannte der Devotee, daß er zu hastig gehandelt hatte. Er sah ein, daß er für alle ihre guten Seiten blind gewesen war, und fing an zu zweifeln, ob er je wieder eine so gute Frau wie sie finden würde. Als die Zeit kam, seinen zweiten Wunsch auszusprechen, bat er daher den Herrn, sie wieder zum Leben zu erwecken. Nun hatte er nur noch einen Wunsch gut. Er war entschlossen, diesmal keinen Fehler zu machen, weil er keine Chance hätte, ihn zu korrigieren. Er fragte viele, und einige Freunde rieten ihm, um Gesundheit und Reichtum zu bitten. Andere meinten, er solle sich Unsterblichkeit wünschen. Aber wozu sei Unsterblichkeit gut, sagten wieder andere, wenn er nicht bei guter Gesundheit sei? Und wozu sei Gesundheit gut, wenn er kein Geld hätte? Und wie könnte er sich darüber freuen, Geld zu haben, wenn er keine Freunde hätte?

Jahre vergingen, und noch immer konnte er sich nicht entscheiden, worum er bitten sollte: um Gesundheit oder Reichtum, Macht oder Liebe. Endlich sagte er zum Herrn: ‹Sag mir bitte, worum ich bitten soll.› Der Herr lachte leise über das Dilemma des Mannes und sagte: ‹Bitte darum, zufrieden zu sein, ganz gleich, was dir geschieht.› Verzichte und freue dich! Die wirkliche Frucht, das wirkliche Glück liegt in dir. Lernt, mit dieser inneren Glückserfahrung zufrieden zu sein! Wenn ihr eine Banane eßt, dann eßt ihr nur die Frucht. Ihr eßt die Schale nicht mit, weil ihr davon Bauchschmerzen bekämt. Laßt auch euren Reichtum, euer Prestige und euren Ruf nicht zum Zentrum eurer Existenz werden. Es scheint vielleicht, als brächten sie Glück, aber solches Glück ist vergänglich und mit viel Schmerz vermischt. Denkt daran: Euer wirkliches Sein liegt in eurem Inneren.»

Ein anderer *brahmacharin* fragte: «Amma, als du über Zufriedenheit sprachst, hast du gesagt, echte Zufriedenheit könne nur aufkommen, wenn man den spirituellen Aspekt der Verehrung Gottes verstünde und zur Entsagung bereit sei. Was meinst du damit?»

Amma: «Das Wort Entsagung ängstigt manche Menschen. Sie meinen, wenn Zufriedenheit nur durch Entsagung gewonnen werden könne, dann sei es besser, nicht zufrieden zu sein. Sie fragen sich, wie sie ohne Wohlstand, ohne ein gemütliches Haus, ein schönes Auto, ohne Ehemann oder Ehefrau, ohne alle Annehmlichkeiten und ohne Luxus ein glückliches Leben führen könnten. Ohne dies alles, so denken sie, wäre das Leben unmöglich, es wäre die Hölle.

Aber kennt ihr irgend jemanden, den sein Besitz wirklich glücklich und zufrieden macht? Die Menschen, die das Glück im Luxus und in den vielen Annehmlichkeiten des Lebens suchen, sind die unglücklichsten. Je mehr Reichtum und Luxus man hat, desto mehr Sorgen und Probleme hat man. Je mehr man wünscht, desto unzufriedener fühlt man sich, weil die Wünsche kein Ende haben. Die Kette von Gier und Selbstsucht wird immer länger – sie ist endlos. Ein Mensch, der immer daran denkt, mehr und mehr zusammenzutragen, kann nicht zufrieden sein. Das heißt nicht, daß man sich, um zufrieden zu sein, nie einen Wunsch erfüllen dürfte. Darum geht es nicht. Es geht darum, daß man lernen sollte, mit dem, was man hat, zufrieden zu sein. Bloß mehr Besitz zu erwerben und Ehre und Prestige zu suchen, darf nicht das einzige Ziel im Leben sein. Pflüge das Feld, säe die Saat aus, kümmere dich um die jungen Pflanzen, jäte das Unkraut, bewässere und dünge, und warte dann geduldig! Wenn dies alles gut getan ist, in einer Haltung der Selbsthingabe und Liebe, dann wird es eine reiche Ernte geben. Alle Taten tragen Frucht, und das ist die Zukunft. Aber mache dir keine Sorgen um die Zukunft! Warte geduldig, lebe in der Gegenwart, führe deine Handlungen mit Konzentration und Liebe aus! Handeln kannst du nur in der Gegenwart. Liebe jede Handlung; finde Glückseligkeit in allem, was du tust! Das ist das Wichtigste. Wenn jedes Handeln gegenwartsbezogen ist, darfst du gute Ergebnisse erwarten.

Nur wenn man in der Gegenwart lebt, kann man ganz und gar genießen, was man hat. Das heißt, daß ihr aufhören müßt, euch über die Ergebnisse eures Handelns zu beunruhigen, daß ihr aufhören müßt, euch über Dinge Sorgen zu machen, die in der Vergangenheit getan worden sind. Wirkliche Entsagung heißt, Vergangenheit und Zukunft unbeachtet zu lassen. Die Vergangenheit ist der Abfalleimer, in den ihr alle früher ausgeführten

Handlungen geworfen habt; sie ist eine Lagerstatt alles Guten und Schlechten. Die Vergangenheit ist auch eine Wunde. Berührt sie nicht, und kratzt nicht an ihr! Macht sie nicht größer! Wenn ihr an der Wunde kratzt – das heißt, wenn ihr in Erinnerungen eintaucht –, wird sich die Wunde entzünden. Versucht lieber, sie heilen zu lassen! Heilung gibt es nur durch Glaube an und Liebe zu Gott. Dies ist nur in der Gegenwart möglich. Ruft euch Gott in Erinnerung, singt seinen Namen, meditiert über seine Gestalt und wiederholt euer *mantra!* Das ist die beste Medizin, um alte Wunden zu heilen. Nehmt diese Medizin, um die Vergangenheit zu vergessen, und macht euch keine Sorgen um die Zukunft!

Wirkliche Hingabe bedarf der Entsagung. Daran mangelt es den meisten sogenannten Devotees. Ein solcher Mensch brütet fortwährend über der Vergangenheit, oder er träumt von der Zukunft und baut Luftschlösser. Selbst wenn er Gottes Namen singt, verliert er sich dabei in Erinnerungen oder erschafft sich irgendeinen Zukunftstraum. So entgeht ihm die Schönheit, die im Singen der Namen Gottes liegt. Er weiß die göttliche Schönheit seiner auserwählten Gottheit und die liebevolle, mitfühlende Gestalt seines Guru nicht zu schätzen, und darum entgeht ihm auch die Gnade. Seine Gebete sind leer; er schaut nie in sein eigenes Herz. Nie kostet er die innere Freude aus, die Hingabe und Liebe in ihm erwecken. Weil es ihm an der Fähigkeit zur Versenkung fehlt, sind seine Meditationen trocken. Weil er weder der Vergangenheit noch der Zukunft entsagen kann, entgeht ihm die Schönheit der Gegenwart. Seinem Handeln fehlt die innere Überzeugung, und seine Worte können nicht mitreißen. Im Jetzt zu leben ist der spirituelle Aspekt der Hingabe. Der sogenannte Devotee kümmert sich aber mehr um den materiellen Aspekt seines Glaubens. Für ihn ist Glaube an Gott eine Teilzeitbeschäftigung. Seine Gebete und Meditationen sind nicht echt. Er kann nicht loslassen und ist so verhaftet, daß er manchmal ausruft: ‹Ach, ich kann meine Erinnerungen nicht vergessen! Sie packen mich und lassen mich nicht los.› Wie schade! Erinnerungen können ihn nicht binden; sie sind leblos und daher unwirksam. Sie haben keine Kraft in sich selbst. Der sogenannte Devotee ist es, der ihnen Macht gibt; er ist es, der nach ihnen greift. Wenn er seinen Griff nur lockern würde, wäre er frei. Er philosophiert viel über Entsagung und Selbstlosigkeit, aber er meint es nicht ernst.

Amma hat folgende Geschichte gehört: Ein Mann sagte zu einem anderen: ‹Ich liebe den Weg der Entsagung und des selbstlosen Dienens.›

Der andere sagte: ‹Weißt du überhaupt, was Entsagung und Selbstlosigkeit bedeuten?›

Der erste antwortete: ‹Ja, das weiß ich.›

‹Dann solltest du›, entgegnete der zweite, ‹wenn du zwei Fernsehgeräte hast, eins davon jemandem geben, der keins hat.›

‹O ja, das kann ich tun›, sagte der erste.

‹Gut›, sagte der zweite, ‹wenn du jetzt zwei Autos hättest, müßte eins an jemanden gehen, der keins hat.›

Der erste erwiderte: ‹Kein Problem. Sieh es als geschehen an.›

Erstaunt über diese Großherzigkeit fuhr der zweite Mann fort: ‹Und wenn du zwei Kühe hättest, würdest du also eine weggeben? Ist das richtig?›

‹Nein, das ist unmöglich!› rief der erste Mann aus. ‹Das kann ich nicht tun.›

Der zweite war verblüfft: ‹Warum nicht? Es ist doch dieselbe Logik, oder nicht? Wenn du bereit bist, auf ein Fernsehgerät und ein Auto zu verzichten, warum zögerst du dann, eine dumme Kuh wegzugeben?›

Der erste Mann erklärte: ‹Nein, das ist absolut nicht dieselbe Logik. Ich habe keine zwei Fernsehgeräte und keine zwei Autos, aber ich habe zwei Kühe!›

Das ist unsere Art von Entsagung. Wir machen alle möglichen Ausflüchte: ‹Wenn ich dies nur hätte, würde ich dir helfen. Wenn ich das nur gehabt hätte, hätte ich dir gegeben, was du brauchtest.› Aber wenn wir die Mittel zum Helfen besitzen, vergessen wir unsere Versprechungen völlig. Wir machen Versprechungen im Hinblick auf das, was wir nicht haben, aber wir sind keineswegs bereit, uns von etwas zu trennen, was wir haben.»

# 40

# Ehrfurcht vor allem Leben

Einige Ashrambewohner hatten einen jungen Mangobaum von einer Stelle an eine andere Stelle im Ashramgelände verpflanzt, wo sie ihn besser plaziert fanden. Aber keiner von ihnen hatte vorher nach Ammas Einverständnis gefragt.

Ein oder zwei Tage danach bemerkte Amma auf einem Rundgang durch das Ashramgelände, daß der Mangobaum nicht mehr an seiner Stelle war. Niemand wagte, ein Wort zu sagen, denn der Baum hatte gleich nach seiner Verpflanzung dahinzuwelken begonnen. Schließlich berichtete einer der *brahmacharins* Amma, was geschehen war, und führte sie zu der Stelle, wo der Baum jetzt stand. Amma war erschüttert, den Baum in seinem traurigen Zustand zu sehen, und rief aus: «Was habt ihr mit diesem Baum gemacht? Wie konntet ihr das tun? Warum habt ihr mich nicht vorher gefragt? Ich hätte das nie erlaubt. Ich kann diesen armen, verwelkten Baum gar nicht anschauen.»

Ammas Gesicht und ihre Stimme waren schmerzerfüllt. Sie kauerte sich auf den Boden und bedeckte ihre Stirn mit den Händen. Die Umstehenden sahen, daß Amma sich Tränen aus den Augen wischte. Während einige sich fragten, warum Amma wegen einer so unbedeutenden Angelegenheit weinte, waren andere voller Bewunderung für die Liebe und das Mitgefühl, die sie der ganzen Natur entgegenbrachte.

Nach langem Schweigen sagte Amma: «Kinder, bitte zerstört nie wieder Leben so wie dieses! Wer den spirituellen Weg beschreitet, darf so nicht handeln. Unser Ziel ist, das Leben überall zu fühlen. Wir müssen Zerstörung vermeiden. Wir haben kein Recht zu zerstören. Wir können nicht erschaffen, deshalb sollten wir auch nicht zerstören. Nur Gott kann erschaffen, erhalten und zerstören. Diese drei Dinge gehen über unsere Fähigkeit hinaus.

Solche großen Taten fallen nur in seine Zuständigkeit. Wenn ihr Dinge und Situationen selber nicht richtig beurteilen könnt, dann holt euch Rat bei verständigen oder weisen Leuten. Und wenn sie euch nicht richtig beraten können, dann bleibt still. Es ist klüger, nichts zu tun, als töricht zu handeln.

Wir müssen uns darauf besinnen, daß alles empfindungsfähig ist, daß alles von Bewußtsein und Leben erfüllt ist. Bloße Materie gibt es nicht; nur Bewußtsein existiert. Wenn wir in dieser Haltung an alle Situationen herangehen, wird es uns unmöglich zu zerstören, ja die Idee des Zerstörens selbst verschwindet. Nur dann könnt ihr der Welt helfen.

Wenn Amma über die ‹Welt› spricht, meint sie nicht nur die Menschen. Die ‹Welt› schließt alles ein – Menschen und Tiere, Pflanzen und Bäume –, die ganze Natur. Es ist wahr, daß die Menschen die am sichtbarsten entwickelten Geschöpfe sind, aber das heißt nicht, daß andere Formen des Lebens keine Gefühle haben. Die *Veden* und *Upanishaden* sagen, daß alles von Bewußtsein durchdrungen ist.

Gott wohnt in allem. Es steht nirgendwo, daß Gott nur in den Menschen und nicht in Tieren oder anderen Formen des Lebens wohnt. Er ist in den Bergen, den Flüssen, den Tälern, den Bäumen; er ist in den Vögeln, den Wolken, den Sternen, in Sonne und Mond, überall. Gott wohnt in *sarva charaachara,* im Bewegten wie im Unbeweglichen. Wie kann ein Mensch, der das verstanden hat, töten und zerstören?

Ihr denkt vielleicht, daß nur Menschen sprechen, laufen, handeln, denken und fühlen, während Pflanzen das nicht können. Ihr denkt, sie seien leblos, also schneidet ihr sie ab, zerstört sie und nutzt sie für eure eigenen selbstsüchtigen Zwecke. Aber alles in der Natur hat einen Zweck zu erfüllen. Es gibt keine Fehler in der Schöpfung. Alles ist wohlberechnet und genau bemessen. Die Proportionen sind perfekt.

Jedes Geschöpf, jedes von Gott erschaffene Ding, ist etwas Besonderes. Denkt an die Wunder der Natur. Kamele können Wasser speichern; dem Känguruh ist eine Art Wiege gegeben, in der es überall, wohin es geht, sein Baby mit sich trägt. Und selbst die unbedeutendsten und scheinbar schädlichen Geschöpfe und

Pflanzen haben einen besonderen Nutzen; sie haben ihre eigene Rolle zu spielen. Amma hat gehört, daß Spinnen die Zahl der Insekten im Gleichgewicht halten; Schlangen sorgen dafür, daß die Nagetiere nicht überhandnehmen, und selbst das winzige, einzellige Plankton im Ozean dient als Nahrung für Wale. Wir kennen nicht von allem den Zweck; die Natur ist für uns ein Geheimnis. Deshalb handeln wir unsinnig und vernichten Bäume, Pflanzen und Tiere. Viele ayurvedische Kräuter und Pflanzen sehen für uns wie nutzloses Unkraut aus, und aus Unwissenheit vernichten wir sie. Aber ein erfahrener ayurvedischer Arzt weiß, wie nützlich und wichtig sie sind.

Das bloße Dasein des Menschen hängt von der Natur ab. Die Natur ist ein unentbehrlicher Teil des Lebens auf der Erde. Ohne sie kann kein Geschöpf leben, weder der Mensch noch sonst eines. Deshalb ist es eine unserer ersten Pflichten, uns liebevoll um alles Lebendige zu kümmern. Ihr denkt vielleicht, es sei ein geringeres Unrecht, einen Baum oder eine Pflanze zu vernichten als einen Menschen. Diese Vorstellung ist falsch. Auch Pflanzen und Bäume haben Gefühle und empfinden Furcht. Wenn jemand sich einem Baum oder einer Pflanze mit einer Axt oder einem Hackmesser nähert, fürchtet sich die Pflanze; sie zittert vor Angst. Es bedarf eines feinen Ohrs, ihr Schreien zu hören, eines feinen Auges, ihre Hilflosigkeit zu sehen, und eines feinen Gespürs, ihre Furcht zu empfinden. Ihr seht ihr Leiden nicht, aber wenn ihr ein mitfühlendes Herz habt, könnt ihr es empfinden. Um den Schmerz einer Pflanze wahrzunehmen, muß euer inneres Auge offen sein. Leider seht ihr feine Dinge nicht mit euren äußeren Augen. Deshalb vernichtet ihr einen hilflosen Baum oder eine Pflanze.

Es ist wissenschaftlich erwiesen, daß nicht nur Menschen und Tiere, sondern auch Pflanzen und Bäume Empfindungen und Gefühle haben. Sie können sich sogar bis zu einem gewissen Grad ausdrücken; und wenn wir die richtige Haltung einnehmen, können wir lernen, sie zu verstehen. Nachdem die Heiligen und Weisen Indiens sich in früheren Zeitaltern gründlich in das Laboratorium ihres eigenen Bewußtseins vertieft hatten, lehrten sie uns, daß auch Pflanzen und Bäume Gefühle haben und daß sie ihre Gefühle ausdrücken können, wenn man ihnen gegenüber eine liebevolle und mitfühlende Haltung einnimmt.

Die Geschichte von Shakuntala veranschaulicht dies sehr gut. Shakuntala war das adoptierte Kind eines Weisen namens Kanwa. Von Kindheit an liebte Shakuntala aus innerem Antrieb die Natur, die Tiere, Pflanzen und Bäume und kümmerte sich um sie wie um ihr eigenes Leben. Jeden Tag wässerte Shakuntala die Pflanzen und Büsche rund um die Einsiedelei und verbrachte viel Zeit im Garten damit, ihnen ihre Liebe zu zeigen. Sie streichelte und küßte die Pflanzen sogar. Dieselbe Liebe zeigte sie auch den Tieren und Vögeln. Es gab einen Jasminbusch, für den sie eine ganz besondere Liebe und Anhänglichkeit empfand. Sie verbrachte täglich Stunden damit, seine Blätter zu waschen und an seinen köstlich duftenden Blüten zu riechen.

Einmal kam ein König auf der Jagd in diesen Wald, sah Shakuntala, verliebte sich in sie, und es kam schließlich zur Heirat. Es heißt, daß sich alle Pflanzen und Bäume an dem Tag, als Shakuntala die Einsiedelei verließ, tief herabneigten, so als ließen sie ihre Köpfe vor Kummer hängen. Shakuntala ging zu jedem einzelnen Baum, zu jeder Pflanze und jedem Tier und sagte ihnen mit Tränen in den Augen Lebewohl. Die Rehe und Pfauen vergossen Tränen der Trauer, als Shakuntala sich von ihnen verabschiedete. Und der Jasminstrauch, den sie am meisten liebte, schlang sogar seine Ranken um Shakuntalas Füße, so, als wollte er sie am Fortgehen hindern.»

Amma unterbrach den Fluß ihrer tiefgründigen Worte und sah den Mangobaum an. Eine Weile betrachtete ihn Amma schweigend, dann verlor sie sich in eine nachdenkliche Stimmung. Während Amma mit geschlossenen Augen dasaß, rannen ihr Tränen die Wangen herunter. Vielleicht litt sie mit dem Mangobaum; vielleicht weinte sie um etwas anderes, was wir nie erfahren werden.

41

# Amma erinnert sich an alle

Wenige Tage nachdem Amma den verpflanzten Mangobaum umarmt und sich bei ihm wegen der Gedankenlosigkeit ihrer Schüler entschuldigt hatte, sproßten neue Blätter an dem Baum, den alle schon für tot gehalten hatten. Er war ganz kahl gewesen und sah nun wieder gesund aus.

An diesem Tag traf ein Devotee ein, der den *ashram* nicht sehr oft besuchen konnte. Er sagte zu Amma: «Ich bin die meiste Zeit von dir getrennt und sehe dich kaum mehr als einmal im Monat. Amma, denkst du jemals an mich, wenn ich nicht hier bin?»

«Amma denkt an alle!» erwiderte sie lachend. «Wie kann Amma irgend jemanden vergessen, wenn das ganze Universum in ihr ist. Ihr alle seid Teile von Amma. Wie kann das Ganze seine Teile vergessen? Der Teil existiert im Ganzen. Er denkt vielleicht, daß er vom Ganzen verschieden sei, aber das Ganze, das die Seele aller Dinge ist, weiß, daß der Teil zu ihm gehört. Die höchste Seele ist reine, transzendente Liebe; sie kann den Teil nicht als von sich selbst verschieden ansehen; deshalb ist ein Vergessen gar nicht möglich. Amma erinnert sich immer an dich; aber es ist ebenso wichtig, daß du an Amma denkst. Wenn du dich daran erinnerst, daß du Ammas Kind bist, Ammas Sohn oder Tochter, Ammas Schüler oder Devotee, daß sie dich immer begleitet, daß sie alle deine Handlungen sieht und deine einzige Beschützerin und Führerin ist, dann erinnerst du dich an das Ganze – du besinnst dich auf dein wirkliches Wesen und deine wahre Heimstatt.

Auch spirituelle Übungen wie Meditation und Gebet dienen der Besinnung auf das Ganze; auch sie sind Erinnerung an Gott, in dem du existierst. Spirituelles Üben erinnert dich daran: ‹Ich bin nicht unabhängig, sondern ein Teil des Ganzen – ich bin sogar eins mit dem Ganzen.› Alles Beten und alle Besinnung auf Gott oder den Guru erinnert dich an die große Wahrheit, daß du kein getrenntes Wesen bist, kein begrenztes Individuum, sondern daß du Gott gehörst, daß du Er bist. Wenn diese liebevolle Erinnerung in dir aufsteigt, kannst du nie fern von Amma sein, noch kann Amma dir jemals fern sein.

Ein vom Ego verblendeter Mensch vergißt andere, weil er selbstsüchtig ist. Ohne Interesse und Mitgefühl lebt er in seiner eigenen kleinen Welt und sieht alles als von sich getrennt an. Er sieht die Vielheit und kann daher das Leben nicht als Ganzes sehen. Aber die Sicht eines Mahatma ist ganz anders: Er hat sein Gemüt vollkommen entleert und mit Liebe und Mitgefühl neu gefüllt; er ist egolos. Er ist hellwach, und sein alldurchdringendes Bewußtsein sieht und hört alles. Alles geschieht in seinem Inneren. In ihm existiert das ganze Universum. Das ist die Bedeutung von Krishnas *vishwarupa darshana*[1]. Nichts ist von Gott verschieden. Er erkennt sein Einssein mit der ganzen Schöpfung und erblickt alles als sein Eigen, als sein eigenes Selbst.

Mahatmas leben in Liebe und Mitgefühl. Indem sie ihre individuelle Existenz vergessen und auf allen Komfort verzichten, erinnern sie sich nicht nur fortwährend an andere, sie dienen auch selbstlos der Welt. Da sie für das Ego tot sind, können sie nicht an ihr eigenes Glück oder ihre Bequemlichkeit denken. Deshalb haben solche Fragen wie deine, mein Sohn, keine Bedeutung. Deine Frau, deine Kinder, Eltern und Freunde können dich vergessen. Geh für einige Zeit fort, und sie werden irgendwann nicht mehr an dich denken. Wenn ein Ehemann stirbt, wird seine Frau gewiß weinen und sich an die süßen Zeiten erinnern, die sie mit ihm verbrachte. Aber bald wird sie lernen zu vergessen und vielleicht sogar einen anderen heiraten. Und wenn eine Ehefrau stirbt, wird der Gatte ebenso handeln.

---

[1] Der *vishwarupa darshana* fand während der Lehrrede Sri Krishnas an Arjuna in der *Bhagavad Gita* statt, die einen Teil des Epos *Mahabharata* bildet. Der Herr offenbarte Arjuna in einer mystischen Vision, daß er das ganze Weltall ist; die Sonne ist sein Auge, der Mond ist sein Gemüt, und so weiter. Arjuna sah, daß jede Gestalt eine Gestalt Gottes ist.

In allen weltlichen Beziehungen spielt sich dies zwangsläufig so ab, weil die Menschen begrenzt, egozentrisch und selbstsüchtig sind. Gewöhnliche Leute, die unter dem Druck ihrer *vasanas* stehen, können nicht anders als vergessen. Nach dem Tod einer Gattin oder eines Gatten ist die ganze Erinnerung wahrscheinlich auf einen jährlichen Gedenktag beschränkt. Oder vielleicht ruft das große, aufwendig gerahmte Foto auf dem Kaminsims einmal Erinnerungen hervor. Mit einem Seufzer murmelt ihr dann vielleicht: ‹Ach, er (sie) war ein guter Mensch, aber was kann ich tun? Ich bin hilflos. Ich muß leben, also habe ich einen anderen Partner gefunden. Von allen Seiten wurde ich bedrängt.› Schluß. Die Erinnerung ist vorbei! Zwischen jedem neuen Erinnern liegt eine lange Periode des Vergessens.

Aber ein Mahatma steht über aller solcher Schwäche. Sein Herz ist so weit wie das Universum. Er ist unendlicher Raum, der alle Dinge und Menschen in sich fassen kann. Er ist stets vollkommen wach, und deshalb kann er niemanden vergessen.

Amma erinnert sich an dich, mein Sohn, und nicht nur an dich, sondern an alle. Wie könnte Amma irgend jemanden vergessen, da sie doch in ihm ist? Gib die Zweifel auf und versuche, über deine begrenzte Sicht hinauszugehen! Frage nicht: ‹Erinnerst du dich je an mich?› Denke nicht, daß du physisch fern von Amma bist oder daß du sie nur einmal im Monat siehst. Dies sind nur Fragen und Zweifel, die dein Gemüt aufwirft. Höre nicht länger auf dein Gemüt, und du wirst Amma in deinem Herzen fühlen! Dann wirst du wissen, daß Amma dich nie vergessen hat, daß du immer in ihr existiert hast und immer in ihr existieren wirst.

Höre folgende Geschichte: Ein Liebhaber kam und klopfte an die Tür seiner Geliebten. ‹Wer ist da?› fragte die Geliebte von innen. ‹Ich bin es›, sagte der Geliebte. ‹Geh weg. Dieses Haus kann uns nicht beide fassen.› Niedergeschlagen ging der abgewiesene Liebhaber fort. Monatelang lebte er allein, grübelte und dachte über die Worte seiner Geliebten nach. Eines Tages kehrte er endlich zurück und klopfte wieder an die Tür seiner Geliebten. ‹Wer klopft?› kam eine Stimme von innen. ‹Du bist es›, war die Antwort; und sofort öffnete sich die Tür.

Liebe kann nicht zwei, sondern nur einen in sich fassen. Liebe ist *purnam,* sie ist Fülle. In der dauernden, hingebungsvollen Erinnerung der Liebe lösen sich ‹Du› und ‹Ich› auf und verschwinden. Allein die Liebe bleibt. Das ganze Universum ist in dieser reinen, ungeteilten Liebe enthalten. Liebe ist endlos; nichts kann von ihr ausgeschlossen werden. Liebe ist alldurchdringend.»

Diese Feststellung zeigt Ammas wahres Wesen, das so weit ist wie das Universum. «Ich sehe das ganze Universum als eine kleine Blase in mir», sagt Amma. Unendlichkeit ist ihre Natur. In dem Lied *Ananda Vidhi* beschreibt Amma den Zustand der Verwirklichung: «... von jenem Moment an konnte ich nichts mehr als verschieden von meinem Selbst ansehen. Ich verschmolz in der Glückseligkeit ewiger Einheit mit der höchsten *shakti* und entsagte der Welt mit allen ihren Dingen.» Der Zustand höchster Entsagung ist der Zustand äußerster Losgelöstheit. In diesem Zustand geht man über alle Form hinaus; man verliert jedes individuelle Bewußtsein und wird eins mit der Unendlichkeit.

«Wenn du dich immer an Amma erinnerst und wenn du sie liebst, genügt das. Es genügt, wenn du nur einmal am Tag aufrichtig und intensiv an sie denken kannst», fuhr Amma fort. «Wo Liebe ist, gibt es keine Ferne oder Trennung. Es ist deine Liebe zu Amma, die dich nahe bei ihr hält. Aber ob du sie liebst oder nicht, ob du ihre Liebe spüren kannst oder nicht, Amma liebt dich, und sie ist bei dir. Aber du wirst ihre Nähe oder Gegenwart nur spüren, wenn du sie liebst. Krishna tanzte oft am Ufer des Yamuna verzückt mit den Gopis von Brindaban. Eines Tages verschwand er plötzlich und kehrte lange Zeit nicht zurück. Die Gopis waren tief bekümmert. Einige weinten laut, einige wurden ohnmächtig, und andere riefen ‹Krishna, Krishna, Krishna ...›, als wären sie von Sinnen. Endlich kehrte Krishna spät in der Nacht zurück. Alle Scheu vergessend, liefen die Gopis ihm entgegen und baten: ‹O Krishna. Du bist so liebevoll zu deinen Verehrern, warum hast du uns derart bestraft? Warum bist du verschwunden und hast uns allein gelassen? Ist unsere Liebe zu dir nicht rein genug? O Krishna, du bist unser geliebter Herr und Gott. Bitte, verlasse diese Gopis nicht, die keine andere Zuflucht haben als deine Lotosfüße!›

Krishna lächelte und antwortete: ‹Meine Lieben, wie könnte ich fern von euch sein, die ihr so voller Liebe zu mir seid? Selbst die Luft, die ihr atmet, ist erfüllt von meinem Namen und meiner Gestalt. Selbst euer Herzschlag singt mein Lob. Liebe Gopis, wo reine und unschuldige Liebe ist, da gibt es keine Verschiedenheit und kein Fernsein. Obwohl die Sonne hoch oben am Himmel scheint, blühen die Lotosblumen in den Teichen auf der Erde. Ebenso sind die Lotosblumen eurer Herzen im Sonnenschein eurer Liebe zu mir voll erblüht. Wir sind für immer eins.› Und, Kinder, wie könnte es ein Gefühl von Verschiedenheit oder Ferne geben, wenn ihr immer mit Liebe und Hingabe an Amma denkt? Amma ist in euch, und ihr seid in Mutter.»

Ammas beruhigende Worte machten den Devotee sehr glücklich, und er sah Mutter mit einem freudigen Lächeln an. Dann sprach er den Wunsch aus, etwas für Amma singen zu dürfen. Er sang das Lied *Orunalil varumo …*

O Mutter von unirdischer Seligkeit,
wirst du einst
mit deinem ewig strahlenden Licht
in den Schrein meines Herzens kommen?
Zu keinem anderen Zweck
wandert dieser Bittsteller umher.

O Devi, willst du mich nicht segnen?
Mit brennendem Herzen
habe ich die göttliche Mutter überall gesucht.
O Mutter, schenk mir deine Gnade.
Streichle mich mit deinen sanften Händen.
O Mutter, gib mir Obdach.
Ich breche erschöpft zusammen.

Ich weiß, es ist wahr, daß du in mir wohnst,
aber wann kommt der Tag,
an dem ich es wirklich erfahre?

# 42

# Selbstlosigkeit und Intellekt

Am Spätnachmittag saß Amma mit ein paar *brahmacharins* und Devotees im Kokospalmenhain. Einer der *brahmacharins* stellte die Frage: «Amma, muß ein Mensch, der selbstlos handelt, irgendwelchen *sadhana* ausüben?»

Amma: «Vollkommene Selbstlosigkeit ist erst möglich, wenn man Selbstverwirklichung erlangt hat. Alle Handlungen, die wir ‹selbstlos› nennen, bevor dieser Zustand erreicht ist, sind bloße Versuche, die höchste Selbstlosigkeit zu erlangen. Selbstloses Handeln ist nur möglich, wenn das Ego vollständig ausgemerzt ist. Bis dahin werden alle Handlungen mit Selbstsucht behaftet sein. Du denkst vielleicht, daß du etwas ‹Selbstloses› getan hast, aber wenn du ein bißchen tiefer hinschaust, wirst du immer ein verstecktes Eigeninteresse feststellen.

Selbstlosigkeit ist das Ziel, das erreicht werden muß. Handeln in Verbindung mit Meditation, *japa,* Rezitation und anderen spirituellen Übungen ist das Mittel, den Zustand der Selbstlosigkeit zu erreichen. Es muß immer ein Gleichgewicht zwischen Meditation und Handeln geben. Handeln in einer Haltung der Selbsthingabe und Liebe ist der rechte Weg. Alles Tun muß fest in den wesentlichen Prinzipien der Spiritualität gegründet sein, sonst wird es euch nicht zum Ziel führen. Nur in der richtigen Haltung ausgeübtes Handeln kann euch zum Zustand der Selbstlosigkeit bringen.

Handeln im Geist der Selbstlosigkeit steht viel höher als Handeln aus selbstsüchtigen Motiven. Ein vom Ideal der Selbstlosigkeit inspirierter Mensch ist weniger an die Handlung gebunden. Diese Haltung der Selbstlosigkeit hat ihre eigene Schönheit. In dem Maße, wie ihr die Freude und Seligkeit eines solchen Handelns fühlt, tretet ihr immer tiefer in den Zustand der Selbstlosigkeit und der Meditation ein. Laßt euch am Anfang einfach von diesem Ideal inspirieren! Liebt das Ideal; seid von ihm begeistert! Am Anfang ist das eine bewußte und gewollte Bemühung. Wenn ihr immer mehr vom Ideal der Selbstlosigkeit entflammt seid, wird euer Handeln vom Herzen gelenkt werden. Dann werdet ihr tief in eurem Inneren Freude empfinden. Neben dem selbstlosen Handeln sollte man genug Zeit der Kontemplation, der Meditation und dem Gebet widmen. Während ihr versucht, selbstlos zu handeln, kommen zwangsläufig Reibungen und Konflikte auf. Das ist unvermeidlich, besonders wenn ihr in einer Gruppe arbeitet. Reibungen und Konflikte werden euer Gemüt manchmal aufwühlen. Dies könnte wiederum euren Schwung und Enthusiasmus verringern, und ihr fühlt euch dann vielleicht weniger inspiriert vom Ideal der Selbstlosigkeit. Wut, Haß und Gedanken an Vergeltung können aufkommen. Um solche negativen Gefühle auszuräumen und um den richtigen Geist immer in euch lebendig zu halten, müßt ihr meditieren, beten, Kontemplation üben. Ihr solltet niemals irgendwelchen Gedanken erlauben, euer spirituelles Wachstum aufzuhalten, und ihr solltet niemandem gegenüber schlechte Gefühle hegen.

Weil in unserem gegenwärtigen Gemütszustand unsere sogenannten ‹selbstlosen Handlungen› nicht immer ganz selbstlos sind, müssen wir uns bemühen, zwischen Handeln und Meditation ein perfektes Gleichgewicht zu halten. Innenschau, Kontemplation, Gebet und Rezitation sind in den Anfangsphasen des spirituellen Lebens notwendig. In dem Maße, wie wir in die Haltung der Selbstlosigkeit hineinwachsen, wird sich unsere Meditation immer weiter vertiefen.»

43

# Satya und Dharma

Am Abend sprach Amma mit ein paar Besuchern, die gerade angekommen waren. Einer von ihnen fragte: «Amma, ist es in unserer heutigen Zeit möglich, dem Beispiel zu folgen, das die großen Gottliebenden und Heiligen der alten Epen gegeben haben? Die Ereignisse in diesen Erzählungen müssen sich vor Jahrtausenden zugetragen haben, als *satya* (Wahrheit), *dharma* (Rechtschaffenheit) und Liebe zu Gott noch allgemein geschätzt wurden. Da die Menschen heute nicht mehr so viel Gewicht auf Wahrheit und Rechtschaffenheit legen, erhebt sich die Frage, ob diese Beispiele in der heutigen Welt noch gültig sind?»

Amma: «Ein zweifelndes Gemüt ist ein großes Hindernis auf dem spirituellen Weg. Wir lernen dann nie zu glauben. Das ist der größte Fluch, der heute auf der Menschheit liegt. Es stimmt, daß vor langer Zeit *satya* und *dharma* weiter verbreitet waren als heute und daß diese weite Verbreitung die Atmosphäre für die Verehrung Gottes und für spirituelles Üben zuträglicher machte. Aber *satya* und *dharma* sind unvergänglich; sie sind unzerstörbar, und deshalb existieren sie auch jetzt noch. Der Unterschied ist der, daß die Menschen in früheren Zeitaltern diese Ideale praktizierten, während wir das heute nicht tun. Und doch ist es noch immer so, daß das Festhalten einiger weniger Seelen an *satya* und *dharma* entscheidend dazu beiträgt, die ganze Welt aufrechtzuerhalten.

Du fragst, ob dies in der modernen Gesellschaft noch gültig ist. Es gibt immer noch etliche Menschen, die die Prinzipien von *satya* und *dharma* hochhalten. Auch wenn sie in der Minderheit sind, kannst du die Tatsache nicht leugnen, daß sie existieren.

Sieh dir diese Kinder hier im *ashram* an! Sie alle sind jung und gut ausgebildet, und die meisten von ihnen kommen aus wohlhabenden Familien. Sie hatten den Mut und die Kraft, ihre alte

Lebensweise aufzugeben und einen völlig anderen Lebensstil anzunehmen. Sie haben wie alle jungen Leute heutzutage ein normales Leben in der Welt geführt, aber als sie erkannten, daß nur der spirituelle Weg zur höchsten Wahrheit führt, haben sie furchtlos ihr Heim verlassen. Ihre tiefe Liebe zu Amma und ihre Sehnsucht nach Gottverwirklichung haben sie dazu befähigt. Ihre Liebe zum Weg der Spiritualität hat ihnen Mut gegeben und sie furchtlos gemacht. Ihre Familien, Nachbarn, Freunde und manchmal ihr ganzes Dorf haben sie kritisiert und beschimpft. Man hielt sie für verrückt. Sie wurden beleidigt und verhöhnt, aber sie konnten dies leicht ignorieren. Ihre Liebe und Hingabe machten sie so furchtlos, daß sie ruhig vor ihre Eltern treten und ihnen erklären konnten, daß sie den Weg der Spiritualität gehen würden, ganz gleich, was geschehe. Sie waren verrückt vor Liebe zu Amma und zu Gott und wollten fortan den Prinzipien der Spiritualität folgen.

Eines Nachts umringte eine Gruppe feindseliger junger Männer Balu, als er aus dem *ashram* ging. Es war dunkel, und die Burschen, die sich irgendwo versteckt hatten, kreisten ihn ein. Diese Dorfraufbolde waren hartnäckige Feinde von Amma und ihren Anhängern. Zuerst forderten sie Balu auf, er solle aufhören, im *ashram bhajans* zu singen. Dann sagten sie ihm, er solle überhaupt nicht mehr zum *ashram* kommen. Einige von ihnen wollten ihn sogar verprügeln. Sie stachelten sich gegenseitig mit Sprüchen an, wie: ‹Warum verschwenden wir unsere Zeit damit, mit diesem Schuft zu sprechen? Glaubt ihr, er verdient eine besondere Behandlung? Kommt, wir schlagen ihn zusammen!› Sie beschimpften ihn immer weiter mit groben und gemeinen Worten. Aber Balu hatte keine Angst. Er hätte weglaufen oder um Hilfe rufen können, weil sich dies gerade vor dem *ashram* abspielte und die Devotees ihm bestimmt zu Hilfe gekommen wären. Aber er wich nicht von der Stelle und blieb ganz ruhig.

Alle ihre Drohungen und Mühen, ihn zu provozieren und zu ängstigen, blieben erfolglos. Schließlich sagte einer der Grobiane, sie ließen ihn jetzt gehen, aber wenn sie ihn noch einmal im Dorf sähen, würden sie ihn umbringen und seine Leiche in einen Kanal werfen. Balu blieb auch von dieser Drohung unberührt. Er erwiderte kühl und lächelnd, daß er keine Angst habe. ‹Amma hat mich gelehrt, daß das Selbst unvergänglich ist›, sagte er. ‹Ich glaube ihr. Ich habe mich ihr untergeordnet. Niemand kann mich daran hindern, hierherzukommen oder für Amma zu singen. Wenn ihr mich schlagen oder umbringen wollt, könnt ihr es jetzt tun. Ich werde nicht einmal meinen kleinen Finger gegen euch erheben.› Nachdem er das gesagt hatte, schloß Balu seine Augen und verschränkte die Arme vor der Brust. Er erwartete, daß sich nun alle zusammen auf ihn stürzen würden wie ein Rudel wilder Hunde. Aber nichts geschah. Nach kurzer Zeit öffnete er die Augen und stellte fest, daß alle Raufbolde verschwunden waren. Woher hatte Balu diesen Mut? Er kam aus seiner Hingabe und Liebe. Ist er nicht dem Weg der großen Gottliebenden und Heiligen des Altertums gefolgt?

Auch heute finden im Leben der Menschen noch häufig solche Ereignisse statt. Aber ihr zweifelt noch immer, ob man in unserer Zeit spirituelle Prinzipien beherzigen kann. Warum sollte man das nicht können? Hört auf zu zweifeln und lernt zu glauben, dann werdet ihr sehen, daß es möglich ist!

Spiritualität kann nur praktiziert werden, wenn man weiß, daß der *atman,* das Selbst, nicht beschädigt oder getötet werden kann. Nur die Kenntnis des Selbst führt den Menschen in einen Zustand totaler Furchtlosigkeit. Der Körper muß sterben, weil alles, was geboren ist, sterben muß. Aber der *atman* wurde nie geboren; er war immer da, ist da und wird immer da sein. Es gibt nichts anderes als den *atman,* das Selbst, daher kann er nicht zerstört werden. Dieses Wissen vermag den Menschen völlig vom Zugriff des Todes und aller damit verbundenen Furcht zu befreien. Ein Mahatma ist verkörpertes Bewußtsein. Ihm zu vertrauen ist also gleichbedeutend damit, der unendlichen Macht des Selbst zu vertrauen.

Diese Jungen waren keine selbstverwirklichten Seelen, aber ihr Glaube und ihre Liebe haben sie furchtlos gemacht. Nur ein furchtloser, von Gottvertrauen erfüllter Mensch kann auf alles verzichten, wie sie es getan haben. Wenn ihr beginnt, die äußere Erscheinung zu durchdringen, werdet ihr sehen, daß die Menschen in ständiger Furcht leben. Sie veranlaßt uns zum Festhalten. Die Furcht um unsere Sicherheit macht uns ständig zu schaffen. Wenn wir kein Geld haben, packt uns die Furcht. Wenn unsere Frauen uns verlassen, fürchten wir uns. Wenn wir keine Anstellung finden, schleicht sich die Furcht ein. Ebenso erleben wir Furcht, wenn wir etwas verlieren – Geld, unser Heim oder unsere Anstellung. Wir fühlen uns sicher und geschützt, wenn wir an etwas gebunden sind oder wenn wir etwas in unseren Händen haben. Das Gebundensein hilft uns zeitweilig, unsere Furcht zu vergessen; aber tief innerlich bleibt sie bestehen.

Die Menschen und die Dinge, an denen wir hängen, müssen wir eines Tages verlassen. Sie können nicht für immer bei uns bleiben; im Lauf der Zeit werden sie aus unserem Leben verschwinden. Unsere Frau und unsere Kinder, unser Haus und unser Auto und alles, woran wir hängen, wird sich verändern oder vergehen. Und wenn alle diese Dinge oder Personen verschwinden, überkommen uns wieder Schmerz und Furcht. Dies wird so weitergehen, bis wir uns Gott unterwerfen und Glauben an unser wahres Selbst entwickeln.

Hingabe an Gott und Glaube an den *atman* sind auch heute möglich. Alle Katastrophen und Probleme in der Welt kommen nur von einem Mangel an Vertrauen und Hingabe, von einem Mangel an Liebe. Wenn wir den Glauben an einen höchsten Herrscher oder Gott verlieren, kann es keine Harmonie und keinen Frieden in der Gesellschaft geben. Die Menschen handeln und leben, wie es ihnen paßt. Moral und Ethik werden von der Erdoberfläche verschwinden, und die Menschen sind versucht, wie Tiere zu leben. Die Abwesenheit von Glauben, Liebe, Geduld und Vergebung werden das Leben zur Hölle machen. ‹Mehr Bequemlichkeit … mehr Luxus …› werden zum Lebensziel. Selbstsucht und Gier werden viele überwältigen und ihre menschliche Natur zerstören.

Die heutige Welt ist schon fast so geworden. Es ist dringend notwendig, daß die Menschen spirituelle Prinzipien beachten und beherzigen. Nur dieser Weg vermag die Welt und die Menschheit vor der Vernichtung zu retten. Der Zweifel zerstört alle unsere guten Tendenzen. Werft eure Zweifel über Bord und ruft den höchsten Herrn um Hilfe an! Betet, meditiert oder übt andere spirituelle Praktiken aus! Jeder einzelne ist für die ganze Menschheit verantwortlich. Auch ihr müßt euren Teil dazu beitragen. Indem ihr euren Pflichten mit größter Aufrichtigkeit und Liebe nachkommt, helft ihr eurem eigenen Selbst. Ihr rettet euer eigenes Leben, was wiederum auch der Gesellschaft zugute kommt.»

# 44

# Furcht und Ehrfurcht vor Gott

Ein Besucher fragte: «Amma, als du erklärtest, daß das Merkmal eines wahren Devotees Furchtlosigkeit sei, hast du da nur über diejenigen gesprochen, die ihr ganzes Leben der Gottsuche geweiht haben? Wie ist es mit den gewöhnlichen Devotees? Meinst du, daß ein gewisses Maß an Furcht, wie zum Beispiel Furcht vor Gott, auch für diese nötig ist?»

Amma: «Die Furcht vergeht nur dann, wenn die Liebe in ihrer ganzen Fülle gegenwärtig ist. Diese Art von Liebe findet sich nur bei einem Devotee, der sich ganz und gar Gott unterworfen hat. Ein solcher Devotee lebt in Liebe; er ist im Ozean der Liebe versunken. Weil die göttliche Liebe ihn völlig verzehrt hat, ist seine individuelle Existenz verlorengegangen. Er wird zu Liebe, zu einer Opfergabe für den Herrn. Wie ein Wassertropfen, der ins Meer fällt und in seiner unendlichen Weite aufgeht, taucht der Devotee, wenn er sich selbst dem Sein opfert, in den Ozean der Glückseligkeit. In diesem Zustand verschwinden alle Furcht, alle Sorgen, aller Kummer, alles Verhaftetsein.

Manchmal entsteht Furcht aus der Einsicht in die allmächtige, alldurchdringende und allwissende Natur Gottes. Er ist der Herrscher des Universums. Er ist derjenige, der über die Frucht allen Handelns entscheidet und sie gewährt oder versagt. Wenn wir denken und glauben, daß der Herr dies alles ist, kommen ganz natürlich Furcht und Ehrfurcht auf. Diese Furcht und Ehrfurcht helfen uns dabei, Fehler zu vermeiden.

Arjuna betrachtete Krishna immer als seinen engen Freund, Schwager und exzellenten Ratgeber, daher sprach er ihn meistens zwanglos mit ‹Madhava›, ‹Keshava› und ‹Yadava› an – einigen der verschiedenen Beinamen Krishnas. Aber als Arjuna die kosmische Gestalt Krishnas – *vishvarupa* – sah, staunte er und fürchtete sich. In diesem *vishvarupa* schaute Arjuna das ganze Universum, seinen

Anfang, seine Mitte und seine letztendliche Auflösung. Er gewahrte alle Götter und Göttinnen in der faszinierenden Gestalt des Herrn. Er sah sogar, daß auch die Armeen der Pandavas und Kauravas in Gott existierten. Arjuna erblickte große Krieger wie Bhishma, Drona und Karna mit dem Tode ringend, gefangen in den Händen des Herrn. Nun erkannte Arjuna Gott als höchsten Herrscher und höchste Autorität und nannte ihn deshalb *Vishveshvara,* den Herrn des Weltalls.[1]

Die meisten Menschen wollen ihren Besitz und Wohlstand absichern. Sie glauben an Gott, aber sie wollen nicht verlieren, was sie angesammelt haben. Sie erstreben Ehre, Prestige und hohe Stellung. Mit anderen Worten: sie wollen ihr Ego nicht aufgeben. Solche Devotees glauben, daß Gott ihnen zu materieller Prosperität verhelfen kann, und wenn sie reich sind, glauben sie, Gott werde ihren Reichtum schützen. Sie glauben daran, daß Gott, wenn er wütend wird, ihren Besitz zerstören oder ihnen alles entreißen kann, daß Gott, wenn er zornig wird, Naturgewalten wie Stürme, Überschwemmungen, Erdbeben und Dürrekatastrophen schicken wird, die alles vernichten, was sie haben. Deshalb verehren sie Gott aus Furcht. Sie glauben, sie könnten ihn durch Gebete und Opfergaben beschwichtigen; und sie unterlassen alles, wovon sie denken, daß es ihm mißfallen würde. Sie führen ein rechtschaffenes Leben und helfen anderen auf vielerlei Weise. Vielleicht bauen sie sogar einen Tempel, eine Kirche oder ein Waisenhaus. Dies alles tun sie, um vor Gott Gefallen zu finden, damit sie selber davon profitieren. Gleichwohl ist diese Art von Furcht und Ehrfurcht vor Gott gut. Wenigstens hilft sie den Menschen, redlich und rechtschaffen zu sein. Obwohl sie sich Gott nicht gänzlich unterwerfen und obwohl sie ihr Ego und ihre Gebundenheit nicht aufgeben, sind solche Menschen weitaus besser als Leute, die überhaupt keine spirituellen Gewohnheiten pflegen.

---

[1] Der *vishvarupa darshan* – die Vision der universalen Gestalt Gottes – ist im 11. Kapitel der *Bhagavad Gita* beschrieben. Diese Vision wird Arjuna, dem dritten der Pandava-Brüder, von Krishna unmittelbar vor Beginn des *Mahabharata*-Krieges gewährt.

Ein wahrer Devotee unterwirft sich Gott vollkommen. Er sehnt sich danach, daß Gott sein Ego vernichtet. Ein wahrer Sucher fürchtet am meisten, daß er nicht fähig wäre, sich Gott hinzugeben, oder daß Gott sein Ego nicht zerstören würde. Betrachtet die wilde Gestalt Kalis, der Zerstörerin des Ego. Weil ein wahrer Sucher frei vom Ego sein will, liebt er diesen Aspekt der göttlichen Mutter. Indem er sich Kali oder dem, wofür sie steht, unterwirft, würde ein wahrer Devotee ihr seinen Kopf hingeben, um ihrer Girlande aus Schädeln eine weitere Perle hinzuzufügen. Dagegen hat ein Devotee, der noch an seinem Besitz und Reichtum, an Ehre und Prestige hängt, große Angst vor diesem Aspekt des Göttlichen. Er würde nie ein Bild von ihr in seinem Haus oder seinem Andachtsraum bewahren. Er hat Angst, daß Kali alles zerstört, was ihm teuer ist. Er denkt, daß sie sein Ego vernichten wird und daß er ohne dieses nicht existieren kann. Ein durchschnittlicher Devotee will sein Ego behalten, während ein echter Devotee es sterben lassen möchte, damit er im Bewußtsein oder in reiner, unschuldiger Liebe leben kann. Ein wahrer Devotee gibt es auf, sein Ego zu füttern; er hört nicht länger auf den Intellekt, er lauscht nur auf sein Herz. Der Tod des Ego ist der wirkliche Tod; er führt euch zur Todlosigkeit. Wenn das Ego stirbt, lebt ihr ewig in Glückseligkeit.»

45

# Der Rückweg zu Gott

Ein *brahmacharin* hatte Amma nach dem tieferen Sinn der Verbeugung und der Prostration gefragt. Amma erklärte, der Fußfall vor Gott oder dem Guru sei ein Symbol der Selbsthingabe oder der Auslieferung des Ego. Einem wahren Sucher, der bereit sei, sein Bedürfnis nach weltlicher Sicherheit, nach Komfort und Prestige aufzugeben, werde der Guru bei der Zerstörung seines Ego aktiv helfen.

«Wenn wir uns heute körperlich vor Gott oder dem Guru verbeugen oder niederwerfen, so soll uns das zu diesem seelischen Zustand führen. Wenn dieser Zustand erreicht ist, wird euer ganzes Leben zu einer permanenten Verbeugung vor Gott oder eurem Guru. Die ganze Menschheit, alle Lebewesen, die gesamte Schöpfung bewegen sich auf diesen Zustand hin, ganz gleich, ob ihr euch wehrt oder nicht. Eines Tages muß es geschehen; jetzt oder später, in diesem Leben oder im nächsten kommt ihr an die Reihe. Bis dahin könnt ihr warten, ihr dürft leben, wie es euch gefällt.

Während Gott jetzt vielleicht für euch nicht sichtbar ist, ist er doch immer da, er führt und lenkt euch, er hält die Zügel eures Lebens. Anfangs läßt Gott die Zügel noch locker, und ihr bemerkt nicht, daß er in Wirklichkeit alles bestimmt. Aber denkt daran: Alles ist in Gottes Hand. Ihr seid euch dessen nicht bewußt, aber indem ihr durchs Leben voranschreitet, hält Gott die Zügel allmählich straffer. Eines Tages erkennt ihr, daß ihr euch keinen Zentimeter mehr bewegen könnt. An diesem Punkt, wenn ihr absolut hilflos seid, werdet ihr fühlen, wie Gott an den Zügeln zieht, wenn er anfängt, euch zu sich zurückzuholen. Ihr werdet euch vielleicht zuerst dagegen sträuben, aber bald merkt ihr, daß die Zugkraft eine Gewalt hat, die nicht von dieser Welt ist, und es bleibt euch nichts anderes übrig, als euch seinem Ziehen zu fügen. Das ist der Punkt, an dem eure Rückreise zu Gott, dem Ursprung eures Seins, beginnt. Diese Reise müssen wir antreten. Ihr werdet unweigerlich feststellen, daß ihr nicht anders könnt, als euch auf Gott zuzubewegen.

Wenn Gott will, kann er jederzeit die Zügel anziehen. Vielleicht denkt er: ‹Dieses Kind ist noch nicht bereit. Mag es noch ein bißchen spielen. Eines Tages wird es dessen müde werden. Dann wird es zurückkommen.› Seid also wachsam! Seid auf der Hut, denn ihr steht immer unter seiner sorgfältigen Überwachung. Ihr könnt nicht vor Gott weglaufen. Wohin ihr auch geht, was ihr auch tut – er ist immer da und wacht über euch, seine Kinder. Was ihr auch tut – ihr tut es nur mit seinem Einverständnis. Er erlaubt euch, es zu tun; er läßt euch spielen. Aber euer Spielraum ist begrenzt. Glaubt nicht, ihr könntet überall spielen, wo es euch gefällt!

Zeitweise mögt ihr die Grenzen überschreiten; ihr mögt euch in ein Gebiet wagen, das ihr nicht betreten sollt. Es scheint vielleicht, als hätte Gott das nicht bemerkt, aber er tut nur so. Gott sieht und hört alles. An diesem Punkt denkt er bei sich: ‹Mein Kind kann wirklich ein Spitzbube sein›, und er läßt euch weiterspielen. Aber er erinnert euch daran, daß ihr nicht für immer weiterspielen könnt, indem er euch in schwierige Situationen bringt und euch schmerzlichen Erfahrungen aussetzt. Eine Zeitlang bleibt ihr ruhig und folgsam. Aber euer Wohlverhalten ist kurzlebig, und bald kehrt ihr zu eurem spitzbübischen Verhalten zurück. Nun denkt Gott: ‹Er braucht eine schmerzhaftere Erfahrung, eine noch stärkere Lektion als vorher.› Also läßt Gott euch zwar noch ein wenig spielen, aber er wird euch gewiß bald in eine weitere schwierige Situation bringen.

Diese Erfahrungen haben einen starken Einfluß auf eure Bewußtheit und bewirken eine große Veränderung in euch. Jedesmal, wenn euch eine schmerzliche Erfahrung geschenkt wird, dauert die Wirkung der Lehre länger an. Aber jedesmal begebt ihr euch wieder auf verbotenes Gelände und fallt in eure alten Gewohnheiten zurück. Zuletzt denkt Gott: ‹Das geht zu weit. Ich habe ihn mehrmals gewarnt. Jetzt braucht er einen wirklichen Schock.› Also schickt Gott einen schrecklichen Blitz und Donnerschlag. Ein für allemal macht er damit eurem Spiel ein Ende. Hilflos liegt ihr am Boden. Der Blitz trifft euer Ego und zersprengt es in hundert Stücke.

Für manche Menschen ist dies eine Zeit der Offenbarung. Aber andere kommen zu einem Punkt absoluter Enttäuschung und Frustration und verlieren vielleicht alles Interesse am Leben. Ihr Seelenschmerz kann so groß sein, daß sie sogar Selbstmord begehen können, wenn nicht ein weiser Mensch ihnen hilft, die göttliche Botschaft zu verstehen, die in dieser entsetzlichen Erfahrung versteckt ist. Wenn sie keine rechte Führung von einem wahren Meister bekommen, brechen sie wahrscheinlich völlig zusammen. Aber wenn sie mit dem Segen des Satguru fähig werden, ihre Augen zu öffnen, sehen sie ganz klar die Nutzlosigkeit des Ego und wie es sie getäuscht hat. An diesem Punkt spüren sie, wie Gott sie zu sich zieht. Sie hören seinen Ruf, wachen auf und stellen zum erstenmal in ihrem Leben fest, daß sie wirklich lebendig sind. Dieser Absturz des Ego kann jederzeit eintreten, in diesem Leben oder im nächsten. Für manche kommt er schneller, während andere aufgrund ihrer mangelnden Reife mit Gottes Erlaubnis noch ein bißchen länger spielen dürfen. Zu allen Zeiten wacht Gott über jeden von uns. Er kann uns nicht im Stich lassen.»

# 46

# Vergleiche dich nicht mit anderen!

Ein Devotee berichtete Amma unter Tränen der Freude von einer Vision: Er hatte ein überwältigendes Licht gesehen, aus dem sich die Gestalt Sri Krishnas mit dem Gesicht Ammas herauskristallisiert hatte. Später äußerte sich ein anderer Devotee enttäuscht, daß ihm keine solche Vision zuteil geworden war.

Amma erwiderte: «Mein Sohn, vergleiche dich nicht mit anderen! Das ist nicht gut für einen *sadhaka*. Ein *sadhaka* sollte in sein eigenes Inneres schauen; er sollte seine eigenen Fehler aufspüren und sie korrigieren. Du hast genug Probleme, um die du dich kümmern und an denen du arbeiten mußt. Mache dich nicht dadurch unglücklich, daß du denkst: ‹Ich werde nie eine Erfahrung wie diese haben.› Versuche, dich mit ihm zu freuen! Du sollst denken, daß er diese Vision brauchte und daß Amma oder der Herr ihm darum aus ihrer Gnade erschienen sind. Nimm an, daß der Grund dafür in seinem spirituellen Üben und in seinem starken Glauben lag. Sei nicht entmutigt! Denke nicht, daß du weniger glücklich bist als er. Was ihm geschehen ist, war nur für ihn bestimmt. Und was dir in deinem Leben geschieht, ist nur für dich bestimmt und hat nichts mit irgend jemand anderem zu tun. Das Vergleichen verdirbt alles. Alles, was in deinem Leben geschieht, ist die Auswirkung deiner eigenen *samskaras.* Deine Erfahrungen gehören nur dir. Sie können sich nicht im Leben irgendeines anderen Menschen wiederholen, weil jeder Mensch andere *samskaras* hat. Was du mitgebracht hast, ist verschieden von dem, was er mitgebracht hat, und dementsprechend sind die Erfahrungen unterschiedlich. Es hat also keinen Sinn, zu vergleichen und sich Sorgen zu machen. Das würde nur deinen Eifer dämpfen.

Wenn dir eine solche Erfahrung nicht geschenkt worden ist, hilft es nicht, darüber traurig zu sein und dich selbst als unfähig oder als einen Sünder zu betrachten. Das würde dich nur verschlossen machen und jede Möglichkeit zu einer solchen Erfahrung verbauen. Höre also auf, dich in Gedanken selbst herabzusetzen, und strebe mit fester Entschlossenheit nach deiner eigenen Vision des Herrn! Sie muß sich ereignen, wenn du die nötige Entschlossenheit und Liebe aufbringst.

Das Vergleichen tötet alle deine Talente. Es macht dich befangen und verringert deine Wirkungsmöglichkeiten. Ein gehemmter Mensch kann sich nicht gut ausdrücken; er oder sie verliert alle kreative Kraft. Ein Mensch, der sich ständig mit anderen vergleicht, denkt immerfort an diese: ‹Ach Gott, warum kann ich nicht singen wie er? Wie gern würde ich malen können wie sie! Ich sollte auch *tapas* üben wie er.› Indem er darüber nachbrütet, was andere können, verliert er seine eigene Ausdrucksgabe. Seine Talente schlummern und sterben schließlich ab. Was für ein Schicksal! Ein solcher Mensch kann nie er selbst sein. Er wird seine eigenen Fehler und Schwächen nicht korrigieren, und deshalb kann er sich nie bessern. Er ist immer bekümmert und von sich selbst angeekelt. Diese Selbstverachtung kann ihn sogar gemütskrank machen. Da er nie zufrieden oder glücklich ist, wird er keine wirkliche Lebensfreude erfahren.

Amma erinnert sich an einen jungen Mann, der einmal hierherkam. Er war ein guter Sänger mit einer schönen, vollen Stimme und hatte den ersten Preis bei einem Musikfest in der Universität gewonnen. Am selben Tag hatte ihn einer seiner Freunde gehänselt und gesagt, daß er – soviel er sich auch bemühte und soviel Anerkennung er auch bekäme – nie so gut sein könne wie der berühmte Filmsänger Jesudas. Diese Worte verletzten ihn tief. Sie kränkten ihn so sehr, daß er zu singen aufhörte und von diesem Tag an nie wieder ein Lied vortrug.

Als er die Worte seines Freundes hörte, dachte er: ‹Was er sagt, ist wahr. Ich kann nicht singen wie er, und wenn ich nicht wie Jesudas singen kann, wozu soll ich dann überhaupt singen? Es ist besser, gar nicht zu singen.› Dieser Gedanke, dieser Vergleich schlug wie ein Blitz in sein Gemüt ein. In diesem Moment muß er sich wertlos vorgekommen sein, und infolgedessen verlor er alles Interesse an seinem Gesang. Er war ein so begabter Sänger;

er hätte einer der Besten werden können. Aber der Gedanke eines Augenblicks, ein verhängnisvoller Vergleich, zerstörte jede Möglichkeit weiterer Entwicklung.

Du siehst also, das Vergleichen kann sehr destruktiv sein. Es behindert deinen spirituellen Fortschritt. Es vermag jede Möglichkeit geistiger und intellektueller Entwicklung zu blockieren und kann zu Depressionen oder einer ernsthaften Gemütskrankheit führen. Es kann alle Bereiche des Lebens beeinträchtigen. Es zerstört deine Persönlichkeit; es läßt dich für die anderen wie einen Narren aussehen. Ein spirituell Suchender sollte sich oder seine Erfahrungen nie mit denen eines anderen vergleichen. Deshalb darf ein *sadhaka* seine Erfahrungen niemandem mitteilen. Bevor man die Selbstverwirklichung erlangt, können die spirituellen Erfahrungen unterschiedlich sein. Vielleicht wirst du nie einen solchen *darshan* bekommen wie jener Sohn. Und auch wenn du ihn bekommst, wird er anders sein. Manche Menschen mögen inneren Frieden und Glückseligkeit empfinden, aber sie sehen vielleicht nie die Gestalt eines Gottes oder einer Göttin. Manche sehen vielleicht nur ein strahlendes Licht oder einen Lichtpunkt. Es ist immer verschieden. Die Erfahrungen der Menschen können nicht dieselben sein. Sie können nur eintreten entsprechend der jeweils einmaligen inneren Beschaffenheit jedes einzelnen, dem Weg, den er beschreitet, dem Aufwand an Bemühung, die er macht, und den *samskaras,* die er aus früheren Leben mitgebracht hat. Was du jetzt erlebst, ist kein Anfang, es ist eine Fortsetzung der Vergangenheit. Du mußt dich auch daran erinnern, daß der Guru nur gibt, was nötig ist, und daß alles, was er gibt, zu deinem eigenen Wohl dient. Der Guru kann nicht parteiisch sein. Wenn du dich verletzt fühlst und meinst, er sei parteiisch und gebe anderen mehr als dir, liegt das Problem in dir. Wir bewerten alles immer vorschnell, deshalb können wir diese Wahrheit nicht mit klaren, unvoreingenommenen Augen sehen.

Vor allem spielen Reinheit und Liebe eine sehr wichtige Rolle bei der Gestaltung eures spirituellen Lebens. Empfänglichkeit ist wesentlich für das spirituelle Leben. Ein Devotee oder Schüler sollte immer empfänglich sein.»

47

# Das innere Kind

«Amma, was meinst du mit Empfänglichkeit? Wie kann man empfänglich sein?» fragte ein Devotee.

Amma: «Empfänglichkeit stellt sich ein, wenn man von Liebe erfüllt ist. Liebe hilft dir, offen zu sein, offen wie ein Kind. Liebe macht dich unschuldig wie ein Kind. Kinder sind die empfänglichsten Menschen. Empfänglichkeit ist die Kraft zu glauben, die Kraft zu vertrauen, die Fähigkeit, Liebe zu empfangen. Es ist die Kraft, dem Zweifel Zugang zu deinem Gemüt zu verwehren. Empfänglichkeit heißt, alle Erfahrungen des Lebens zu akzeptieren, ohne auf sie zu reagieren.

Empfänglichkeit macht dich arglos. Ein empfänglicher Mensch ist wie ein unschuldiges Kind. Wenn du Gott näher kommen willst, versuche deshalb, wie ein Kind zu sein. Seine Welt ist voller Staunen, Phantasie und Spiel. Wenn du älter wirst, geht dieses Staunen verloren. Du kannst nicht mehr spielen. Du kannst nicht mehr glauben; wie so viele Erwachsene wirst du ständig zweifeln.

Hast du Kindern beim Spielen zugeschaut? Sie können sich vorstellen, daß ein kleiner Sandhaufen eine Burg ist. In diesem Moment ist weißer Sand für sie Zucker, und im nächsten Moment ist er Salz. Ein Seil mit zusammengebundenen Enden wird zum Auto oder Bus. Für sie kann ein Felsen ein Thron sein, und ein Blatt wird zu einem großen Ventilator. Manchmal stellen sie sich vor, ein langer Kokoswedel sei eine Schlange. Sie können alles glauben. Wenn du einem Kind erzählst, Regen sei das Wasser, das vom Himmel fällt, wenn die Himmelsbewohner ihr Geschirr abwaschen, wird es dir glauben; ein Kind wird keinen Zweifel äußern. Diese Offenheit, diese Kraft des Annehmens ist Empfänglichkeit. Denke nun nicht, daß Amma von dir verlangt, du solltest alles glauben, was man dir erzählt. Sie bittet dich nur, den Worten des Satguru und den Worten der großen Heiligen und Weisen, die das höchste Ziel des Lebens erreicht haben, zu vertrauen.

Wenn wir älter werden, verlieren wir alle Freude und Begeisterungsfähigkeit und werden trocken und unglücklich. Warum? Weil wir unseren Glauben und unsere Unschuld verlieren. Es ist gut für euch, einige Zeit mit Kindern zu verbringen. Sie lehren euch zu glauben, zu lieben und zu spielen. Kinder helfen euch, aus eurem Herzen heraus zu lächeln und das Staunen zu bewahren.

In jedem von uns steckt ein Kind. Die Unschuld und Verspieltheit eines Kindes ist in allen vorhanden. Menschen aller Altersstufen lieben Kindergeschichten, und solange sie zuhören oder lesen, ist das Kind in ihnen wach. Wer spielt nicht gerne ab und zu mit Kindern? Seht euch einen Neunzigjährigen an, beobachtet einen Politiker oder einen Regierungsbeamten, einen Manager oder einen Wissenschaftler: alle werden frei und munter, wenn sie mit einem Kind zusammen sind. Selbst ein alter Mann wird wieder zum Kind, wenn er mit seinen Enkelkindern oder mit seinem jüngsten Kind zusammen ist. Er kriecht auf allen vieren und gibt vor, ein Elefant zu sein. Er macht aus Spielkarten eine Burg für sie. Aus Stöcken und Blättern baut er für die Kleinen ein Haus zum Spielen. Er läßt die Kinder auf seinem Knie auf und ab hüpfen und gibt vor, ein Pferd zu sein.

Warum tut er dies alles? Tut er es nur, um das Kind zu erfreuen, um es glücklich zu machen? Nein, das ist nicht der einzige Grund. Er tut es, weil in jedem von uns ein Kind verborgen ist. Irgendwo schlummert in uns allen die Freude, die Unschuld und der Glaube eines Kindes. Als wir Kinder waren, hatten wir keine Sorgen oder Probleme; wir erinnern uns mit Liebe an diese Tage und wollen zu ihnen zurückkehren. Alle Lebewesen haben diese Sehnsucht.

Das Staunen und die Liebe, die ihr als Kinder empfunden habt, werden nie wiederkommen, wenn ihr nicht wieder wie ein Kind spielen könnt. Die Unschuld ist tief in eurem Inneren verborgen. Ihr müßt sie wiederentdecken! Und damit das geschehen kann, müßt ihr eure spirituellen Übungen immer weiter vertiefen. Wenn ihr tief in euer eigenes Bewußtsein eintauchen könnt, werdet ihr diese Unschuld eines Tages erkennen. Dann werdet ihr das Kind in euch entdecken. Ihr werdet die Unschuld, die Freude und das Staunen erleben, die in euch verborgen lagen, und ihr werdet erkennen, daß sie immer da waren. Ihr habt eure Unschuld nur eine Zeitlang vergessen. Es ist, als würdet ihr euch plötzlich an etwas erinnern, das ihr lange Zeit vergessen hattet. Diese kindliche Unschuld tief in euch ist Gott.

Habt ihr diese Geschichte gehört? Gott entschloß sich, die Erde zu erschaffen. Seine Absicht war, sich selbst einen Wohnort zu geben. Also begann Gott, gleich nachdem er diese schöne Erde voller Bäume und Pflanzen, Tiere und Vögel, Berge und Täler erschaffen hatte, dort zu wohnen. Alles war vollkommen, und Gott lebte in Glück und Freude. Die Jahre vergingen, bis Gott eines Tages einen Fehler machte: Er erschuf die Menschen. Von jenem Tag an gab es Ärger. Tag und Nacht beklagten sich die Menschen bei Gott. Ganz gleich, was Gott tat, ob er gerade aß oder schlief: sie kamen und klopften an seine Tür.

Die endlosen Klagen trieben ihn fast zum Wahnsinn. Gott verlor seinen Seelenfrieden. Sobald ein Problem gelöst war, kam ein anderes auf. Was für den ersten Menschen die Lösung war, wurde für den zweiten zum Problem. Einer wollte Regen, aber wenn Gott ihm Regen gewährte, beschwerte sich ein anderer: ‹Gott, wie kannst du mir das antun? Mein Haus ist undicht; meine ganze Ernte ist vernichtet.› Alles wurde zum Problem. Ganz gleich, was Gott tat: die Menschen klagten.

Schließlich bat Gott seine Berater, einen Ausweg vorzuschlagen. Ein Vorschlag war, er solle in den Himalaya gehen, aber Gott sagte: ‹Nein, nein. Die Leute würden bald auch dorthin kommen.› ‹Wie wäre es dann mit dem Mond?› fragte ein anderer Ratgeber Gottes. ‹Der Mensch würde bald auch dahin seinen Weg finden.›

‹Meine guten Freunde, ihr könnt die Zukunft nicht sehen›, fuhr Gott fort, ‹aber ich kann es. Ganz gleich, wohin ich mich wende, der Mensch wird es erfahren. Er wird mir folgen, und ich werde wieder in Schwierigkeiten geraten.›

Diese Feststellung wurde mit Schweigen beantwortet. Nach einiger Zeit trat ein bejahrter Berater hervor und flüsterte Gott etwas ins Ohr. Gottes Gesicht hellte sich auf. ‹Wunderbar›, rief er aus.

Der alte Mann hatte Gott ein ideales Versteck empfohlen. ‹Geh und verstecke dich tief in ihm›, hatte der weise Mann geraten.

‹Ja, das ist perfekt›, antwortete Gott. ‹Der Mensch würde nie darauf kommen, mich in seinem eigenen Inneren zu suchen. Dort wird er mich bestimmt nicht finden.›

Gott ist tief in uns», fuhr Amma fort. «Er wohnt dort als Unschuld, als reine, unschuldige Liebe. Jetzt ist diese Unschuld vom Gemüt und seinen egoistischen Gefühlen verhüllt. Aber sie ist immer da; ihr habt sie nur vergessen. Ihr müßt tief nach innen gehen; ihr müßt sie wiederentdecken und euch erinnern!»

«Amma, wie geschieht dieses Wiedererinnern?» fragte derselbe Devotee.

Amma: «Manchmal, wenn du versuchst, dich an etwas zu erinnern, an ein bestimmtes Wort oder einen Namen, hast du das Gefühl, als läge es dir schon auf der Zunge. Du weißt, daß es da ist, aber trotzdem kannst du dich nicht vollends darauf besinnen. Du läufst hin und her und denkst ständig daran. Du sitzt in deinem Wohnzimmer und versuchst, dich an das Wort zu erinnern; es liegt dir immer noch im Sinn, wenn du aufstehst, um in dein Zimmer zu gehen. Aber nichts passiert, und du wirst langsam unruhig. Du ziehst dir an den Haaren, du kratzt dich am Kopf, du versuchst krampfhaft, dich zu erinnern, aber deine Mühe ist vergebens. Nachdem du dich lange auf diese Weise abgemüht hast, hörst du schließlich damit auf; du stellst es ein und denkst bald überhaupt nicht mehr an das Wort, an das du dich unbedingt erinnern wolltest. Du vergißt sogar die Mühe, die du dir gemacht hast. Später, wenn du hinausgehst, um dich zu entspannen und ein bißchen allein zu sein, geschieht es: plötzlich erinnerst du dich an das Wort. Es dämmert dir auf. Erst als die Anstrengung aufhörte, konnte dir das Wort einfallen. Wenn du am Tag hart arbeitest, schläfst du gut in der Nacht. Genauso wird das Gemüt ruhig und still, wenn du den Versuch aufgibst, dich zu erinnern.

Und in diesem Zustand von Entspannung und Stille kann die Erinnerung mühelos auftauchen.

Ebenso mußt du nach allem *sadhana,* den du ausgeübt hast, warten, bis alles sich setzt und einsinkt. Du mußt einen Zustand völligen Vergessens erreichen. Wenn du im Bett liegst, strengst du dich nicht bewußt an, um einzuschlafen; du liegst einfach da und wartest, daß der Schlaf kommt. Du denkst nicht an die Vergangenheit oder die Zukunft, du läßt dich einfach dem Schlaf in die Arme sinken. Du gibst alle Kontrolle auf und gleitest mühelos in den Schlaf. Ebenso mußt du das geistige Ziel und alle Mühe, die du dir gegeben hast, es zu erreichen, vergessen. Du mußt alles, was du über Selbstverwirklichung gehört hast, genauso vergessen wie die spirituellen Übungen, die du ausgeführt hast, um dieses höchste Ziel zu erreichen. Denke nicht: ‹Ach, wie schade! Ich habe soviel *sadhana* ausgeübt und bin doch kein bißchen weitergekommen.› Auch solche Gedanken können deinen Weg zum endgültigen Ziel blockieren. Beklage dich nicht, und denke nicht darüber nach! Das Denken verstellt dir nur den Weg; bleibe deshalb ruhig, entspanne dich innerlich und äußerlich. Du kannst nicht voraussagen, wann du die Gnade erlangen wirst – du kannst nur warten. Es kann jederzeit, an jedem Ort geschehen. Das liegt am Guru oder an Gott. Der Satguru bestimmt, wann er dem Schüler seine Gnade zukommen läßt. Wenn die Zeit reif ist, geschieht es ganz unverhofft: Du wirst ein vollkommen bewußtes, unschuldiges Kind.»

48

# Verzeihen und Vergessen

Eine Frau beklagte sich bei Amma über ihren Ehemann. Sie schilderte ausführlich, wie lieblos und wie wenig hilfreich er sei: Die Situation sei so unerträglich, daß sie ihn am liebsten verlassen würde.

Amma wischte der Frau ihre Tränen ab und entgegnete: «Meine Tochter, schwierige Lebenslagen lassen sich kaum vermeiden. Du bist nicht die einzige mit solchen Problemen. Überall in der Welt leiden Menschen wie du. Wenn du vor dieser Situation kapitulierst, gerätst du in eine andere schwierige Lage. Probleme werden aufkommen, ganz gleich, wohin du gehst oder was du mit deinem Leben zu tun beschließt. Weißt du, es könnte schlimmer sein, als es jetzt ist. Wenn du keine Geduld und Demut hast, wirst du dich nie friedvoll oder glücklich fühlen. Solange den Familienmitgliedern diese Eigenschaften fehlen, ist das Familienleben unglücklich. Heutzutage ist es schwer, eine Familie zu finden, in der beide Ehepartner geduldig sind; aber wenigstens einer von beiden, Mann oder Frau, sollte Geduld üben. In den meisten Fällen sind beide ‹ungeduldige Patienten›, aber wenn es kein Gleichgewicht gibt, wenn nicht beide ein gewisses Maß an Geduld aufbringen, ist ein harmonisches Familienleben unmöglich.

Die Menschen haben eine Neigung, schwierigen Situationen auszuweichen. Du meinst, wegzulaufen würde dich retten oder dir helfen, deine Sorgen loszuwerden. Du würdest sogar lieber mit einer andern Situation tauschen, von der du hoffst, sie sei angenehmer. Nach einem solchen Wechsel fühlst du dich anfangs vielleicht ausgezeichnet und zufrieden. Du erkennst nicht, daß du wieder auf ein anderes Problem stößt. Wenn du weggehst, um bei deinen Eltern, Verwandten oder Freunden zu leben, wird man dich zuerst vielleicht herzlich willkommen heißen. Sie werden in allem, was sie sagen und tun, großes Mitgefühl mit dir zeigen. Alle werden dich umarmen und weinen; ihr werdet einander Versprechungen machen und eure Schultern gegenseitig mit Tränen nässen.

Aber im Laufe einiger Tage, oder spätestens nach ein bis zwei Wochen, wird sich die Lage ändern. Dies wird geschehen, weil du dein Ego nicht zurückgelassen hast, als du aus der vorigen Situation fortgelaufen bist. Du hast es mitgebracht und dazu deine ganze Ungeduld und deinen Mangel an Demut. Deshalb werden schon nach kurzer Zeit an der neuen Stelle Schwierigkeiten auftreten. Du beginnst, an jemandem in der Familie oder an der Situation, in der du bist, etwas auszusetzen. Du wirst ungeduldig mit deiner Mutter oder deinem Vater, deinem Bruder, deiner Schwester oder deinen Freunden, und sie beginnen zu reagieren, weil auch sie ihre eigenen *vasanas* haben. Sie können deine Ungeduld oder deinen Eigensinn nicht ertragen. Bald wirst du einsehen, daß du lediglich ein Problem mit einem anderen vertauscht hast und daß diese neue Situation vielleicht noch schlimmer ist als die, aus der du ausgebrochen bist. Als du mit deinem Mann zusammenlebtest, hat er dich wenigstens nicht aus dem Haus geworfen. Nach einem Streit zeigte er meistens Reue, und es gab immer eine Versöhnung. Aber jetzt fordern dich deine Freunde oder Verwandten vielleicht auf zu gehen. Und aus alledem erwächst dir nur noch mehr Ärger und Frustration.

Ob du ganz allein lebst oder in einer Familie – du kannst im Leben nicht glücklich und zufrieden sein, solange du nicht die innere Fähigkeit besitzt, dich jeder Situation anzupassen. Dies ist eins der grundlegenden Prinzipien des Lebens. Du denkst vielleicht, allein zu leben sei der Weg zum Glück, aber auch dann wirst du Probleme haben. Solange du von Vorurteilen und vorgefertigten Meinungen beherrscht bist, kannst du nicht von den Schwierigkeiten des Lebens freikommen.

Das Ego loszuwerden ist aber keine leichte Arbeit. Du denkst, dein Mann hilft dir nicht und liebt dich nicht. Aber es muß eine Zeit gegeben haben, als er noch liebevoll und hilfsbereit war. Amma kann nicht glauben, daß er immer so schlecht sein soll.

Wenn er so schlimm ist, wie du sagst, müßte er ein Monstrum sein.»

Amma schwieg für eine Weile und schaute der Frau ins Gesicht. Sie antwortete: «Nein, das ist er natürlich nicht. Manchmal kann er sehr liebevoll und charmant sein.»

Lächelnd stellte Amma der Frau weitere Fragen: «Wie hast du dich gefühlt, wenn er liebevoll und charmant war?» Die Frau errötete und sagte: «Ich fühlte mich sehr wohl und glücklich. Ich war auch liebevoll zu ihm.» «Und wenn er herzlos und schwierig war?» fragte Amma. «Dann war ich schrecklich wütend und verschlossen», antwortete die Frau.

Mit verschmitztem Lächeln fuhr Amma fort: «Meine Tochter, diese Gefühle und Reaktionen sind weit verbreitet. Die Menschen haben von Natur aus solche Gefühle füreinander. Trotzdem solltest du versuchen, die guten Eigenschaften deines Mannes zu respektieren und zu bewundern. Wenn er dir keine Liebe zeigt oder wenn er nicht hilfsbereit ist, reagierst du ähnlich, nicht wahr? Und hat es nicht Fälle gegeben, in denen du den Streit mit ihm angefangen hast?» Die Frau senkte ihren Kopf. Sie wußte nichts zu sagen.

Amma fuhr fort: «Also, du zahlst ihm mit gleicher Münze heim. Keine Angst, es ist schon gut. Aber versuche, in diesem Moment aufmerksam zuzuhören, versuche ruhig zu bleiben anstatt zu reagieren. Später, wenn er in guter Stimmung ist und wenn sich dir eine Gelegenheit bietet, kannst du liebevoll mit ihm sprechen. Dann wird er zuhören und verstehen, weil sein Gemüt ruhig geworden ist. Sprich aber nicht, solange er wütend ist. Lerne, zu diesem Zeitpunkt still zu sein; höre dann nicht auf dein Ego! Wenn er das Haus verlassen hat, solltest du dich entweder in euren Andachtsraum oder an einen ungestörten Platz setzen, wo du nachdenken und meditieren kannst.

Wenn du dort sitzt, dann versuche, dir den ganzen Vorfall wieder ins Gedächtnis zu rufen! Versuche, dich zu erinnern, wie die Szene begonnen hat! Ob es angefangen hat, als du darauf bestandest, daß er etwas tut, und ob er es abgelehnt hat. Jetzt solltest du versuchen, dich daran zu erinnern, wie er dir etwas kaufte oder wie er dir einen Gefallen tat, sobald du ihn darum gebeten hattest. Erinnere dich daran, wie nett er damals war! Denke an eine andere Situation, als er geduldig und versöhnlich war, obwohl du dich selbst ungeduldig und brüsk verhalten hast. Versuche, dir die schlaflosen Nächte ins Gedächtnis zu rufen, die er an deinem Bett verbrachte, als du im Krankenhaus lagst! Versuche, dich an die liebevolle Fürsorge und die tröstenden Worte zu erinnern, die dir damals so sehr geholfen haben! Er mußte den ganzen Tag arbeiten, und doch hat er sich viel Zeit genommen und viel Mühe gegeben, damit du dich glücklich und zufrieden fühltest. Denke an ein paar Situationen, in denen er versuchte, sich wieder mit dir zu versöhnen, nachdem ihr euch über eine Lappalie gestritten hattet! Du solltest auch versuchen, dich zu erinnern, wie wütend und ungeduldig du bei dem ganzen Vorfall warst und wie unfreundlich du mit ihm gesprochen hast!

Wenn du über diese Erinnerungen nachdenkst, wirst du dich bestimmt in deiner Situation besser fühlen. Solche Augenblicke der Abgeschiedenheit machen es dir möglich, den Vorfall mit größerer Klarheit und Einsicht zu beurteilen. Vielleicht fängst du sogar an, dein eigenes grobes und ungeduldiges Benehmen zu bereuen. Bis dein Mann am Abend nach Hause kommt, hast du dich darauf vorbereitet, ihm ruhig gegenüberzutreten, und du wirst ihn mit einem offenen Lächeln empfangen können. Du bringst ihm eine gute Tasse Kaffee. Und während er am Kaffee nippt, entschuldigst du dich als erstes für dein Verhalten am Morgen; dann fragst du ihn, ob die Kopfschmerzen, die er beim Weggehen hatte, noch da sind. Wenn er sagt: ‹Sie sind noch da›, dann nimmst du etwas Balsam und reibst ihn auf seine Stirn; dann fragst du ihn freundlich nach den Ereignissen des Tages im Büro. Du versuchst ihn zu trösten, wenn sein Chef an dem Tag grob zu ihm war.

Dein Mann wird dich erstaunt anschauen: ‹Ist das dieselbe Frau, mit der ich mich am Morgen gestritten habe?› Selbst wenn er noch etwas Ärger oder Groll hegt, werden sie vergehen. Seine Haltung wird sich ändern. Voller Bedauern wird er sich spontan für sein schroffes Betragen entschuldigen. Jetzt hast du die Gelegenheit, ihm alles zu erklären, was du willst. Du erzählst es ihm, und er wird mit großem Interesse zuhören. Dann wird er alles erzählen, was er sagen will, und du hörst sehr aufmerksam zu. Auf diese Weise ergibt sich aus dem, was als Streit begann, eine Chance zu Versöhnung und zu gegenseitiger Anteilnahme. Ihr seid wieder voller Liebe zueinander; ihr fühlt euch beide glücklich und entspannt.

Das Eheleben ist kein Scherz, sondern etwas, das man ernst nehmen muß. Wenn man die richtige Haltung einnimmt, können zwischenmenschliche Beziehungen ein Weg zu Gott werden, ein Weg zu Frieden und ewiger Freiheit. Denke nicht jedesmal, wenn du dich unbehaglich fühlst, sofort an Trennung! Strebe nach Anpassungsfähigkeit! Versuche, geduldig zu sein, nicht nur ein- oder zweimal, sondern viele Male!

Der Mensch ist extrem ungeduldig, aber Gott ist über alle Maßen geduldig und fürsorglich mit seiner Schöpfung. Ungeduld zerstört. Denke an die Warnung, die du auf Verkehrsschildern liest: ‹Tempo tötet.› Hast ist Ungeduld. Menschen sind ungeduldig, sie sind immer in Eile. Manchmal ist Eile notwendig, aber meistens ist sie bedenklich. Wenn du jemandem, der ernsthaft krank ist, Medizin gibst, dann nimm dir Zeit! Auch wenn die Medizin sofort gegeben werden muß, auch wenn es ein Notfall ist, solltest du nicht in Eile sein. Wenn du dich beeilst, könnten deine Hände vor Aufregung zittern, während du dem Patienten Wasser in den Mund gießt, damit er die Tabletten schlucken kann. Vielleicht gießt du falsch, und das Wasser fließt ihm in die Nase. Dies kann zu Komplikationen führen. In deiner Hast gibst du dem Patienten vielleicht zuviel oder sogar die falsche Medizin, und das könnte ihn umbringen. Sei geduldig! Wirkliches Leben ist Liebe. Wenn du liebst, kannst du nicht in Eile sein. Erkenne die Fürsorge und Geduld, mit der Gott seine Schöpfung überschüttet! Eine winzige Blume hält sich vielleicht nicht länger als einen Tag. Aber trotzdem ist Gott sehr sorgsam und geduldig mit ihr, versorgt sie mit Wasser und Sonne, bis sie schließlich blüht. Um ein Ei auszubrüten und ein Kind auszutragen, bedarf es großer Fürsorge und Geduld. Es benötigt neun lange Monate der Hege und Pflege, bis das Kind geboren wird. Gott ist niemals in Eile.

Denke an die Beschwerlichkeit, die deine Mutter ertragen mußte, als du neun lange Monate in ihrem Schoß warst! Sie trug dich ohne Klagen und erduldete freudig alle Mühsal und alle Schmerzen. Sie war dazu fähig, weil sie wußte, daß das Leid vergehen würde, wenn sie dich sähe, wenn sie ihrem Baby in sein hübsches Gesicht schaute. Meine Tochter, in dieser Weise solltest du dein Leid hinnehmen: indem du an das friedliche und harmonische Leben denkst, das du haben wirst, wenn es dir gelingt standzuhalten. Es spielt keine Rolle, wer im Unrecht ist. Manchmal ist es dein Mann, und manchmal bist du es. Aber an wem es auch liegt – versuche einfach zu tun, was Amma gesagt hat, und dann sieh, was geschieht!

Übe das Verzeihen! Wenn es auch, nachdem du dir große Mühe gegeben hast, immer noch Schwierigkeiten in deiner Beziehung gibt, dann sieh es als dein *karma,* dein Schicksal an. An diesem Punkt kannst du es entweder ertragen und die Schwierigkeiten als deine Bürde aus einem früheren Leben betrachten; oder wenn es dir zu schwerfällt, die Situation noch länger auszuhalten, dann kannst du vielleicht an Trennung oder Scheidung denken. Aber bevor du das tust, mußt du deine Rolle gut spielen. Du mußt dich wenigstens bemühen zu sehen, ob die Beziehung aufrechterhalten werden kann oder nicht. Sie einfach zerbrechen zu lassen wäre ein unverzeihlicher Fehler. Es wäre eine Sünde, und du würdest dafür leiden müssen.»

Voller Mitgefühl blickte Amma der Frau ins Gesicht. Diese weinte wieder, aber diesmal waren es Tränen der Reue. Sie hatte ihren Fehler eingesehen. Unter Tränen bat sie Amma, ihr ihre Fehler zu vergeben. In ihrer Stimme schwang Reue mit, als sie weitersprach: «Jetzt sehe ich ein, daß auch ich schuld bin, und nicht nur heute, sondern immer. Auch ich bin für unsere Konflikte verantwortlich, ich bin diejenige, die sie entfacht hat. Wäre ich still gewesen und hätte gehandelt, wie du mir geraten hast, wäre es nie zu dieser Situation gekommen. Aber, Amma, du hast mir die Augen geöffnet. Von jetzt an will ich mein Bestes versuchen, mich zu beherrschen und in solchen Situationen ruhig zu bleiben. Ich will versuchen, genauso zu handeln, wie Amma mich angewiesen hat.»

«Meine Tochter», sagte Amma, «wenn eine solche Situation entsteht und du dann abwarten und geduldig sein kannst, lassen sich deine Probleme leicht lösen. Aber es ist unsere Gewohnheit, im Affekt zu reagieren. Wenn Zorn hochkommt, können wir nicht innehalten und klar sehen; wir können nicht warten. Wenn du in einer Situation steckst, die dich aus der Fassung bringt, kannst du dann einfach beobachten, was geschieht? Kannst du aufhören zu denken, daß jemand dich beleidigt und beschimpft? Kannst du vergessen, daß du ungerecht behandelt wirst, und den Wunsch fallenlassen, etwas dagegen zu tun? Sei nicht ausfallend! Reagiere nicht! Versuche zu erkennen, daß das wirkliche Problem nicht in dem liegt, was gerade geschieht, sondern darin, wie du auf das Geschehen reagierst! Wenn du merkst, daß du gleich negativ reagieren wirst, dann halte an diesem Punkt inne! Höre auf zu sprechen! Sage deinem Gemüt: ‹Nein, sprich jetzt nicht. Du wirst eine bessere Gelegenheit bekommen, die ganze Sache viel wirksamer darzustellen. Aber sei jetzt still.›

Versuche, in dieser Pause an etwas Positives zu denken, etwas Erhebendes, etwas Liebenswertes, etwas, das du als unvergeßlich ansiehst! Versuche, dir einen freudigen Augenblick ins Gedächtnis zurückzurufen! Konzentriere deine ganze Energie, dein ganzes Denken darauf! Wenn dir das gelingt, können dich die Worte und das Gesicht des anderen nicht ärgern, obwohl sie dir fast unerträglich vorkommen.

Wenn du kannst, versuche, diese Pause immer länger werden zu lassen! Immer wenn du dich auch nur ein wenig gereizt oder verärgert fühlst, kannst du dieses Experiment machen. Am Anfang suchst du irgendeine dumme Angelegenheit aus, auf die du gewöhnlich negativ reagierst. Angenommen, dein Mann hat die Gewohnheit, mit den Fingern auf den Tisch zu klopfen, wenn er in Gedanken verloren ist, und das Geräusch irritiert dich. Anstatt etwas zu sagen, stelle dir einfach vor, das Geräusch käme von Regentropfen, die aufs Dach fallen. Du könntest dich dann daran erinnern, wie du und dein Mann einmal vom Regen überrascht wurdet und wie ihr zusammen gerannt seid, um unter einem Vordach aus Blech Schutz zu finden. Anstatt ärgerlich oder wütend zu werden, laß dich von deiner Phantasie und deinem

Gedankenstrom in eine positive, möglichst liebevolle Stimmung tragen.

Wenn du im Laufe der Zeit gelernt hast, diese leichten Provokationen hinzunehmen, kannst du damit beginnen, dein Experiment in schwierigeren und ernsteren Situationen zu wiederholen. Wenn du dies immer weiter übst, wirst du sehen, daß du dich veränderst. Und schließlich wirst du merken, daß du nicht mehr negativ reagieren kannst. Dann wirst du viel mehr Frieden und Freude in deiner Ehe und allgemein in deinem Familienleben erfahren. Der Wandel in deiner Haltung und die Geduld, die du an den Tag legst, werden auch positive Veränderungen bei den anderen hervorrufen.

Wenn dein Mann sieht, daß du nicht mehr negativ reagierst, wenn er erkennt, daß seine Wut und seine Beleidigungen nicht länger auf Widerstand stoßen, daß sie dich nicht mehr treffen, wird er sich schämen. Was geschieht, wenn ein Krieger feststellt, daß seine Waffen nicht mehr brauchbar sind? Er wirft sie weg. Genauso wird dein Mann aufgeben und ruhig bleiben, wenn er feststellt, daß seine Waffen – die Worte, die er dir zuschleudert – dich nicht mehr verletzen. Außerdem wirst du ihn dann mit größerer Liebe und Fürsorge behandeln. Das ist ein großer Fortschritt. Dein lächelndes Gesicht und deine liebevollen Nachfragen, deine Fürsorge und tröstenden Worte werden wie Balsam auf ihn wirken, als große Erleichterung und wahrer Trost. Er wird alles vergessen: seinen ganzen Zorn, seine Mißerfolge und seinen Groll, den er in sich aufgestaut hat. Wenn er den ganzen Tag hart arbeiten mußte, wenn sein Chef ihn grob zurechtgewiesen hat und er voller Sorgen im Kopf heimkommt, und du kannst ihn dann so empfangen oder er dich (es ist gleichgültig, ob der Mann oder die Frau diese Haltung annimmt), dann wird er oder sie dein bester Freund und Bewunderer werden. Große Liebe und Fürsorge werden sich in der Beziehung entwickeln. Deshalb, meine Tochter, halte inne, mache eine Pause, warte und sei geduldig, bevor du dich ärgerst!

Manchmal trifft man vielleicht eine falsche Entscheidung, oder man beurteilt jemanden falsch, oder man handelt unüberlegt. Aber wenn man innehalten, warten und über die Sache nachdenken kann, gerät man auch dann nicht in Schwierigkeiten. Das ist es, was man aus Geduld und rechter Überlegung gewinnt. Sei deshalb geduldig und denke gut nach, bevor du handelst! Amma ist bei dir, hab keine Angst!»

Als die Frau wenig später den *ashram* verließ, schien sie ihren Frieden wiedergewonnen zu haben. Das Lächeln auf ihrem Gesicht zeigte, daß die Last ihrer Sorgen von ihr genommen war.

# Glossar

| | |
|---|---|
| A | |
| *advaita* | Nicht-Zweiheit; *atman* und «Ich» ist eins |
| *asana* | Körperhaltung im *hatha*-Yoga; Meditationssitz |
| *ashram* | Spirituelles Zentrum |
| *Avatar* | Inkarnation des Göttlichen |
| *atman* | Das unsterbliche Selbst des Menschen; entspricht etwa dem westlichen Begriff «Seele» |
| B | |
| *Bhagavad Gita* | Teil des *Mahabharata*, in dem Krishna, eine Inkarnation Vishnus, Arjuna unterweist |
| *Bhagavata (Srimad)* | Heilige Schrift, die sich mit Leben und Lehre Krishnas befaßt |
| *bhajan* | Gesang zu Ehren Gottes |
| *bhakti* | Liebe zu Gott und Hingabe an Ihn |
| *brahmacharin(i)* | Spirituell Strebende(r), die (der) in Gedanken, Worten und Taten Enthaltsamkeit übt; in diesem Buch: junge Männer und Frauen, die im *ashram* leben und unter der Führung der Heiligen Mutter den spirituellen Weg gehen |
| *Brahman* | Das unpersönliche, unvergängliche Absolute; die höchste Wirklichkeit |
| C | |
| *chakras* | Zentren subtiler, feinstofflicher Energie im menschlichen Körper |

D

| | |
|---|---|
| *deva* | Himmlisches Wesen; Gottheit; kosmische Kraft |
| *devata* | Wie *deva,* doch gewöhnlich im Sinne von Naturkraft gebraucht |
| Devi | Göttliche Mutter; auch Kali, Durga, Parvati (Gemahlin Shivas) |
| *dharma* | Pflichten, die der Mensch im Rahmen seines *karma* zu erfüllen hat; Rechtschaffenheit |
| *dharshan* | Das Anschauen eines Heiligen |
| *dhyana* | Meditation |
| *dhyana rupam* | Bild oder Figur, die als Ausgangspunkt für die Meditation verwendet werden |

G

| | |
|---|---|
| Gopas (Gopis) | Kuhhirten/innen, die in Vrindavan mit Krishna als vertraute Geliebte spielten |
| *grihasthasramis* | Familienväter und -mütter, die ein spirituelles Leben führen |
| Guru | Spiritueller Lehrer; in diesem Buch durchweg im Sinne von Satguru verwendet |

I

| | |
|---|---|
| *ishta devata* | Aspekt des Göttlichen, zu dem sich der einzelne besonders hingezogen fühlt und den er zur Verehrung auswählt |

J

| | |
|---|---|
| *japa* | Wiederholung eines *mantra (japa-mantra)* oder eines heiligen Namens |
| Jivanmukta | Jemand, der zu Lebzeiten Befreiung erlangt hat |
| *jnana* | Erkenntnis des Selbst; Weg zur Erkenntnis |
| *jnani* | Jemand, der *jnana* erlangt hat; Selbst-Verwirklichter |

K

| | |
|---|---|
| *Kali Yuga* | Das vierte, jetzige Weltzeitalter; *Yuga* der Dunkelheit |
| *karma* | Handlung; Konsequenzen unserer Handlungen; Schicksal |
| *kirtan* | Im Wechsel von Vorsänger und Gruppe gesungene Lieder zu Ehren Gottes |
| *kundalini* | Die am unteren Ende der Wirbelsäule ruhende kosmische Energie |

L

| | |
|---|---|
| *lila* | Das göttliche Spiel |

M

| | |
|---|---|
| *Mahabharate* | Monumentales Heldenepos der Hindus; enthält *Bhagavad Gita* |
| Mahatma | Wörtlich «Große Seele»; in diesem Buch Synonym für Heilige(r), Selbst-Verwirklichte(r) |
| *mantra* | Heilige Silbe; heiliges Wort |
| *maya* | Illusion; Schleier der Vielfalt, der die Eine Wirklichkeit verhüllt |
| *moksha* | Befreiung, Erlösung |

O

| | |
|---|---|
| OM | Mystische Silbe mit vielen Bedeutungen. Sie symbolisiert vor allem das göttliche Schöpfungswort |

P

| | |
|---|---|
| *prakriti* | Urmaterie, aus der die Schöpfung besteht |
| *prasad* | Geweihte Speise; Geschenk Gottes |
| *pranayama* | Atemübungen im Yoga, die Beherrschung des Gemüts bezwecken |
| *prema* | Geläuterte Liebe |
| *puja* | Zeremonielle Verehrung; Gottesdienst |

| | |
|---|---|
| *purusha* | Wörtlich «Urmensch»; das reine geistige Prinzip; das Selbst; bildet zusammen mit *prakriti* das Universum |
| **R** | |
| *Ramayana* | Wörtlich «Lebenslauf des Rama»; ältestes Epos der Sanskrit-Literatur |
| Rishi | Heiliger; Seher; Weiser |
| **S** | |
| *sadhaka* | Jemand, der *sadhana* ausübt; spirituell Suchender |
| *sadhana* | Sammelbegriff für spirituelle Übungen |
| *samsara* | Kreislauf von Geburt und Tod |
| *sankalpa* | Schöpferischer Entschluß, der sich in Denken, Fühlen und Handeln offenbart |
| *sannyasa* | Entsagung |
| *sannyasin* | Jemand, der der Welt entsagt hat und nur noch Befreiung anstrebt |
| Satguru | Wahrer Guru; vollkommener Meister |
| *satsang* | Zusammensein mit Heiligen |
| *sattva* | Reinheit; Harmonie |
| *satya* | Das Seiende, die Wahrheit |
| *sat-chit-ananda* | Sein-Bewußtsein-Seligkeit |
| *shakti* | Dynamische, schöpferische Kraft des Absoluten |
| Shiva | Gottheit in der Hindu-Trinität (neben Brahma und Vishnu); Zerstörer des Nicht-Erkennens |
| *sraddha* | Glaube. Der Begriff umfaßt auch Achtsamkeit und Hingabe an die gerade ausgeführte Tätigkeit |
| Sri | Wörtlich: «Der oder die Strahlende». Es wird Namen als Zeichen des Respekts vorangestellt |
| Swami | Anrede für einen *sannyasin* |

T

| | |
|---|---|
| *tapas* | Askese; Buße; intensive spirituelle Übungen |

U

| | |
|---|---|
| *Upanishaden* | Die Schlußbetrachtungen der *Veden;* Teil der *Vedanta*-Philosophie |

V

| | |
|---|---|
| *vasanas* | Neigungen, Gewohnheiten, Triebe aus früheren Leben, die, uns unbewußt, als Bereitschaft zu gegenwärtigem und künftigem Handeln keimhaft in uns wirken |
| Vaikuntha | Der Himmel Vishnus |
| *Vedanta* | Gesamtheit der philosophischen Betrachtung der *Veden* |
| *Veden* | Heilige Schriften der Hindus, entstanden 1500–5000 v. Chr. |

# Wichtige Hinweise

Die genaue Anschrift des Ashrams lautet:

Mata Amritanandamayi Center
Amritapuri
Kollam 690 525
India

Auskünfte über Mata Amritanandamayi's Europabesuche, die verschiedenen Stationen der Reise und jeweiligen Veranstaltungen erhalten Sie beim Ansata-Verlag.

*Ein neues, leuchtendes Glied in der ununterbrochenen Kette indischer Weisheit*

**Mata Amritanandamayi**
**MUTTER DER UNSTERBLICHEN GLÜCKSELIGKEIT**
**Leben und Lehren einer jungen indischen Weisen der heutigen Zeit**
Paperback mit Spezialbindung
380 Seiten, mit 14 Fotos
ISBN 3-7157-0121-8

Mata Amritanandamayi ist ein Wesen, aus dem die Liebe strahlt und sich ausbreitet. Sie lebt nur zum Wohl der Mitmenschen, trotz oft beinahe unerträglicher äußerer Umstände. Ihre sanfte und allumfassende Liebe, ihre Sorge um das Glück der Mitmenschen, ihre außerordentliche Zugänglichkeit und ihre unaufhörliche, selbstlose Bereitschaft zu dienen, ohne auf die persönliche Bequemlichkeit zu achten, macht sie zu einem wahren Vorbild.

Ammaji, wie sie gern liebevoll genannt wird, hielt auf ihrer geradlinigen Suche nach der göttlichen Mutter und dem göttlichen Vater allen Feindseligkeiten ihrer Familie, ihrer Verwandten und des Dorfes stand und trotzte allen Widersachern, die versuchten, sie zu vernichten.

Der erste Teil dieses Buches zeugt von ihrem unsäglichen Leiden und gewaltigen Ringen nach Gottesverwirklichung in einem Ausmaß, wie es in der gesamten spirituellen Literatur nur selten dargestellt wurde. Er berichtet, wie sie als Kind trotz Härte und Erniedrigungen stets fröhlich ergeben ihre Pflichten erfüllte und wie sie meist nur in der Ruhe der Nacht Trost und Geborgenheit fand in Gebeten, Liedern und Visionen des Göttlichen. Ihre strenge Disziplin und große Sehnsucht mündete schließlich ein in die Verwirklichung der alles überstrahlenden Universellen Mutter.

Der zweite Teil zeigt die Heilige Mutter als einzigartige Lehrerin in allen möglichen Aspekten. Viele Anhänger und Schüler erzählen vom unerschrockenen Einsatz der jungen indischen Weisen und von ihrem wundertätigen Wirken, mit dem sie ihre befreienden Lehren tatkräftig unterstützt. Den Abschluß des Buches bilden ihre präzisen Aussagen voll intuitiver Weisheit sowie Antworten auf die immer wiederkehrenden Fragen von Menschen, die – überall auf der Welt – auf der Suche nach dem wahren Glück sind.

*Zeitlose Weisheiten als Wegweiser für ein spirituelles Leben heute*

**GESPRÄCHE MIT AMMA**
Die Lehren der Heiligen Mutter
**Mata Amritanandamayi**
228 Seiten, Paperback
ISBN 3-7157-0169-2

Zu allen Zeiten hat es in Indien große spirituelle Lehrer und Lehrerinnen gegeben, die jene Weisheit verkörperten, die die heilige Überlieferung des Landes in sich birgt. Die noch junge indische Weise Mata Amritanandamayi (Mutter der unsterblichen Glückseligkeit), bekannt geworden durch die Veröffentlichung ihrer bisherigen Lebensgeschichte und durch ihre regelmäßigen Europabesuche, setzt heute diese alte Tradition fort.

Seit Amma (Mutter) zu lehren begann, wurden ihre Worte von Schülern aufgezeichnet. Das vorliegende Buch bringt eine Auswahl aus einer bereits mehrbändigen Ausgabe von Lehrgesprächen der Heiligen. Hierzu sind besonders Fragen zu Themen ausgewählt worden, die für westliche Suchende von Bedeutung sind. Mata Amritanandamayi erweist sich darin als eine überaus praktische Heilige. So bietet sie keine weltfremden Theorien oder komplizierten Techniken an, sondern zeigt in einfacher, aber bildreicher Sprache nachvollziehbare Wege auf, wie jeder Suchende in Kontakt mit seinem Innersten treten und die Einswerdung mit dem Höchsten erlangen kann.

Die Worte der Heiligen Mutter sind ein lebendiger Aufruf, daß ein jeder an seinem Platz, in seiner Familie und in seinem Beruf ein Diener des Höchsten werden soll und daß wahrhafte Spiritualität sich nur im Alltag bewähren kann. So sind denn auch ihre Antworten auf Fragen zu täglichen Problemen des Zusammenlebens und praktizierter Spiritualität sehr hilfreich, einfach und bodenständig – jedoch immer getragen und beseelt von ihrer allumfassenden Liebe und Güte.

*Die Gespräche des großen Weisen unseres Jahrhunderts*
*– erstmals vollständig in deutscher Sprache*

**Ramana Maharshi**
**GESPRÄCHE DES WEISEN VOM BERGE ARUNACHALA**
Erstmals vollständig in die deutsche Sprache übertragen.
568 Seiten, Ganzleinen mit Goldprägung und Schutzumschlag
ISBN 3-7157-0058-0

Zu den großen Gestalten des spirituellen Lebens in diesem Jahrhundert gehört Sri Ramana Maharshi (1879–1950) von Tiruvannamalai am heiligen Berg Arunachala in Südindien, ein Heiliger mit außerordentlicher Ausstrahlung. Bereits als Sechzehnjähriger wurde er einer mystischen Todeserfahrung teilhaftig. Dieser in voller Bewußtheit durchlebte mystische Tod wurde für ihn zum Durchgangstor und zur Geburt des wahren Selbst, dessen er fortan gewahr blieb.

Ramana Maharshi lebte ganz schlicht am Fuße des heiligen Berges. Tausende von suchenden Menschen sind zu ihm gepilgert, westliche Besucher wie Inder, berühmte Persönlichkeiten wie einfache Leute; alle fanden bei ihm den Frieden, nach dem sie sich ihr Leben lang gesehnt hatten.

Über dreißig Jahre nach seinem Tod sind die ‹Gespräche› des Meisters erstmals in einer vollständigen deutschen Ausgabe zugänglich. Sie sind praktisch der einzigen großen Suchfrage ‹Wer bin ich?› gewidmet, erhellen aber auch das große Thema der Suche nach dem Selbst, nach Erkenntnis und Selbst-Verwirklichung. Sie lehren das subtile Gewahrwerden des eigenen inneren Meisters, der uns zum ewigen Sein und zur Geburt des neuen Menschen führen kann.

Die Gespräche lehren das endgültige Erwachen zur Wahrheit. Deshalb finden sich in den Lehrmitteilungen dieses Buches immer wieder Hinweise für die Meditation, deren Zweck es ist, die rastlose Gedankenflut einzudämmen, und einem beständig gedankenfreien Hintergrund Platz zu machen. In diesem stillen Sein – ohne Gedanken – wird der Mensch des inneren Friedens und der Einheit teilhaftig.

Ramana Maharshis ‹Gespräche› sind zeitlos gültige Wegmarken auf dem Pfad der Selbstbefreiung.

ॐ नमःशिवाय
ॐ नमःशिवाय